제가 주님을 뵈었습니다

제가 주님을 뵈었습니다
: 마리아 막달레나, 십자가와 부활의 첫 증인

2024년 10월 21일 초판 1쇄 발행
2024년 11월 7일 초판 2쇄 발행

지은이   김정은 · 김영선 · 임숙희 · 조수정 · 최우혁 · 최혜영
엮은이   가톨릭여성신학회
펴낸이   김영호
펴낸곳   도서출판 동연
등록   제1-1383호(1992년 6월 12일)
주소   서울시 마포구 월드컵로 163-3
전화/팩스   (02) 335-2630 / (02) 335-2640
이메일   yh4321@gmail.com
인스타그램 https://www.instagram.com/dongyeon_press

ISBN 978-89-6447-023-7 03230

제가
주님을
뵈었습니다

마리아 막달레나, 십자가와 부활의 첫 증인

김정은 · 김영선 · 임숙희 · 조수정 · 최우혁 · 최혜영 함께 씀
가톨릭여성신학회 엮음

동연

추천의 글

마리아 막달레나는 스승이신 예수님의 복음 전파 여정에서 누구보다도 충실히 그분을 따르고 동반했던 제자였습니다. 스승을 향한 그녀의 충실성은 수난과 죽음의 순간에 더 빛을 발했고 마침내 부활하신 예수님을 처음으로 목격한 증인이 되었습니다. 그 충실성의 원천은 다름 아닌 예수님에 대한 지극한 사랑이었습니다.

이후 이천여 년 여정의 교회 안에서는 마리아 막달레나에 대한 수많은 오해와 왜곡이 있었습니다. 그러나 진리는 결코 묻힐 수 없듯이, 마침내 성녀 마리아 막달레나는 예수님의 당당한 제자로서 교회 공동체의 시초에 함께 하였을 뿐만 아니라, 누구보다도 스승이신 예수 그리스도를 사랑하고 이해했던 제자였음을 인정받게 되었습니다.

성인 토마스 아퀴나스는 성녀 마리아 막달레나를 '사도들의 사도'라고 칭송했습니다. 프란치스코 교황님 역시 그녀가 예수님의 제자로서 결코 부족함이 없으며 여성 제자들의 모범이 되신다는 것을 분명하게 천명하셨습니다.

2016년 6월 10일, 교황청 경신성사성은 교령 「사도들의 사도」(de apostolorum apostola)를 통해 로마 전례력에서 7월 22일인 마리아 막달레나 성녀의 의무기념일을 앞으로는 축일로 지낸다는 발표를 했습니다. "이 결정은 하느님 자비의 신비에 힘입어 현대 교회의 상황에서 여성의 존엄과 새로운 복음화를 더욱 깊이 성찰한다"는 것이었습니다. 주님 부활의 첫 목격자이시고 사도들 앞에서 주님의 부활을 증언하셨던 성녀 마리아 막달레나에 대해 교회가 새롭게 인식할 필요성이 있음을 알린 것입니다.

그리고 한국의 가톨릭여성신학회는 프란치스코 교황님의 교령에 화답하여 축일 승격 1주년인 2017년 7월 22일 십자가와 부활의 첫 증인 성녀 마리아 막달레나의 사도성을 재조명하는 심포지엄과 감사와 축하의 미사를 봉헌했고, 연이어 2018년과 2019년에도 관련 심포지엄과 감사 미사를 봉헌한 것으로 알고 있습니다.

아쉽게도 2020년 이후에는 코로나로 인하여 축하 미사조차 드리지 못한 채 삼 년이 지났습니다. 그러나 가톨릭여성신학회는 삼 년간의 자료들을 토대로 성녀 마리아 막달레나를 성경 안에서 재발견하고 그분의 사도성을 재평가하며 축일 승격을 기념하는 책을 출간하기에 이르렀습니다.

2024년 오늘, 우리는 프란치스코 교황님의 요청으로 시작된 시노달리타스의 여정을 함께 걷고 있습니다. 교황님께서 요청하시고 성령께서 모든 신자의 몸과 마음과 영혼을 통해서 대답하는 이 장대한 여정은 분명 21세기 교회의 새로운 출발점이 될 것입니다.

이집트를 탈출할 때 남녀노소 빠짐없이 성령의 인도로 모세를 따라나섰던 히브리인들과 같이, 우리는 성령의 인도로 프란치스코 교황님을 따라나섰습니다. 우리가 나선 이 시노달리타스의 여정은 우리를 새로운 가나안으로 인도할 것입니다. 사도들의 사도 성녀 마리아 막달레나 역시 성모님과 함께 저희와 동행하며 다 함께 우리를 성덕으로 불러주시는 하느님을 향해 함께 걷는 이 여정에서 우리를 동반해 주실 것입니다.

가톨릭여성신학회가 성령의 이끄심에 따라 응답했고, 이제 그 결실을 널리 나누기 위한 자료를 출간하게 된 것을 진심으로 축하드립니다.

또한 가톨릭여성신학회가 등불의 기름을 미리 준비하여 혼인 잔치에 들어갔던 슬기로운 다섯 처녀들과 같이, 교회 초기부터 이미 시작되었던 시노달리타스의 모델로서 성녀 마리아 막달레나를 재조명한 것에 대해서도 아낌없는 칭송을 드립니다.

안팎으로 영성의 메마름을 체험하는 이 포스트-코로나 시국에도 복음의 길을 따라나선 우리 교우들이 이 책을 통하여 빛을 받고 '사도들의 사도' 성녀 마리아 막달레나가 유산으로 남긴 사랑의 승리를 만끽할 수 있기를 기원합니다.

2024년 6월 19일

✝정순택

천주교 서울대교구 대주교 정순택 베드로

Congratulatory Message by Archbishop Alfred Xuereb, Apostolic Nuncio

Dear friends,

I am pleased to send you my fraternal greetings in the Lord! Although I am not able to be physically present at the Public Conference you are holding today, I want to assure you of my spiritual closeness and prayers.

I am most grateful to the President of the Association of Women Theologians of the Catholic Church in Korea, Ms Choi, Hae Young Elisabetta, for kindly extending to me the invitation to join you for this praiseworthy event, and am honored to convey to all of you the paternal blessings of His Holiness, Pope Francis, who is constantly keeping you and the entire people of the Korean Peninsula in his fervent prayers. On His behalf, I express the sentiments of deep appreciation for your valuable contribution in promoting the women's fundamental role in the Church and in Society.

I have particularly appreciated the theme you have chosen for this year's Public Conference – *St. Mary Magdalene, the first Witness of the*

Cross and Resurrection of the Lord, and encourage you to discover more vividly the richness of the holiness and apostolic zeal of this wonderful woman, whose liturgical memory Pope Francis wanted to be elevated to a feast for the Catholic Church worldwide. Through her deeds and fidelity narrated in the gospels you will continue gathering helpful insights for the profession of your faith and for your theological studies. On recognizing the Lord who revealed himself to her in the garden where the holy sepulcher was situated, she immediately ran to Peter and the other apostles, who Christ had chosen as guarantee of the true faith. I urge you therefore, to imitate her and strive in becoming ever more authentic witnesses of the Risen Christ in solid communion and in fruitful collaboration with your Bishops and priests.

Today, more than ever, the world needs the witness of faithful dedicated lay people who, through the proclamation of the Good News, enable Christ to transform the human hearts, thereby building up a society as one whole family. As you well know, this is the ultimate mission of the Church and every baptized Christian has a vital role to play in accomplishing it. God has endowed each one of you with specific gifts so that your manifold apostolate permeates the temporal order by the Risen Christ and orientates it to the coming of His glorious Kingdom.

May the splendid example of St. Mary Magdalene and that of the Holy Martyrs of Korea continue to inspire all Catholic men and women of today so that they may also live for Jesus Christ and continue to witness, with conviction, the redeeming presence of the Risen Lord amongst us!

In the light of this evangelical commitment, I entrust you to the loving protection of the Virgin Mary, Mother of the Church, as I extend to each one of you the Apostolic Blessing Pope Francis imparts upon you, accompanied with a Plenary Indulgence, as a pledge of the peace and joy of the Lord.

at the Public Conference organized by the
Association of Women Theologians of the Catholic Church in
Korea(Seoul, July 21, 2018)
Apostolic Nuncio Alfred Xuereb

가톨릭여성신학회 공개 강연에 전하는 교황대사 알프레드 슈에레브 대주교님 축사

사랑하는 여러분,

저는 주님 안에서 여러분에게 저의 형제적 사랑이 담긴 인사를 전하게 되어 기쁩니다. 비록 제가 오늘 열리는 공개 강연에 직접 함께 할 수는 없을지라도, 여러분에게 저의 영적인 친밀감과 기도로서 함께 할 것을 확신시켜 드리고 싶습니다.

저는 이렇게 칭찬받아 마땅할 만큼 훌륭한 행사에 여러분과 함께 할 수 있도록 친절히 초대해 주신 데 대해 한국가톨릭여성신학회의 회장직을 맡고 계신 최혜영 엘리사벳 수녀님께 무엇보다도 감사를 드리고, 프란치스코 교황님의 거룩한 아버지로서의 축복을 여러분 모두에게 전하게 되어 영광스럽게 생각합니다. 프란치스코 교황님은 한반도의 모든 국민과 여러분을 위해 끊임없이 뜨거운 기도를 바치고 계십니다. 교황님을 대신해서 저는 교회와 사회 안에서 여성들의 본질적인 역할을 증진하는 데 있어서 여러분들이 하는 소중한 기여에 깊은 감사의 마음을 전합니다.

특별히 저는 올해 공개 강연을 위해 여러분이 선택한 "성녀 마리아 막달레나, 십자가와 부활의 첫 증인"이라는 제목에 대해 감사의 마음을 전하고 싶습니다. 그리고 여러분이 이토록 놀라운 여성의 사도적 열정과 그 안에 담긴 풍요로운 신성을 더욱더 생생하게 발견해 나갈 수 있도록 격려하는 바입니다. 프란치스코 교황님은 마리아 막달레나에 대한 전례상의 기념일이 전 세계 가톨릭교회의 축일로 승격되기를 원하셨습니다. 여러분은 복음 안에서 그녀의 행실과 충실성을 통해 여러분의 믿음의 선포와 신학적 연구를 위한 소중한 통찰력을 계속해서 얻을 수 있을 것입니다. 예수님의 거룩한 무덤이 있는 정원에서 주님은 마리아 막달레나에게 당신 자신을 나타내 보이셨고, 이를 본 마리아 막달레나는 그리스도께서 진실한 믿음의 보증인으로 선택하신 베드로와 다른 사도에게 즉시 달려갔습니다. 그러므로 저는 여러분이 그녀를 본받아 여러분의 주교들과 성직자들과의 풍요로운 협력과 견고한 친교 속에서 부활하신 그리스도에 대해 이전 시대보다 더욱 진정한 믿음의 증거자들이 될 수 있도록 힘써 주시기를 간곡한 마음으로 권고합니다.

오늘날 세상은, 그 어느 때보다, 복음 선포를 통해 그리스도께서 인간의 심성을 변화시켜서 한 사회가 하나의 전체 가족이 될 수 있도록 이끌어 줄 헌신적이고도 충실한 평신도들의 증언을 필요로 합니다. 여러분도 잘 알고 있듯이 이것이 바로 교회의 궁극적인 사명이며, 모든 세례 받은 신자들은 이를 이루어 나가는 데 있어서 해야 할 중대한 역할을 맡고 있습니다. 하느님은 부활하신 그리스도에 의해 여러분의 다양한 사도직이 세상 속으로 스며들어 영광스러운 하느님 나라를 행해 지향해 나갈 수 있도록 여러분 각자에게 특정한 재능들을 부여하셨습니다.

성녀 마리아 막달레나와 한국의 거룩한 순교성인들의 훌륭한 모범이 오늘날 가톨릭교회의 모든 남성과 여성들에게 계속해서 영감을 불어넣어 줄 수 있기를, 그래서 그들 또한 예수 그리스도를 위해서 살고, 우리 안에서 확신을 갖고 부활하신 주님을 계속해서 증거해 나갈 수 있게 되기를 소망합니다!

이러한 복음적 헌신에 비추어, 주님의 평화와 기쁨의 서약으로, 전대사의 은총과 함께, **여러분 한 사람 한 사람에게 프란치스코 교황님의 축복을 전하며**, 교회의 어머니이신 동정녀 마리아의 사랑스러우신 보호 아래에 여러분을 맡깁니다.

2018년 7월 21일, 서울

교황대사 알프레드 슈에레브

머리말

제가 주님을 뵈었습니다(요한 20,18).

성녀 마리아 막달레나의 확실한 증언으로 여러분을 초대합니다. 이 시대의 많은 고통받는 사람들처럼 그녀 역시 사랑하는 "저의 주님"(요한 20,13)을 울면서 찾았고 보았고 증언했습니다. 주님께서는 당신과 형제들 사이의 복음 선포자로 그 여인을 선택하셨습니다. "내 형제들에게 가서… 전하여라"(요한 20,17).

근래 3년간 지구촌의 사람들은 코로나바이러스라는 전대미문의 복병과 치열한 전쟁을 치르고 있고, 기후 위기와도 맞물린 전쟁은 여전히 끝을 가늠하기 어려운 미궁으로 치닫고 있습니다. 인간 자체가 지구의 암 덩어리라는 이론에 덧붙여, 이 시대의 고통은 빛을 가린 우리의 오만하고 음습하고 완고한 마음의 병에서 나온 것이라는 회한(悔恨)의 넋두리를 해봅니다.

2017년 가톨릭여성신학회가 20주년을 맞이했던 그해 여름 그리고 이어지는 2018년과 2019년 우리는 신비하고 거룩했던 한 여성 거장을 소환하는 자리를 가질 수 있었습니다. 물론 그보다 한 해 앞서 이미 전체 교회가 그녀를 '사도들의 사도'로 재천명하며 그녀의 사도성을 재조명하고 공식화했었습니다.

혹자는 지난 것은 묻어두고 새로운 것을 찾아야 하지 않냐고 할지도 모르겠으나, 우리 그리스도교 신앙은 본질 자체가 유산이요 기억이기에 어느 것 하나 허투루 잊어버려서도 잊어버릴 수도 없는 것 같습니다. 이 불확실한 시기를 위한 처방으로 우리는 2,000년 전 이미 깊은 어둠을 뚫고 빛으로 나아갔던 한 여인을 기억합니다.

일생일대의 전환점에서 완전한 턴(Turn)을 통해 누구보다 더 진하고 열렬하게 그리스도를 사랑하고 따랐던 여성 제자! 십자가와 죽음, 부활에 이르기까지 그리스도의 완전한 증인이 되었던 여성 사도! 그만큼 많은 곡해와 왜곡과 편견과 폄훼를 받아야 했던 '사도들의 사도' 성녀 마리아 막달레나!

그녀를 기리며 3년여에 걸쳐 진행했던 치열한 성찰의 결과물을 이제 여러분의 도마에 올려놓습니다. 부디 우리가 사랑하고 찾고 고대하는 주님을 만나고 그녀처럼 "제가 주님을 뵈었습니다" 하고 당당히 증언할 수 있기를 희망합니다.

출산의 고통으로 다양한 각도에서 마리아 막달레나라는 보물의 빛을 밝혀주신 저자 선생님들께 칭송과 감사를 드립니다. 또한 어려운 상황에서도 그 빛이 세상을 비출 수 있도록 출구를 열어주신 동연출판사 김영호 대표님과 애써주신 모든 분께 진심으로 감사드립니다.

성녀의 전구를 청하면서, 언제나처럼 어머니 마리아와 함께 감사의 마음 기도로 대신합니다. "성녀 마리아 막달레나, 우리 '공동의 집'인 이 지구와 지구촌의 모든 이들을 위하여 빌어주소서. 아멘."

2023년 1월 11일

가톨릭여성신학회 회장 강 루실라 수녀

마리아 막달레나를 만나기까지

그 처음은 감격에서 시작되었습니다.

2016년 6월 10일, 바티칸의 경신성사성에서 교령「사도들의 사도」 (de apostolorum apostola)를 통해 로마 전례력에서 7월 22일인 마리아 막달레나 성녀의 의무기념일을 앞으로는 축일로 지낸다는 발표를 들었을 때, 우리는 참으로 기뻤습니다. 오랫동안 누명을 쓰고 옥살이 하다가 마침내 해방된 이를 만나는 기쁨이었습니다.

2천여 세월의 교회사에서 마리아 막달레나는 늘 문제의 여성으로 지목되곤 했습니다. 그랬던 그녀가 복음을 선포하신 예수님의 제자였 고, 예수의 십자가 아래에서 스승의 죽음을 지켰으며, 부활하신 그리 스도를 처음 만나서 그 의미를 확인하고, 제자들에게 스승이신 예수님 의 부활을 선포한 "사도들의 사도!"라는 사실이 증명되는 순간이었습 니다.

감사의 한마당을 즉시 열고 싶었지만, 한국가톨릭여성신학회는 1년을 준비하여 2017년 7월 22일, 비로소 성녀를 조명하는 심포지엄 을 열고, 당시 수도회 담당이셨던 정순택 주교님을 모시고 마리아 막달레나 축일 승격 1주년 미사를 드릴 수 있었습니다. 그해 중복의 그 뜨거운 날씨보다 마리아 막달레나의 후예로서 누리는 기쁨과 자긍 심, 서울 명동의 가톨릭회관에 모였던 250여 명 참석자들의 열기가 더 뜨거웠던 것을 기억합니다.

2017년의 첫 심포지엄에서 세 분이 발표하였습니다. '엔 아르케' 성경삶연구소 임숙희 소장은 "성경에서 만나는 마리아 막달레나의 참모습"을 발표하여 성녀가 성경에서 발견할 수 있듯이 실존했던 인물인 것을 확인하였습니다. 전 광주 가톨릭대학교 교수 김영선 수녀는 "교부들의 문헌에 나타난 마리아 막달레나와 그에 대한 고찰"을 통해 성경 이후 시대 교부들의 주석을 분석하였습니다. 대구가톨릭대학교 조수정 교수는 "그림으로 읽는 성녀 마리아 막달레나 이야기"를 주제로 왜곡된 교회사를 그림을 통해 분석하고 그 왜곡의 심각함을 조명하였습니다.

열기는 이듬해 2018년 7월 22일에도 이어졌습니다. 축일이 주일과 겹쳐 구요비 주교님을 모시고 토요일 특전 감사미사를 봉헌했고, 알프레드 슈에레브 교황대사께서는 다음과 같은 축사를 보내주셨습니다:

성녀 마리아 막달레나와 한국의 거룩한 순교성인들의 훌륭한 모범이 오늘날 가톨릭교회의 신자들에게 계속해서 영감을 불어넣어 줄 수 있기를, 그래서 그들 또한 예수 그리스도를 위해서 살고, 우리 안에서, 확신을 갖고 부활하신 주님을 계속해서 증거해 나갈 수 있게 되기를 소망합니다!
이러한 복음적 헌신에 비추어, 주님의 평화와 기쁨의 서약으로, 전대사의 은총과 함께, 여러분 모두에게 프란치스코 교황님의 축복을 전하며, 교회의 어머니이신 동정녀 마리아의 사랑스러우신 보호하에 여러분을 맡깁니다.

제2차 심포지엄에서는 서강대학교 신학연구소의 선임연구원 전경미 박사가 "요한 복음서와 마리아 복음서를 중심으로 마리아 막달레나의 사도성"을 연구하여 발표하였는데, 이는 마리아의 사도성을 회복하는 신학적 초석을 마련한 작업이라고 할 수 있습니다.[1] 가톨릭대학교 신학대학 최우혁 겸임교수는 "현대 가톨릭교회의 문헌에 담긴 여성의 사도성과 전망"을 주제로 회칙 「구세주의 어머니」(Redemptoris Mater, 1987)와 사도적 서한, 「여성의 존엄」(Mulieris Dignitatem, 1988. 8. 15)을 분석함으로써 이미 제2 바티칸 공의회에서 시작하여 성 요한 바오로 2세 교황님에게 이어지는 마리아 신학과 여성들의 복음적 활동의 신학적 맥락을 재해석하고 여성들의 사도성을 회복하는 길을 조명하였습니다. 이어서 전 광주 가톨릭신학대학교 교수 김영선 수녀는 "마리아 막달레나, 21세기 한국가톨릭교회에 말을 건네다"를 주제로 한국가톨릭교회가 맞이하는 도전과 쇄신의 과제를 제시하고, 마리아 막달레나의 영성을 따라 현재 시노달리타스에서 다루고 있는 주제들과도 일치하는 예언적 전망을 제안하였습니다.

2019년 7월 22일에는 제3차 심포지엄을 열고, 가톨릭 여성으로서 어떻게 마리아 막달레나의 모범을 따라 살아갈 것인지를 고민하고 토의하였습니다. 이어서 교황대사인 알프레드 슈에레브 대주교님의 집전으로 감사미사를 봉헌했습니다.

심포지엄에서 한국교회사연구소 선임연구원 김정은 박사는 "규정되는 '여성 패러다임'과 그 해체에 관한 이야기"에서 여전히 여성들에게 씌워지는 가부장제의 선입견이 교회 안에서 지속되고 있고,

---

1 전경미 박사의 글은 정경인 요한 복음서와 위경인 마리아 복음서를 병렬하여 비교한 연구를 발표한 글로서, 가톨릭교회의 위경에 관한 연구가 선행되어야 설득력을 가질 수 있을 것으로 판단하여 이번 책에는 싣지 않기로 하였습니다. _ 편집자 주

그것이 마리아 막달레나를 이천 년 동안 억압했던 시선임을 폭로하고, 여성의 존엄을 회복하기 위한 방법으로 가부장제의 패러다임을 해체할 것을 제안하였습니다.[2] 가톨릭대학교 종교학과 교수인 최혜영 수녀는 "마리아 막달레나의 사도성에 비추어 본 한국 가톨릭 여성들의 희망"을 주제로 여전히 억압당하고 흐느끼는 여성들에게 길을 열어준 마리아 막달레나의 영성을 따라 사회적 영성으로 이루는 화해와 평화의 사도가 될 것을 여성들에게 제안하였습니다.

이어서 참석자들은 여러 팀으로 나누어 한국 가톨릭교회 여성으로서 다음의 주요한 주제들에 관해 토론하고 발표하였습니다.

1. 우리 주변의 고통받는 여성들은 누구이고, 어떤 도움을 줄 수 있을까요?
2. 가톨릭 여성 신자로서 교회 안에서 기여하고 싶은 역할은 무엇입니까?
3. 여성 신자로서 교회 안에서 겪는 어려움은 무엇입니까?
4. 신부님, 주교님에게 요청하고 싶은 것은 무엇입니까?

'사도들의 사도' 성녀 마리아 막달레나의 축일 승격은 2천 년의 왜곡에서 풀려난 그녀의 명예와 지위가 회복되고 확인된 것뿐만이 아니라, 교회 안에서 여성들의 사도적 활동과 지위가 회복되어야 함을 또 그럴 수 있음을 보여준 사건이었습니다.

지난 3년의 코로나 시기는 인류가 그 존재 방식을 반성하고 복음적 삶을 회복하도록 성령이 드러나게 활동하신 고통과 역린의 시간이었

---

2 김정은 박사는 2019년 심포지엄을 발표한 이후 사고로 급작스럽게 소천하였기에, 발표한 글을 출판하기 위해서 편집자와 다른 저자들이 함께 글과 각주 등을 보완하였습니다. _ 편집자 주

습니다. 그동안 한국여자수도회장상연합회 소속인 가톨릭여성신학회는 프란치스코 교황님의 결정에 화답하며 진행한 심포지엄의 자료들을 재구성했습니다. 현재 진행되는 시노달리타스의 여정에 참여하는 신학적 작업의 하나로 내놓기에 모자람이 없을 것이라고 감히 말씀드립니다.

발표자들뿐 아니라, 여성신학회의 모든 회원이 정성을 다해서 세 번의 행사를 준비하였고 참석하신 분들과 그 열정을 나누었습니다. 그것은 우리만의 기쁨과 뿌듯함이 아니라, 쇄신되는 교회와 세상의 변화를 꿈꾸는 모든 이의 복음적 사명을 확인하는 자리이기도 했기 때문입니다.

"제가 주님을 뵈었습니다!"

책의 제목은 바로 '지복직관', 그리스도인의 궁극적인 목적을 꿰뚫고 있습니다.

"주님의 잔치에서 그분을 뵙고 그분과 함께 기쁨을 나누고 온전히 그분을 향유하는 것!"

거룩하신 어머니 마리아에 이어 마리아 막달레나를 우리의 인도자로 소개합니다. 이제 우리는 예수님의 죽음을 비껴가지 않았기에 마리아 막달레나가 그분의 부활을 목격할 수 있었음을 분명하게 알 수 있습니다. 사도 중의 사도로 불린 마리아 막달레나 성녀가 먼저 경험한 예수 그리스도 부활의 기쁨은 부활하신 주님을 끊임없이 선포하는 여정 안에서 우리를 북돋울 것입니다. 우리는 전 세계를 휩쓴 죽음의 역병을 넘어가는 고통을 겪으며 우리가 얼마나 인간다움을 회복했는지, 복음을 따라 부활을 향해 나아가는지 성찰합니다.

이 지면을 통해 2019년 심포지엄 이후 갑자기 소천한 우리의 사랑하는 친구 김정은 소화 데레사 박사를 추모합니다. 늘 현실의 한계를 넘어서는 이상과 함께 여성신학회의 총무직을 맡아서 헌신했던 그녀의 열정 덕택에 세 차례의 심포지엄을 알차게 준비할 수 있었음을 기억하며 깊은 고마움을 전합니다.

편집자 최우혁 미리암

차례

2부 _21세기 교회가 만나는 여성

일러두기

성경은 공동번역과 200주년 신약성서에서 인용한다.

이 책에 나오는 컬러 사진은 아래 블로그에서 볼 수 있습니다.

(또 141쪽 QR 코드를 통해서도 볼 수 있습니다).

https://blog.naver.com/ymedia0116

성경과 전통에서 만나는 마리아 막달레나

성경에서 만나는 마리아 막달레나의 참모습

임숙희

(가톨릭대학교)

들어가며

마리아 막달레나는 예수를 만난 성경의 인물들 가운데 다양한 측면에서 많은 해석이 이루어진 인물이다.[1] 마리아 막달레나에 대해 알기 위해 성경을 찾아보면 그녀의 개인적인 삶에 대한 정보는 거의 얻을 수 없다. 그러나 복음서에서 그녀가 예수를 따르던 여자들 가운데 하나였으며, 십자가에서 고통스럽게 죽어가는 예수를 십자가 아래에서 바라보고 있었고, 예수의 무덤 곁에 끝까지 머물렀으며, 빈 무덤에서 부활한 예수를 만났다는 것을 알 수 있다. 특히 요한 복음서

---

[1] S. Ruschmann, *Maria von Magdala im Johannesevangelium: Jüngerin-Zeugin-Lebensbotin*, Neutestamentliche Abhandlungen, n.F., Bd. 40 (Münster: Aschendorff, 2002); M. Watterson, *Mary Magdalene Revealed: The First Apostle, Her Feminist Gospel & the Christianity We Haven't Tried Yet* (Carlsbad, California: Hay House Inc., 2021).

20장 1-18절에서 부활한 주님은 마리아 막달레나에게 처음으로 나타나 부활 메시지(요한 20,17)를 사도들에게 전하는 역할을 맡긴다. 본고의 목적은 복음서에서 마리아 막달레나가 등장하는 본문 분석을 통해서 성경이 말하는 마리아 막달레나의 모습을 탐구하는 것이다. 이를 위해서 공관 복음서에서 마리아 막달레나가 나오는 본문과 요한 복음서 20장 1-18절을 중심으로 성경이 말하는 마리아 막달레나의 모습과 해석의 역사에 대해 살펴보겠다.

I. 본문 주석

1. 마리아 막달레나, 예수의 제자

복음서에서 마리아 막달레나는 갈릴래아에서 예수를 따르기 시작해서 십자가 아래와 무덤까지 그를 충실하게 따라간 인물로 묘사된다. 복음서 저자들은 그녀를 "제자"로 부르지 않았지만 사랑과 충실함, 헌신적인 모습은 그녀가 제자의 여정을 걸었음을 보여준다. 복음서에서 "제자"로서 마리아 막달레나의 특징은 예수를 "따르다", "함께 있다", "치유되다", "시중들다"라는 네 가지 동사로 요약할 수 있다.

1) 마리아 막달레나라는 이름과 출신

복음서 안에 마리아 막달레나의 가족이나 혼인 등 개인 생활에 대한 내용은 나오지 않고 그녀 이름만 소개된다. 마리아 막달레나라는 이름은 그녀가 막달라(Magdala) 출신이라는 뜻인데 이 지명이 탄생한 장소인지 거주하는 마을이었는지는 분명하지 않다. 복음서에 막달라라는 고유 명사는 나오지 않는다. 형용사처럼 사용되는 그리스어 '막달레네'(Μαγδαληνή)는 여러 차례 나오는데[2] 모두 "막달라 출신 여자" 마리아를 가리킨다. 이스라엘에서 진행되고 있는 고고학 발굴 결과에 따르면 막달라는 현재 이스라엘 북부 믹달(히브리어 מגדל로, '탑, 망대'라는 뜻)로 추정된다.[3]

막달라는 갈릴래아 호수 서쪽 해안에 자리 잡고 있는데 티베리아에서 북쪽으로 6km, 예수의 갈릴래아 선교 활동의 중요 거점인 카파르나움에서는 걸어서도 갈 수 있는 거리다. 예수는 카파르나움에서 고기를 잡던 어부인 첫 제자들을 불렀고, 제자들을 집에서 가르치고 기적도 행하였다. 유다 고대 문헌에 따르면 믹달은 물고기를 로마로 수출하는 중요한 장소였다고 한다. 1세기에 유다인 역사가 요세푸스는 자신이 기록한 『유다 전쟁사』(Ⅲ,x)에서 로마인들의 통치에 대항하다가 파괴된, 풍요로운 갈릴래아 마을 하나를 그리스어로 '타리카이아'(Ταριχαία 또는 Ταριχέα, 번창하는 어장에서 유래)라고 부르는데 아마도 믹달을 가리킬 것이다. 믹달은 1세기에 일어난 유다 전쟁 시기에 요세푸스가 로마인들에게 대항하던 주요 진지이자 요새이기도 했다.

---

2 마태 27,56.61; 28,1; 마르 15,40.47; 16,1.9; 루카 8,2;24,10; 요한 20,1.18.

3 M. Zapata-Meza, A. G. D. Barriga, R. Sanz-Rincón, D. Avshalom-Gorni, R. E. Jackson-Tal, Y. Gorin-Rosen & D. Syon, "The Magdala Archaeological Project (2010–2012): A Preliminary Report of the Excavations at Migda," *Atiqot / עתיקות*, vol. 90 (2018): 83–126.

[그림 1] 고대 회당(믹달)⁴ 고고학자들은 2009년 믹달에서 북이스라엘에서 가장 오래된 회당
(기원전 50~기원후 100년경)을 발굴하기도 했다.⁵

[그림 2] 19세기 믹달의 모습⁶

---

4 https://m.blog.naver.com/poongkyung1205/222082007824.

5 M. Aviam, "The Decorated Stone from the Synagogue at Migdal: A Holistic Interpretation and a Glimpse into the Life of Galilean Jews at the Time of Jesus," *Novum Testamentum*, Vol. 55, Fasc. 3 (2013): 205-220.

6 https://blog.naver.com/jbjoon63/221108534779.

2) 예수를 따르다

마르코는 복음서 수난 이야기에서 예수의 십자가를 지켜보고 있던 사람들은 예수가 갈릴래아에 있을 때 따르고 시중들던 여자들이라고 말한다. "여자들도 멀리서 바라보고 있었는데 그들 중에는 막달라 (여자) 마리아, 작은 야고보와 요세의 어머니 마리아 그리고 살로메가 있었다. 그들은 예수께서 갈릴래아에 계셨을 때에 그분을 따르면서 시중을 들었었다. 또한 그분과 함께 예루살렘에 올라온 다른 여자들도 많이 있었다"(마르 15,40-41. 200주년 신약성서). 열거된 여인들의 명단에서 마리아 막달레나의 이름이 가장 먼저 나온다. 고대에는 이름을 열거할 경우에 중요한 인물부터 열거했다는 점에서 그녀가 비중 있는 인물임을 알 수 있다.

마르코는 이 구절에서 베드로를 비롯한 사도들이 예수를 따르는 제자직의 맥락에서 사용하는 그리스어 동사 "아콜루소"(ακολουθώ, "따르다")를 마리아 막달레나에게도 사용한다. 이 동사는 신약에서 예수의 제자직을 가리키는 데 사용하는 전문 용어인데 그리스도의 제자직과 관련된 맥락에서 많이 사용된다.[7] 외적으로 군중이나 제자들이 예수를 따라가는 것(마르 3,7; 마태 8,10), 제자들이 예수를 따라가기 위해 모든 것을 버리는 것(마르 10,28; 루카 5,11), 예수가 제공하는

---

7 마르코 복음서의 제자직에 대해서는 L. W. Hurtado, "Following Jesus in the Gospel of Mark — and Beyond," in Richard N. Longenecker (ed.), *Patterns of Discipleship in the New Tew Testament* (Grand Rapids, MI: Wm. B. Eedermans, 1996), 9-29; A. Edward, *Disciples to Such a Lord; the Gospel According to St. Mark* (Melbourne, Victoria: Hassell Street Press, 2021).

구원에 참여하는 것(루카 9,61-62), 예수의 운명에 참여하는 것(마태 8,19; 마르 8,34) 등.[8]

이 "따르다"라는 동사를 토대로 예수의 제자 직분의 본질적인 요소를 요약할 수 있다. 제자는 예수 뒤를 따라 걸으면서, 그의 말과 행동을 지켜보고 실천하며 그의 운명을 자기 운명으로 여기면서 성장하는 사람이다. 특히 마르코 복음서에서는 예수를 "믿고 따르는" 의미로만 "아콜루소"라는 동사를 사용한다. 마르코에 의하면 마리아 막달레나를 비롯한 여자들은 예수를 따르는 사람들, 넓은 의미의 제자들이다. 마르코 복음서 저자는 복음서 전체에서 열두 제자의 여정에 초점을 맞추지만, 동시에 믿음(5,34), 통찰(7,29), 헌신(14,3-9)의 모델로 여자들을 소개하기도 한다.

3) 예수와 함께 있다

루카 복음서 8장 1-3절에서는 다른 복음서들과 달리 마리아 막달레나가 예수의 공생활 초기에 등장한다. "그 후에 예수께서는 고을과 촌락을 옮겨 다니시며 하느님의 나라를 선포하시고 그 복음을 전하셨다. 열두 제자도 함께 다녔다. 그리고 악령에서 벗어나고 질병에서 낫게 된 여자들도 더러 있었는데, 곧 귀신 일곱이 떨어져 나간 적이 있는 막달라 여자라고 하는 마리아, 헤로데의 신하 쿠자의 아내인 요안나, 그리고 수산나, 그 밖에 다른 여러 여자들이었다. 그들은

---

8 G. Kittel, "ακολουθώ," in *Theological Dictionary of the New Testament*, Vol. II (Grand Rapids, MI: Wm. B. Eedermans, 1964), 213-214.

자기네 재물로 예수 일행의 시중을 들고 있었다"(루카 8,1-3; 200주년 신약성서).

당시 팔레스티나에서는 길거리에서 남자가 여자와 공공연하게 이야기할 수도 없었는데, 여자들이 예수와 열두 제자, 곧 남자 열세 명과 복음 선교 여행을 함께 했다는 것은 상당히 파격적이다. 이 선교 여행은 예수가 가져온 복음의 새로움이 예수를 따르던 사람들 안에 널리 스며들어 있었음을 보여준다(요한 4,27; 갈라 3,28 참조). 남편이나 주인(종의 주인)이 랍비이고 그가 아내나 여자 종을 가르치는 경우 외에는 여자는 랍비의 제자가 될 수도 없었다. 남자와 여자가 혼합된 이 선교 여행 이야기는 복음서 여러 곳에 나오는 것으로 미루어 아마도 사실일 것이다(마르 15,41; 루카 23,49.55; 24,6.10 참조). 이런 사회적 상황에서 여자들이 "개인"이 아니라 "집단"으로 선교하는 예수 일행과 함께 다녔다는 것이 어느 정도는 스캔들의 강도를 약화시켰을 것이다.[9]

또한 루카 복음서 8장 1-2절의 그리스어 원문을 보면 악령과 질병에 시달리다가 낫게 된 여자들이 예수님 옆에 있던 열두 제자와 마찬가지로 예수 옆에 있었다는 사실이 명확하게 표현된다(καὶ οἱ δώδεκα σὺν αὐτῷ καὶ γυναῖκές τινες αἳ ἦσαν). 이 구절을 직역하면 "열둘이 그분과 함께, 몇몇 여자들도 그분과 함께 있었다"이다. 그 여자들은

---

[9] 루카 8,1-3은 예수의 선교 활동에서 여성의 역할에 대해 이야기하는 중요한 본문인데 많이 연구되지 않았다. 예수의 선교 활동에서 여성의 역할에 대해 알려면 이 본문의 문학적, 역사적 맥락을 확인하고 그 내용과 목적에 대해 알아야 한다. Ben Witherington III, "On the Road with Mary Magdalene, Joanna, Susanna, and Other Disciples — Luke 8 1-3," *Zeitschrift für die neutestamentliche Wissenschaft und die Kunde der älteren Kirche*, 70 no. 3-4 (1979): 243-248.

악령과 병에 시달리다가 낫게 된 사람들이었다. 루카는 광범위한 제자들 가운데에 특별히 예수 바로 곁에 있으면서 그분을 따르던 두 집단을 나란히 부각시키는데 바로 열두 제자와 몇몇 여자들이다.

당시의 사회적 맥락에서는 이례적이고 놀라운 일이지만 여자들이 열두 제자와 마찬가지로 예수 옆에 "함께" 있었다는 것은 루카 복음서에 등장하는 여자들의 제자직 이해에 잘 어울린다(루카 14,26; 18,29-30 참조).[10] 이 구절에서 요점은 여자들이 그분을 시중들기 전에 이미 예수와 "함께" 있었다는 것이다. "함께 있다"라는 표현은 예수를 따르는 제자직에서 가장 본질적인 요소다. "그분은 열둘을 선정하시고 [사도라고 이름지으셨다]. 이것은 그들을 당신과 함께 있게 하고 또한 그들을 파견하여 (복음을) 선포하게 하며 귀신들을 쫓아내는 권능을 갖게 하시려는 것이었다"(마르 3,14-15. 200주년 신약성서). 제자들은 예수와 함께 있으면서, 그의 말을 들으면서, 그의 행동을 지켜보면서 그의 제자로 성장해 간다. 루카 복음서 8장 1-3절에서는 남자들도 여자들도 모두 예수와 함께 있으면서 예수의 선교 활동에 적극적으로 참여하기 위한 준비를 하고 있다.

4) 예수에게서 치유되다

루카는 8장 2절에서 마리아 막달레나를 "귀신 일곱이 떨어져 나간 적이 있는" 여자로 묘사한다. 당시에는 한 사람이 여러 마귀에 들릴

---

10 R. J. Karris, "Women and Discipleship in Luke," *The Catholic Biblical Quarterly*, 56(1) (1994): 1–20. 루카 복음서에 제자로서 여성들은 8,1-3만이 아니라 22,14-38; 23,49-56에도 언급된다.

수 있다고 여겼다(루카 8,27.30;11,27 참조). "일곱"은 성경에서 충만, 완전을 의미하는 숫자인데 "귀신 일곱"이라는 말은 마귀의 완전한 지배력을 뜻하는 유다식 표현일 것이다. 어떻게 해서 마리아 막달레나가 그런 심각한 상황에 처하게 되었는지 이유는 나오지 않는다. 그러나 우리가 성경에서 귀신 추방에 관한 이야기를 읽을 때 이것을 "원시적인 세계관"의 반영이라 여기고 "귀신들"을 현대인이 겪는 정신적인 무질서와 유사한 질병이라고 단순하게 결론 내리지 말아야 한다. 신약에서 귀신 들렸다는 것은 육체적인 질병보다 더 넓은 의미를 함축하고 있는데 그런 처지에 있는 사람의 삶 전체의 온전한 건강(웰빙)이 고통을 받고 있다는 것이다.[11]

당시 유다인들은 병자나 장애인은 당사자가 뭔가 나쁜 짓을 했거나 조상이 나쁜 짓을 해서 하느님의 벌을 받은 결과라고 생각했기 때문에 '죄인'이라고 부르고 차별했다.[12] 그러나 예수는 그런 이들을 만날 때 질병으로 인한 고통의 원인 탐구보다는 질병을 어떻게 "하느님의 일"을 보여주기 위한 기회로 바꿀 수 있는지 제자들이 관점을 바꾸도록 이끌어간다. 예수는 자신이 세상에 온 목적을 밝힐 때 죄인과 병자를 치유하는 의사에 비유한다(마르 2,17; 마태 9,12; 루카 9,31-32 참조). 마리아 막달레나는 예수에 의해 "귀신 일곱"에서 풀려남으로써

---

11 고대 이스라엘인들이 가지고 있던 질병과 죄의 연관성이라는 주제는 F. J. Gaiser, *Healing in the Bible: Theological Insight for Christian Ministry*(Baker Academic, 2010). 저자는 구약 시대의 이런 사고가 신약 시대의 이스라엘인의 질병에 대한 사고에 남아있다고 말한다. 그래서 예수의 치유에는 몸의 질병과 죄의 용서가 자주 결합된다.
12 신약 시대의 질병과 악령 추방, 구원에 대한 전반적인 사고를 아는 것은 이 구절을 해석하는 데 도움이 될 것이다. J. T. Christopher, *The Devil, Disease, and Deliverance: Origins of Illness in New Testament Thought* (Cleveland, TN: CPT Press, 2011).

죄인, 약하고 상처 입은 사람을 구원하는 하느님의 무한한 자비를 체험하였다. 이 깊은 은총의 치유 체험이 마리아가 예수를 따르게 된 배경이 되었을 것이다.

공관 복음서에서 우리가 마리아 막달레나와 예수의 관계에 대해 알 수 있는 것은 이런 내용이다. 그녀는 용서받은 죄 많은 여자(루카 7,36-50 참조)도 아니고, 베타니아의 마리아(마태 26,6-13; 마르 14,3-9; 요한 12,1-8 참조)도 아니다. 마리아 막달레나는 종종 이 두 인물과 합성된 모습으로 해석되었는데, 6세기에 대 그레고리우스 교황(540~604년경)이 마리아 막달레나를 복음서의 다른 여러 여성 인물과 혼합하여 해석한 데서 비롯되었다.

5) 예수에게 시중들다

루카 복음서 8장 3절에서는 마리아 막달레나와 다른 여자들이 "자신들이 소유한 재물"로 예수 일행을 시중들었다고 전한다. 이 구절은 성경 해석 역사에서 많은 논쟁을 불러일으킨 본문에 속한다. 논쟁 요점은 "시중을 들다"로 번역된 그리스어 '디아코네오'(διακονέω)의 의미를 정의하는 데 달려 있다.

신약에서 "디아코네오"라는 동사의 기본적인 의미는 "식탁에 봉사하다"인데 이런 개념은 "시중들 수 있는" 모든 상황에 적용되면서 의미가 확장되었다. 그래서 문맥에 따라 "섬기다, 돌보다, 돕다, 지원하다, 부제로서 봉사하다" 등 여러 가지 의미로 해석된다.[13] 이 동사는

---

13 Beyer, "διάκονεω," in G. Kittel, in *Theological Dictionary of the New Testament*,

초대교회에서 평판이 좋고 영과 지혜가 충만한 사람 헬라 유다계 그리스도인들의 대표 일곱 명의 "식탁 봉사와 말씀 봉사"를 묘사하는 데 사용되기도 한다(사도 6,1-7). 이렇게 "디아코네오"가 문맥에 따라 의미가 다양하기 때문에 이 동사를 통해 초대교회의 복음 선포에서 마리아 막달레나를 비롯하여 예수 바로 옆에서 그를 따르던 여자들의 역할을 알려면 문맥을 살펴보아야 한다.

　루카 복음서 8,3에서 여자들이 예수 일행에게 시중들었다는 것은 당시 성 역할의 구분에 따라 여자가 주로 집안에서 하던 일, 음식 대접이었을까? "시중들다"라는 동사와 함께 "재산"이라는 말이 나오는데 그리스 원어는 '휘파르콘톤'(ὑπαρχόντων)이다. 이 말은 "(실제로) 존재하다, 있다, 속하다"를 의미하는 동사 '휘파르코'(ὑπαρχω)의 분사 형으로 루카 복음서에서 소유물, 재산, 돈, 물건 등을 가리킨다.[14] 사도행전 2장 45절에서 초대교회의 생활 양식을 설명할 때도 같은 그리스어 표현을 사용한다. "그들은 그들의 재산과 가진 것을 팔았다."

　루카 복음서와 사도행전의 여러 구절을 볼 때 8장 3절의 여자들의 "재물"은 그들의 시중이 음식 대접이 아니라 경제적 도움과 관련된 것임을 보여준다. 그들은 "자기네 소유", 곧 남편이나 친척들이 가진 것이 아니라 자신에게 있는 것, 자신이 처분할 수 있는 것으로 예수와 열두 제자에게 시중들었다. 오늘날 대부분의 학자들은 이 본문에서 여자들의 시중이 집안일과 관련된 도움이라기보다 경제적 도움이라는 데 동의한다. 예수와 제자들은 예수의 공생활 삼 년 동안 갈릴래아

Vol. II (Grand Rapids, MI: Wm. B. Eedermans, 1964), 81-87.
14 루카 8,3; 11,21; 12,15; 12,33; 12,44; 14,33; 19,8.

마을과 도시를 돌아다녔고 예루살렘으로 내려갔다가 돌아오기도 했다. 그동안 그들은 어떻게 먹고사는 것, 기본적인 생활을 유지했을까? 예수는 제자들에게 하느님에게 모든 걱정을 버리고 섭리에 내어 맡기며 살아가라고 가르쳤고, 제자들은 거기에 따랐을 것이다. 예수와 열두 사도들의 가난한 선교 활동의 버팀목이 된 것은 "자신의 소유"로 예수 일행을 도운 여자들의 도움이었을 것이다. 덧붙여서 루카 복음서 8장 3절에서 "시중을 들었다"에 해당하는 동사형은 '디에코눈'(διηκόνουν)인데, 지속적으로 반복하는 행위를 가리키는 미완료 과거 능동태임을 고려하면 이 여자들의 재정적인 시중이 일회적이 아니라 연속적이었음을 알 수 있다.

마리아 막달레나의 사회적, 경제적 상태는 알 수 없지만, 이어서 나오는 헤로데의 집사 쿠자스의 아내 요안나는 부유한 여인이었던 것 같다. 예수의 선교 활동은 예수를 따르면서 예수의 사랑과 용서와 구원, 해방의 메시지가 더 널리 전파될 수 있도록 자신이 가진 것을 내어놓은 여자들의 환대와 참된 사도적 가난으로 열매를 맺었다고 말할 수 있다.

6) 십자가에서 무덤까지 함께 있다

여자들은 예수를 무덤에 묻는 자리에도 함께했다. 마태오 복음서에는 갈릴래아에서부터 예수를 따라온 여자들이 예수의 죽음을 지켜보았다고 전하는데 마리아 막달레나의 이름도 나온다. "거기에는 많은 여자들이 멀리서 바라보고 있었는데 그들은 갈릴래아에서부터 예수를 따르면서 그분의 시중을 들었었다. 그들 중에는 막달라 (여자) 마리아, 야고보와 요셉의 어머니 마리아, 그리고 제베대오의 아들들의 어머니가 있었다"(마태 27,55-56. 200주년 신약성서).

제자들이 예수를 따른 것은 명확하게 예수가 그들을 직접 부른 것에 대한 응답이었다(4,19; 4,21; 9,9 참조). 그리고 이들은 즉시 예수를 따랐다. 분명히 이런 구절들은 제자직 이야기이다. 여자들의 경우에 마태오는 여자들이 예수를 따른 것이 예수로부터 직접적인 부르심인지에 대해서는 구체적으로 말하지 않는다. 우리는 예수가 어떤 여자에게 직접 따르라고 했는지에 대해서 구체적인 언급을 갖고 있지 않다. 그러나 우리는 어떤 여자들이 예수를 따랐다는 내용은 가지고 있다. 예수가 그들을 불렀거나 부르지 않았거나 그들이 예수를 따르는 행동은 남자들이 예수를 따르는 행동을 닮았다(4,20.22; 9,9 참조).

비록 예수의 직접적인 부름이 아니었어도 이 여자들이 계속 예수를 따랐다는 것은 그 안에 들어있는 제자직의 어떤 요소들을 내포하고 있음을 암시하는데, 그런 제자직의 암시는 "갈릴래아에서부터"와 "시중들다"라는 두 가지 요소로 인해 더욱 강화된다.[15] 갈릴래아는 예수가 그의 사명을 시작한 장소이며 첫 번째 제자를 부른 장소이다. 예수의 제자들은 "갈릴래아인들"로 불렸다. 갈릴래아는 또한 마태오 복음서에서 선교라는 주제의 핵심 용어이다. 하느님은 갈릴래아 세계의 비천한 사람들을 받아들이고 세상을 바꾸는 하느님의 대변자 역할을 맡겼다.[16]

---

15 B. Parambi, *The Discipleship of the Women in the Gospel according to Matthew. An Exegetical Theological Study of Matt 27: 51b-56, 57-61 and 28,1-10* (Roma: Gregoriana, 2003), 129-133.

마태오는 아리마태아 출신의 부유한 사람인 요셉이 예수의 시신을 새 무덤에 안치하고 난 후에 마리아 막달레나와 다른 마리아가 무덤 맞은쪽에 "앉아있었다"(카세메나이; καθήμεναι)라고 전한다(마태 27,61 참조). 구약에서 앉아있다는 것은 재판의 자세(탈출 11,5; 12,29)나 슬픔과 애도의 행동(욥 2,12.14; 시편 137,1)을 의미하는데, 후자의 경우는 고대에 여자들이 맡은 역할이었다. 신약에서도 "앉는다는 것"은 죽은 이를 애도하는 여자들의 자세다(요한 11,20.29.31 참조). 비 성경 자료에서도 "앉는다"는 것은 특히 죽음과 매장의 상황에서 애곡의 자세로 사용된다. 부르짖고 우는 것, 가슴을 치면서 자루 옷과 재를 뒤집어쓰고 앉아있는 것 등은 죽은 이를 위한 애도의 외적인 표현이었다.[17]

1세기에 팔레스티나에서 여자들은 성전 경배나 회당이나 집에서 눈에 띄는 역할을 하지 않았다. 그러나 매장 예식에서는 애곡이라는 중요한 역할을 맡았다. 여자들은 애곡 외에도 죽은 사람을 매장할 때 필요한 일에 참여하기도 했다. 죽은 예수를 안치하기 위해서 남자들이 아니라 여자들이 향유와 몰약을 들고 예수의 무덤에 찾아간 것도 바로 이런 배경 때문이다.

예수 무덤 앞에서 여자들은 애곡을 해야 하는데 어떤 애곡의 표시도 하지 않는다. 전통적으로 매장 예식 동안에 여자가 맡은 역할과는 대조적으로 가슴을 치지도 않는다. 슬픔과 비통함을 가슴에 묻은 채 묵묵하게 앉아있다. 마리아 막달레나는 제자직의 가장 힘든 순간에, 사도들이 두려움과 공포로 예수를 버리고 사라졌을 때 예수 곁에

---

16 P. Hertig, "The Galilee Theme in the Gospel of Matthew: Transforming Mission through Marginality," *Missiology* 2 (1997): 155-163.

17 B. Parambi, *The Discipleship of the Women*, 151-152.

끝까지 머물며 그를 돌보았다. 여자들이 무덤 아래에 앉아있는 것은 그들이 예수의 죽음과 매장의 충실한 "증인"임을 우리에게 말해준다.

2. 마리아 막달레나, 부활 증인, 사도들의 사도

마리나 막달레나의 사도성은 요한 복음서에서 전하는 예수의 부활 이야기에 구체적으로 소개된다(20,1-18).[18]

1) 어둠 속에서 무덤으로 달려가다(1절)

마리아 막달레나가 왜 요한복음서 20장의 부활 이야기에 등장하는지 이해하려면 예수 생애 마지막 순간을 기억하는 것이 중요하다. 그녀는 십자가 아래에서 예수의 어머니와 함께 있었다. "예수의 십자가 곁에는 그분의 어머니와 이모, 글로파의 (아내) 마리아와 막달라 (여자) 마리아가 서 있었다"(요한 19,25. 200주년 신약성서).

18 요한 20,1-18에 대한 연구는 S. M. Schneiders, *The Johannine Resurrection Narrative: An Exegetical and Theological Study of John 20 as a Synthesis of Johannine Spirituality* [Diss. excerpt] (Gregorian University 1975); A. Roberts Winsor, *A King is Bound in the Tresses: Allusions to the Song of Songs in the Fourth Gospel*, StBL 6 (New York: Peter Lang Inc., 1999); Susanne Ruschmann, *Maria Von magdala im johannesevangelium. Jüngerin-zeugin-lebensbotin*, Neutestamentliche abhand-lungen neue folge 40 (Munster: Aschendorffverlag, 2002); A. Gangemi, *I Racconti Post-pasquali nel Vangelo di S. Giovanni* IV (Catania: Catania: Studio Teologico S. Paolo, 2003).

[그림 3] 마리아 막달레나, 사도들의 사도[19]

그녀는 "주간 첫날, 아직 어두운 새벽에"(1절. 200주년 신약성서) 무덤, 더욱 정확하게 말하면 예수가 묻힌 장소를 향해 간다. 공관 복음서와 달리 요한 복음서에서는 마리아 막달레나가 혼자서 예수를 만나러 간다. 당시 무덤은 자연적으로 형성되거나 인위적으로 만든 동굴이었다. 일반 사람들은 이 무덤을 공동으로 이용하였다. 공관 복음서에서는 마리아 막달레나만이 아니라 다른 여자들도 예수의 무덤으로 간다(마태 28,1; 마르 16,1.9; 루카 24,10 참조).

20장에서는 19장과 다른 인물들이 등장하는데, 마리아 막달레나, 시몬 베드로, 예수가 사랑한 제자(이하 "애제자")이다. "아직 어두운

---

19 http://www.catholicnews.co.kr/news/articleView.html?idxno=18178.

새벽에"는 요한이 반복해서 사용하는 빛과 어둠, 낮과 밤의 상징에 담긴 신학적인 의미를 상기시킨다. 이런 표현은 독자가 밤과 어둠을 신앙의 부족과 연결하게 하는데, 요한복음서 전체에 걸쳐 전개된다.[20] 어둠은 그리스도의 십자가 죽음으로 인해 그리스도와 갈라져 있다고 느끼는 마리아의 영적 상태를 함축한다.

2) 베드로와 애제자가 무덤으로 달려가다(2-9절)

무덤을 막았던 돌이 치워진 것을 알고 마리아 막달레나는 시몬 베드로와 애제자에게 달려가서 "(사람들이) 무덤에서 주님을 빼돌렸습니다. 그분을 어디에다 (옮겨) 놓았는지 모르겠습니다"(2절. 200주년 신약성서)라고 말한다. 아마도 그 두 사람은 적어도 자신에게는 지금 일어난 일을 설명해 줄 수 있으리라고 생각했을 것이다. 베드로와 애제자는 빈 무덤을 향해 함께 달려간다. 애제자는 베드로보다 먼저 무덤에 도착했는데 무덤에 들어가지 않고, 나중에 도착한 베드로가 무덤에 들어간다. 여기에서 두 인물은 경쟁자라기보다는 서로 다른 유형으로 서로를 보완하는 역할을 한다. 요한 복음서 앞 이야기에서 베드로는 예수를 알았던 것을 부정하지만(18,15-18.25-27) 애제자는 예수가 죽을 때 두려워서 도망가지 않고 여자들과 함께 십자가 아래에서 있었다(19,26-27). 요한 복음서 전체에서 애제자는 예수와의 관계에서 다른 제자들보다 더 특권적인 위치를 차지한다. 베드로가 예수님을 모른다고 부정한 후에 어떻게 예수님을 따르고 어떻게 더 좋은 제자가

---

20 요한 1,5; 3,2; 6,17; 9,4; 8,12; 11,10; 12,35.46; 13,30; 19,39.

되는지 애제자는 베드로에게 가르쳐야 한다. 그래서 베드로는 애제자보다 뒤에 빈 무덤에 온다.

애제자는 베드로보다 먼저 도착했지만, 베드로가 먼저 무덤 안으로 들어가게 기다린다. 예수가 그의 양을 치는 목자로 임명한 사도에게 존경을 보이기 위해서다(21,15-17). 베드로도 나중에 예수처럼 양들을 위해 자기 목숨을 바칠 것이다(21,18-20). 원래 요한 복음서의 마지막 장은 20장이고 21장은 나중에 덧붙인 것으로 여기는데, 21장이 없다면 무덤 앞에서 애제자가 베드로에게 보여준 행동은 쉽게 설명되지 않는다. 20-21장에 여러 주제가 얽혀있는데 이 두 장에 등장하는 베드로의 모습을 이렇게 구성할 수 있다. 20장 1-10절부터 21장 15-19절까지 베드로의 모습이 점진적으로 발전한다. 베드로는 주님 부재의 선포에서 그분 현존의 선포 그리고 양 떼를 돌보라는 주님의 초대를 받는 데로 나아간다. 베드로는 마리아에게서 주님을 찾으러 가도록, 애제자에게서 부활한 예수를 만나도록 초대받는다(20,1-18). 그가 주님과 그의 사목 활동을 위해서 자기 생명을 바치면서까지 헌신하도록 전진하기 위해서다(21장).

베드로가 무덤 안에 들어가는 것을 본 후에야 그 다른 제자도 무덤에 들어와서는 "보고 믿었다"(8절. 200주년 신약성서). 그가 본 것이 무엇인지는 나오지 않지만 잘 개켜진 아마포일 것이다. 베드로도 무덤을 보았지만 그가 믿었다는 말은 본문에 나오지 않는다. 애제자는 "보고 믿었다"(8절). 예수의 얼굴을 쌌던 수건이 따로 한곳에 개켜져 있었다는 것은 예수의 몸을 누가 훔쳐 가지 않았음을 제안한다. 이것은 증거가 아니라 표징이다. 표징은 그 자체는 모호하지만 신앙으로

가는 길을 연다. 애제자는 무덤 안에 있는 물건들을 봄으로써 자신이 하느님의 신비로운 행위를 마주하고 있음을 믿는다. 그러나 그는 주님이 부활했음을 아직 알지 못한다. 복음서 저자는 9절에서 그 이유를 설명한다. "사실 그들은 아직도 그분이 죽은 이들 가운데서 다시 살아나야만 한다는 성경(말씀)을 깨닫지 못하고 있었던 것이다"(200주년 신약성서). 저자의 해설은 이 설화의 흐름에서 중요한 기능을 한다. 저자는 (애제자가 자신임을 가정하면서) 독자를 위해 자신의 부활 신앙 체험에 대한 신학적인 해설을 소개한다. 그는 성경에 대한 이해가 부활에 대한 믿음을 도왔다는 것을 강조한다. 성경에서 오는 빛은 십자가에 처형된 그리스도의 부활의 신비 안으로 들어가는 데 필수적이다.

애제자의 역할은 예수와 제자들을 연결하는 것이다. 예수의 공생활 때도 애제자와 베드로의 관계에서 이것을 보게 된다. 그것은 21장에서 더욱 구체적으로 다루어질 것이다. 21장에서 저자는 부활 후 공동체를 위해 교회를 구성하는 활동들 사이의 관계를 명확히 표현하고 싶었던 것 같다. 하나는 관상인데 그것을 통해 계시가 받아들여진다. 다른 하나는 사목인데 그것을 통해서 계시가 중재된다.[21] 저자는 이것을 염두에 두면서 마리아 막달레나 이야기(20,11-18)를 시작하기 전에 그리고 부활한 예수님이 다른 사도들에게 나타나는 장면(20, 19-29)을 전하기 전에, 빈 무덤 앞에 도착하는 시몬 베드로와 애제자 이야기를 소개한다. 복음서 저자가 부활한 그리스도가 등장하는 장면 앞에 두 제자에 관한 이야기를 삽입하는 것은 예수가 아버지에게로

---

21 S. M. Schneiders, "John 21,1-14," *Interpretation* 43 (1989): 70-75, esp. 73.

가는 출발과 승천의 전체적인 틀 안에서(20,17 참조) 부활 사건의 유일한 인물인 마리아 막달레나의 역할을 강조하기 위해서이다.[22]

3) 부활하신 예수를 만나다(11-17절)

두 제자가 집으로 돌아간 후 마리아와 천사들의 대화(11-13절)와 부활한 예수와의 대화(15-17절)가 정원에서 전개된다. 마리아는 제자들의 뒤를 이어 언제 무덤에 도착했는지는 모르지만, 무덤 밖에서 울고 있다. 무덤을 들여다보고 그 안에 하얀 옷을 입은 천사가 앉아있는 것을 보게 된다. 천사들은 마리아에게 "여인아, 왜 울고 있느냐?"(13절. 필자 직역)라고 질문한다. 천사들의 질문은 예수의 죽음으로 모든 것이 끝났고 그분의 몸을 누가 훔쳐 갔다는 마리아의 생각이 사실이 아님을 가리킨다. 천사들은 하늘을 반영하고 흰색은 승리, 특히 죽음에 대한 승리(묵시 7,9-10)를 가리킨다. 빈 무덤에서 천사들의 현존은 예수의 부활을 더욱 정확하게 지적한다. 마리아는 두 제자에게 한 말(2절)과 거의 같은 내용을 천사들에게 말한다. 2절의 "주님"은 여기서 "제 주님"으로 바뀐다. "(사람들이) 제 주님을 빼돌렸습니다. 그분을 어디에다 (옮겨) 놓았는지 모르겠습니다"(20,13. 200주년 신약성서). 천사가 두 번이나 아이러니한 질문을 사용하는 것은 독자가 신학적인 성찰을 하도록 이끌기 위해서이다.[23] 주님은 지금 어디에 있는가?

---

22 H. N. Ridderbos, *The Gospel according to John* (Grand Rapids, MI: Wm. B. Eedermans, 1997), 635.

23 Cf. A. Vanhoye, "Interrogation johannique et exégèse de Cana (Jn 2,4)," *Biblica* 55 (1974): 157-167.

천사에게 말하고 뒤로 돌아서자, 예수가 "서 계신 것"(14절)을 보게 된다. 서 있는 자세는 요한 복음서에서 부활한 예수 발현의 특징적인 자세다(20,14.26; 21,4 참조). 이 자세는 예수가 중요한 계시를 위해 취하는 자세이기도 하다(7,37). 마리아는 처음에 예수를 알아보는 데 실패했다. 부활한 예수를 사람들이 알아볼 수 없었다는 것은 신약 다른 곳에서도 발견된다(루카 24,31; 요한 21,4). 사람들은 부활한 예수의 정체성을 쉽게 파악할 수 없고 죽기 전처럼 그에게 쉽게 접근할 수 없다.

15-17절에서 부활한 예수와 마리아의 대화가 이어진다. 구약과 유다 배경에 친숙한 사람들은 이 세 구절에서 등장하는 이미지를 쉽게 이해할 수 있을 것이다. 예수는 마리아에게 질문한다. "여인아, 왜 우느냐? 누구를 찾고 있느냐?"(15절. 필자 직역). 마리아는 그분을 정원지기라고 생각하고 "'여보십시오, 당신이 그분을 들어내었거든 어디에다 (옮겨) 놓았는지 제게 말해 주셔요. 제가 그분을 모셔가겠습니다' 하고 말했다"(15절. 200주년 신약성서). 예수가 한 질문 첫 부분은 천사의 질문을 반복한 것이다. 그러나 이 반복은 마리아 막달레나의 인물상과 이 이야기 안에서 그녀가 하는 역할을 독자에게 더욱 명확하게 보여준다. 마리아 막달레나는 그리스도에 대한 사랑과 믿음을 인격화하는 인물이다. 그녀가 무덤 입구에서 흘린 눈물은 주님의 부재로 인한 슬픔과 비탄을 표시한다(그의 죽음이 아니라 그의 몸이 보이지 않는 것에 대해). 잃어버린 예수의 몸을 계속해서 찾아다니는 것도 같은 맥락이다. 요한 복음서에서 제자직과 "찾다"라는 주제(1,39; 5,44; 7,34.36; 11,56; 12,20; 13,22; 18,4.7.8)가 20장 1-18절에서 마리아 막달레나가 예수의 몸을 찾는 것과 연결되는 것을 볼 수 있다.

마리아가 동산에서 제자들(2절), 천사들(13절), 예수(15절)에게 한 말은 구약의 아가에서 사랑하는 애인을 찾아 돌아다니던 젊은 여자가 동산에서 파수꾼들과 나눈 대화의 반향처럼 들린다. 동산이라는 배경은 구약 아가의 동산을 독자에게 상기시키는 데 대표적인 아가 본문은 1장 7-8절과 3장 1-14절이다.

사랑하는 이여, 어디에서 양떼를 치고 계시는지, 대낮엔 어디에서 쉬게 하시는지 제발 알려주세요. 임의 벗들이 치는 양떼들을 따라 이리저리 헤매지 않게 해주세요. 더없이 아리따운 여인아, 어딘지 모르겠거든, 양들의 발자국을 뒤밟다가 목자들이 친 천막이 나오거든 그 가까이에서 네 어린 양들을 쳐 보아라(아가 1,7-8. 공동번역 성서).

밤마다 잠자리에 들면, 사랑하는 임 그리워 애가 탔건만, 찾는 임은 간 데 없어 일어나 온 성을 돌아다니며 이 거리 저 장터에서 사랑하는 임 찾으리라 마음먹고 찾아 헤맸으나 찾지 못하였네. 성 안을 순찰하는 야경꾼들을 만나 '사랑하는 나의 임 못 보셨소?' 물으며 지나치다가 애타게 그리던 임을 만났다네. 나는 놓칠세라 임을 붙잡고 기어이 어머니 집으로 끌고 왔다네. 어머니가 나를 잉태하던 바로 이 방으로 들어왔다네(아가 3,1-4. 공동번역 성서).

마리아가 십자가에서 죽은 분을 계속 해서 "찾는 것"은 그녀가 부활한 분을 발견하고 그가 어디에 있는지를 보게 하는 결과를 낳는다. 예언자들의 이해에 따르면, "주님을 찾는 것"은 인생에서 가장 중요한 것이다. 그것은 삶이냐, 죽음이냐의 문제다. 주님을 찾고 그분을 발견하는 사람은 생명 자체를 선물로 받는다. 시편과 지혜문학에도 이런 주제가 자주 나오는데 요한복음서 20장 1-18절의 문맥과 가장 깊이 관련되는 책은 아가이다. 요한 20장 1, 11-18절과 아가에 나오는 "밤, 무덤, 동산, 일어나는 것, 목소리, 동산에 머무는 이, 돌아보는 것", "나를 만지지 말라"는 명령 사이에서 이 두 책의 연결을 볼 수 있다.[24]

마리아 막달레나는 그를 "**동산지기**"(15절. 200주년 신약성서)라고 부르는데 **동산**은 요한 복음서에서 파스카 사건 배경을 이룬다. 동산에서 예수님은 십자가에 못 박히고 죽는다(19,41ㄱ). **동산**에 묻히고(19,41ㄴ -42) **동산**에서 부활한다(20,15).

계속해서 예수를 찾는 마리아의 청에 응답하기 위해서 예수는 그녀의 이름을 부른다. "마리아야!"(16절). 그러자 마리아는 돌아서서 히브리 말로 "**랍부니!**" 하고 부르는데 "나의 스승님!"이라는 뜻이다. 예수가 마리아의 이름을 부를 때 마리아는 예수를 실제로 알아본다. 예수가 한 여자의 고유한 이름을 부르는 장면을 언급하는 대목은 요한 복음서에서 여기뿐이다. 여기에서 우리는 "여자"에서 "마리아"로 관계가 더욱 인격적으로 진전되는 것을 보게 된다. "**어진 목자**"의

---

24 요한 20,1-18과 아가와의 연관성에 대한 연구는 계속 늘어나고 있는데 대표적인 연구는 M. Cambe, "L'Influence du Cantique des cantiques sur le Nouveau Testament," *Revue Thomiste* 62 (1962): 5-26; A. Feuillet, "La Recherche du Christ dans la Nouvelle Alliance d'après la Christophanie de Jo.20,11-18: Comparaison avec Cant.3,1-4 et l'épisode des Pèlerins d'Emmaus," in *L'homme devant Dieu. Exégèse et Patristique*, H. De Lubac ed. (Paris: Aubier, 1963), 93-112; A. Reinhartz, "To Love the Lord: An Intertextual Reading of John 20," in *The Labor of Reading: Desire, Alienation and Biblical Interpretation*, F. C. BLACK, R. Boer, E. Runions ed., *SBL.SP* 36 (Atlanta, 1999), 53-69; Ann Roberts Winsor, *A King is Bound in the Tresses*, Chapter 3.

비유(10,3.15.17.18)는 이 구절의 의미를 해석하는 데 빛을 비추어 준다. 마리아가 자기 이름을 부를 때만 예수를 알아봤다는 사실을 강조함으로써 예수가 요한복음서 10장에서 어진 목자에 대해 말한 것을 독자에게 상기시킨다. "문지기는 그에게 문을 열어 주고 양들은 그의 목소리를 듣습니다. 그리고 목자는 자기 양들의 이름을 하나하나 불러서 데리고 나갑니다"(10,3. 200주년 신약성서).

이 목자의 모습은 너무나 아름답고 매혹적이어서 시선을 뗄 수가 없다. 어진 목자 예수는 이 세상에서 가장 아름다운 분이다! 그는 자신이 돌보는 양을 위해 자기 생명을 주기 때문이다(10,15.17-18). 십자가와 빈 무덤에서 마리아가 예수의 목소리를 들었을 때 목자인 예수가 자기 양을 위해 목숨을 바친다는 진리를 암시적으로 인식한다. 그녀는 아버지의 뜻에 순종하기 위해서 자기 목숨을 바치고 아버지가 다시 살린 분의 권위를 인식한다. 마리아는 혼자서는 이 심오한 신앙에 도달할 수 없다. 누군가의 개입이 필요하다. 더욱 정확하게는 부활한 분의 말씀이 성공적으로 마리아 막달레나를 변화시킨다. 마리아 막달레나라는 인물이 부재의 절망에서 증언의 책임으로 이끌리는 신앙 과정을 보여주는데, 이 과정은 부활한 그리스도와 그녀의 말로 성취된다. 부활하여 살아있는 분을 알아보려면 그와 맺는 인격적인 관계가 중요하다. 이 관계가 없이는 부활한 분을 볼 수 없다. 예수가 자신의 이름을 부른 것에 대한 마리아의 응답은 아가에서 연인을 찾는 여자가 하는 말과 유사하다.

임에게 문을 열어드렸으나 임은 몸을 돌려 가버리더이다. 나는 그만 넋을

잃고 가는 임을 뒤쫓다가 놓쳤다네. 임은 아무리 불러도 대답이 없었네(아가 5,6. 공동번역 성서).

4) 부활 메시지를 듣다

마리아 막달레나가 예수를 찾는 것은 아버지에게 올라가는 예수가 부활하고 승천한 주님이라는 믿음을 그녀가 보여줄 때 절정에 이른다 (17절).[25] 예수는 마리아가 그를 알아보자 이렇게 말한다. "나를 만지지 마시오. 내가 아직 아버지께로 올라가지 않았기 때문입니다. 내 형제들에게 가서 말하시오. '나는 나의 아버지이시며 여러분의 아버지, 나의 하느님이시며 여러분의 하느님(이신 그분)께로 올라간다'고"(17절. 200주년 신약성서).

이것이 마리아가 전해야 할 부활 메시지의 핵심 내용이다. 예수가 마리아에게 "나를 만지지 마시오"라고 한 것은 부활한 그리스도가 인간의 손으로 접촉할 수 없는 분이기 때문이 아니다. 이 명령은 아버지에게 돌아가시는 분의 새로운 정체를 설명해 준다. 부활한 분은 십자가에 못 박힌 분과 같은 분이나 부활하고 승천한 분은 온전히 새로운 형태로 존재한다. 지금부터 이분은 이 새로운 정체성을 가지고 아버지와 함께 살 것이다. 제자들은 이 관계에 결합하도록 초대받는다. 예수가 아버지에게로 올라가는 것은 제자들과 예수 사이의 새로운 관계 형성을 의미한다(요한 15,14-16). 예수가 고별 설교에서 제자들에

---

25 20,17에서 예수가 마리아 막달레나에게 한 말은 의미가 모호해서 다양하게 해석되었다. R. FABRIS, *Giovanni* (Roma: Borla, 1992), 1033; R. W. Brown, *The Gospel according to John*, Anchor Bible 29 (New York: Anchor Bible 1966), 992-993.

게 한 약속은 17절의 부활한 예수와 마리아 막달레나의 만남에서 실현된다. 요한에 따르면 예수 안에서 하느님이 주는 선물은 하느님 자녀가 됨, 성령 안에서 누리는 영원한 생명이다.

예수를 따르는 사람들은 이제 진정으로 그의 누이이자 형제, 하느님이 예수, 새로운 모세를 통해서 새 계약을 맺는 새 이스라엘의 지체들이다. 20장 17절의 예수 부활 메시지는 제자들에게 그들이 예수와 함께 공유한 운명을 상기시킨다. 요한 복음서 안에서 예수가 머무는 곳은 예수와 하느님, 예수와 그의 제자들 사이의 친교가 이루어지는 장소다. 부활한 예수는 마리아 막달레나와의 만남에서 그의 부활 후의 정체성과 그의 궁극적인 운명, 아버지 가슴으로 다시 돌아감을 계시한다. 요한 복음서는 처음부터 예수 활동의 명시적인 목적은 하느님의 새 가정을 창조하는 것임을 보여준다. "그러나 그분은 당신을 맞아들이는 이들 곧 당신의 이름을 믿는 이들에게는 모두 하느님의 자녀가 되는 권능을 주셨다. 이들은 혈통에서나 육욕에서나 남자의 욕망에서 난 것이 아니라 하느님에게서 난 것이다"(1,12-13. 200주년 신약성서).

예수가 마리아에게 선포한 부활의 기쁜 소식은 가정의 언어 안에서 전달된다. 부활 메시지에서 예수가 마리아에게 한 약속은 믿음으로 결성되는 새 공동체가 탄생하는 것으로, 예수를 따르는 사람들은 이제 그의 형제이자 누이이며 하느님의 자녀라고 불리게 될 것이다. 예수의 아버지는 우리 아버지가 될 것이며, 예수의 하느님은 우리 하느님이 될 것이다. 이것은 새로운 계약의 언어이며, 요한 복음서에서 하느님을 가리키는 "아버지"라는 언어는 예수가 하느님의 아들로서 맺는 관계의 측면을 내포하고 있다. 그러므로 "아버지"라는 칭호는 가부장제 언어가 아니라 친밀함, 관계성, 가족적 언어이다. 요한 복음서에서 하느님은 120번이나 "아버지"(파테르, πατέρ)로 언급되는데, 이는 공관 복음서에 나오는 빈도의 두 배에 해당한다.

예수가 아버지 하느님과 나누는 친교는 예수의 정체성을 이해하는 데 필수적이다. 특히 요한 복음서에서 예수는 하느님 아버지의 외아들이다. 예수는 하느님을 계시하는 말씀이며(1,1-2.14.18), 아버지는 아들에 의해 계시된다(1,17-18; 4,34; 15,15; 17,4; 16,25). 하느님은 예수님의 참된 아버지이다(5,18; 8,27; 13,1.3; 14,8; 14,17; 15,26). 아버지는 종말론적인 계시자인 아들 예수를 세상에 보냈다(4,34; 13,20; 17,18; 20,21). 아버지는 아들의 생명의 기원이다(5,36; 6,37.39; 10,29; 17,6.9; 18,9). 아버지는 아들을 사랑한다(3,35; 5,20; 10,17; 15,9).[26]

이제 마리아 막달레나는 예수가 세상에 온 목적이 이제 이루어졌다는 것을 이해하기에 이른다. 예수는 부활하였다. 그는 주님이고 마침내 그의 아버지에게로 올라간다. 그가 처음에 있었던 곳, 아버지의 품 안으로 돌아가고 있다(1,18 참조). 이 발견은 그녀만을 위한 것이 아니다. 그녀는 사도들에게 이 부활 메시지를 가져가야 한다. 마리아 막달레나는 예수가 무덤에 묻힌 후에도 충실하게 그분을 찾는 사람이다. 그런 사람으로서 그녀는 모든 충실한 믿는 이를 대표한다. 예수는 그녀에게 자신을 계시하시고 부활 메시지를 전하도록 파견한다. 콜린

---

26 S. A. Panimolle (a cura di), *Dizionario di spiritualità biblico-patristica. Abbà, Padre*, Vol. 1 (1992): 125-136. 요한 복음서의 하느님 아버지 개념은 S. A. Panimole, *L'evangelista Giovanni* (Roma: Borla, 1985), 172-177, 271-285; G. Segalla, "Dio Padre di Gesù nel quarto vangelo," *La Scuola Cattolica* 117 (1989): 201-224.

스의 해설은 17절의 의미를 아름답게 해석한다: "나는 나의 아버지이시며 여러분의 아버지, 나의 하느님이시며 여러분의 하느님(이신 그분)께로 올라간다"(20,17. 200주년 신약성서)는 말씀은 새 계약의 언어이다. 이 말씀은 마리아 막달레나, 이천 년 전 갈릴래아에 살았던 여자만이 아니라 부활과 주님 재림의 중간기를 살아야 하는 교회 전체를 향한 말씀이다. 마리아 막달레나처럼 예수를 찾는 것도, 그의 부재를 체험하는 것도 교회다. 교회는 충실하게 예수를 찾는 존재로서 예수가 아버지에게로 갔다는 것을 알아야 한다. 교회는 예수가 누구이며 그가 어디에 머물고 있는지 이해하는 신앙, 형제적 사랑, 보호자 성령을 가지고 있다. 교회는 이 믿음으로 움직이며, 이 사랑 안에서 살아가며, 성령 안에서 힘을 받으면서 계속해서 그를 찾아야 한다.[27]

이것이 부활과 재림의 중간기에 살아가는 교회와 제자의 삶이다. 이것이 예수가 부활의 첫 증인, '사도들의 사도'인 마리아 막달레나가 사도들에게 전한 메시지다. 교회는 이 첫 증인의 메시지에 따라 순례의 여정을 걸어왔다.

5) 사도들에게 부활 메시지를 선포하다

마리아 막달레나의 주님을 찾는 여정은 그녀의 고백으로 완결된다. "나는 주님을 뵈었습니다"(18절. 200주년 신약성서). 요한 복음서에서 "보다"라는 용어에는 두 가지 차원이 담겨 있다.

---

27 R. Collins, "The Search for Jesus," in *These things Have Been Written. Studies on the Fourth Gospel*, Theological & Pastoral Monographs (Leuven: Peeters Publishers 1990), 94-127.

첫째 차원은 물리적으로 보는 것, 특히 예수를 본다는 것을 의미한다. 표징을 보는 것도 이 차원에 속한다. 표징을 보는 것만으로 충분하지 않고 표징이 의미하는 것을 보려면 더욱 깊은 신앙 또는 통찰이 필요하다.

둘째 차원은 더욱 높은 이해 단계를 가리키는데 가능한 관계를 형성하는 것을 뜻한다(1,50-51; 3,3; 9,37-38; 11,40; 12,21.41; 20,25.27-29). 예수는 인간에게 아버지와 관계를 맺게 할 수 있다. 그분은 아버지와 완전한 친교를 맺고 있기 때문이다(1,18). 나아가 "보다"는 요한복음서 안에서 다른 여러 주제와 연결된다. "보다/증언하다"(1,34; 3,11.32; 19,35), "와서 보라"(1,39), "보다/믿다"(6,36; 11,40; 20,29). 보는 것의 시작 단계는 "들음"에 의해서 오는데 이것은 하느님 아들의 일을 구체적으로 보는 것으로 데려간다. 그리고 믿음 없이는 참으로 그분이 하는 일을 볼 수 없다(12,44-45; 14,7.9; 20,8.26-29). 마리아는 부활한 예수의 말씀을 들으면서 참으로 그분의 참된 정체를 보게 된다. 그것은 신앙의 눈을 가진 사람에게만 보여주는 것이다. 마리아 막달레나가 보는 대상은 "주님"이다. 사람이 된 하느님 아들이 이 세상에서 구원 활동을 끝낸 후에 선재하던 하느님 아들의 영광으로 올라가는, 영광 받은 예수님이다.

마리아가 "나는 주님을 뵈었습니다"라고 한 말의 의미는 예수 그리스도에 의해서 자신에게 계시된 하느님을 알고 있다는 뜻이다. 하느님의 유일한 열망은 인간을 구원하는 것임을 안다는 것, 하느님이 세상을 사랑하시어 당신 아들을 주셨음을 안다는 것, 이제 예수의 부활로 하느님은 영으로 우리 가운데 머문다는 것을 체험하는 것이다. 마리아가 "나는 주님을 뵈었습니다"라고 하는 말은 마리아가 한 체험의 의미를 강조한다. 그녀의 부활 메시지 선포는 그녀가 부활한 예수를 만난 체험, 예수가 그녀에게 직접 한 말에서 시작된다. 1절에서처럼 18절에서도 마리아 막달레나의 이름 전체가 나오는데 이제 그녀는 자신이 받은 사도적 사명을 이루기 위해서 제자들에게 간다.[28] 마리아는 자신이 본 것과 들은 것, 곧 예수가 그녀에게 말한 것을 제자들에게 전한다. 이 여성 개인의 증언을 통해서 나머지 제자들과 청중이 부활하고 승천한 주님에 대해 온전하고 참된 믿음을 갖게 된다. 18절은 예수가 한 말을 다시 한번 드러내어 마리아 막달레나가 했던 체험을 강조하는 효과가 있다.[29]

예수가 십자가 위에서 사명을 완수하고 새로운 믿음의 가족을 형성한 결과 제자들은 이제 그분의 "형제", "하느님의 자녀"가 되었다 (1,12; 11,52 참조).[30] 요한 복음서 서문의 중요한 주제는 요한복음서의 20장에서 다시 울려 퍼진다. "… 말씀이 사람이 되시어 우리 가운데 사셨다. 우리는 그분의 영광을 보았다. 은총과 진리가 충만하신 아버지의 외아드님으로서 지니신 영광을 보았다. … 그분의 충만함에서 우리 모두 은총에 은총을 받았다. … 은총과 진리는 예수 그리스도를

---

28 S. M. Schneiders, "John 20:11-18: The Encounter of the Easter Jesus with Maria Magdalene — A Transformative Feminist Reading," in *"What is John?" Readers and Readings of the Fourth Gospel*, F. F. SEGOVIA, ed. (Atlanta: Society of Biblical Literature, 1998), 155-168, esp. 167.

29 L. Morris, *The Gospel according to John* (Grand Rapids: Eerdmans, 1971), 842-843; F. J. Moloney, *Glory not Dishonour: Reading John 13-21* (Minneapolis: Fortress Press, 1998), 168.

30 R. A. Culpper, *The Gospel and Letters of John. Interpreting Biblical Texts Series* (Nashville: Abingdon Press, 1998), 241-242.

통하여 왔다. 아무도 하느님을 본 적이 없다. 아버지와 가장 가까우신 외아드님 하느님이신 그분께서 알려 주셨다"(1,14-18). 그리스도 안에 있는 하느님 영광의 계시는 모세를 통해 이스라엘에게 준 계시와 대조된다.[31]

그러나 그녀는 20장 18절 이후에 나타나지 않는다. 부록인 요한 복음서 21장은 베드로가 어진 목자인 예수를 대신하여 양들을 먹일 권한을 부여한다. 마리아 막달레나는 "베드로의 리더십을 따르는 사도적 그리스도인들에게 없어서는 안 될 연결 고리"가 되었다.[32] 요한 복음서 독자는 마리아 막달레나에게서 불신앙의 어둠에서 부분적인 믿음을 거쳐 완전한 믿음으로 가는 초대 그리스도교 공동체의 신앙인 모델을 따라간다.[33] 성서학자인 포테리에(I. De la Potterie)는 여기에서 마리아의 믿음이 어떻게 성장하는지에 관해 이렇게 말한다:

> 말씀이 육신이 되시어 우리 가운데서 거처하셨다. 우리는 그분의 영광을 보았다. 그것은 아버지로부터 오신 외아들다운 영광이라 그분은 은총과 진리로 충만하셨다. … 과연 그분의 충만함에서 우리는 모두 은총에 은총을 받았다. … 은총과 진리는 예수 그리스도로 말미암아 비롯되었다. 일찍이 아무도 하느님을 보지 못했다. 아버지의 품안에 계시는 외아들 하느님이신 그분이 알려 주셨다(1,14-18. 200주년 신약성경).[34]

---

31 A. Guilding, *The Fourth Gospel and Jewish Worship: A Study of the Relation of St. John's Gospel to the Ancient Jewish Lectionary system* (Oxford: Oxford 1960), 172.

32 J. A. GRASSI, *The Secret Identity of the Beloved Disciple* (New York: Paulist Pr, 1992), 85.

33 F. J. Moloney, *Glory*, 168.

34 I. de La Potterie, *The Hour of Jesus: The Passion and the Resurrection of Jesus*

II. 해석의 역사

성경 본문 해석의 역사와 그 결과가 미치는 영향은 우리에게 성경 본문에 들어있는 잠재적인 의미의 풍요로움을 상기시킨다. 그리스도 인들이 다른 상황에서 본문과 가졌던 체험은 오늘날 독서에도 중요한 양분이 된다.

1. 전례의 맥락

성경 본문은 교회의 수용과 전달 과정에 뿌리를 두고 있다. 전례는 가톨릭교회에서 하느님 말씀을 봉독하는 가장 중요한 자리다.

요한 복음서 20장 1-18절은 가톨릭교회의 전례적 맥락에서 읽혀 왔는데 부활절 미사에서 요한 복음서 20장 1-9절을 봉독하고 예수가 마리아에게 사도들에게 전하라고 한 부활 메시지가 나오는 20장 11-18절은 부활 팔일 축제 화요일에 봉독한다. 7월 22일 마리아 막달 레나 기념일에는 아가 3장 1-4절 또는 2코린 5장 14-17절과 요한 복음서 20장 11-18절을 봉독한다. 7월 22일 성녀 마리아 막달레나 축일에 교회는 그녀를 기리며 이렇게 노래한다. "말하여라, 마리아, 길에서 무엇을 보았느냐?" "살아나신 그리스도의 무덤, 부활하신 그분 영광 나는 보았네." 마리아 막달레나 기념일에 교회가 그녀를 기억하면 서 미사 중에 바치는 감사송은 지금까지 살펴본 성경 안의 마리아 막달 레나의 참모습을 요약한다. 교회는 전례 안에서 마리아 막달레나가

According to John (New York: St Paul Publications, 1989), 174.

예수의 부활 메시지를 사도들에게 전한 사도들의 사도임을 기억한다.

살아계신 주님을 사랑하였고, 십자가에서 돌아가시는 주님을 지켰으며, 무덤에 묻히신 주님을 찾던 마리아 막달레나는 죽은 이들 가운데에서 부활하신 주님을 처음으로 경배하였나이다. 주님께서는 동산에서 마리아 막달레나에게 나타나시어, 사도들 앞에서 사도 직무의 영예를 주시고, 새로운 삶의 기쁜 소식을 세상 끝까지 전하게 하셨나이다.

전례에서 마리아 막달레나 이야기(요한 20,1-2.11-18)는 베드로와 애제자가 나오는 두 제자 이야기(20,3-10)와는 다른 날 듣게 되므로 두 본문이 서로 연결되는 이야기가 아닌 것처럼 여겨진다. 그러나 앞에서 주석한 것처럼 요한 복음서 20장 1-18절을 하나의 이야기로 흘러가는 단일한 본문으로 읽을 때 마리아 막달레나의 사도성을 본문의 맥락 안에서 이해할 수 있다.

2. 부활 증인으로서 마리아 막달레나에 대한 해석

몇몇 여자들과 특히 마리아 막달레나가 신약성경에서 부활의 증인으로 소개되었다는 사실은 초대교회 시대에 그리스도교를 반대하는 사람들의 조롱을 받았다. 왜냐하면 유다법은 여성의 증언에 대해 회의적이었기 때문이다. 요한 복음서 20장 1-18절의 해석 가운데 많은 잘못된 해석은 1세기에 유다 여성들의 신분에 대한 지식 부족에서 비롯되었다. 1세기 유다의 가부장 문화는 남자 사도들에게서 나온

말에 비해 마리아 막달레나의 말을 믿을 만하게 받아들이지 않았을 것이다. 일부 유다법은 여자의 증언은 받아들일 수 없는 것으로 간주했기 때문이다(Mishna, Rosh HaShana 1,8).[35]

이에 대한 한 가지 예는 미슈나에서 여성의 증언에 대해서 한 진술이다: "증언의 맹세는 남성에게 적용되지만 여성에게는 적용되지 않는다 …"(Mishna, Shevu'ot 4,1).[36] 그래서 여성의 증언에 대해 말할 때 "여성은 증언할 수 없다. 유다 율법에 기록되어 있기 때문이다"라고 쉽게 말할 수 있었다. 그러나 유다법을 역사적으로 연구하면 고대 유다교에서 여성의 증언에 대한 법적 사고와 관습에 대해 두 가지 기준이 있음을 알 수 있다. 어떤 기준은 여성이 법정에서는 증언할 수 없다고 말하고, 다른 기준은 여성에게도 그럴 권리가 있다는 것이다. 1955년 다우베(D. Daube)는 성경과 탈무드에 나오는 증언에 관해 작은 책을 썼는데 그 책에서 그는 증언에 관한 성경과 랍비 문학의 본문들을 모았다.[37] 그는 여성 증인의 금지가 오경에 기록되어 있지 않았으며 랍비들은 여성이 증언하는 것을 금지하는 것에 관한 성경적 근거를 찾기가 어렵다는 것에 주목했다.[38]

1970년에 홀저(G. Holzer)는 "유다 율법에서 여성의 증언"이라는 제목의 논문을 썼는데, 랍비들의 근거에 따르면 여성의 증언은 받아들일 수 있는 것이라는 것과 관련된 많은 목록을 열거했다.[39] 1993년

---

35 H. Danby, *The Mishnah, Translated from the Hebrew with Introduction and Brief Explanatory Notes* (Oxford: Oxford University Press, 1954), 189.

36 H. Danby, *The Mishnah*, 412-413.

37 D. Daube, *Witnesses in Bible and Talmud* (Oxford: Oxford Centre for Postgraduate Hebrew Studies, 1986).

38 D. Daube, *Witnesses in Bible and Talmud*, 15.

마치니(R. G. Maccini)는 요한복음서의 여성에 관한 그의 논문 안에서 "성서 문화에서 여성"에 대해 한 장을 할애했다.[40] 그의 목표는 예수 시대 문화에서 증인으로서 여성의 지위에 대한 주석가들의 일반화가 정확하지 않다는 것을 보여주는 것이다.

여성의 증언이 법적으로 유효한지, 유효하지 않은지에 대한 논의들은 우리 본문이 법적 맥락이 아니기 때문에 적절하지 않은 것 같다. 게다가 위에서 인용한 몇몇 저자들의 연구는 후대 랍비들의 율법에서도 여성의 증언이 어떤 맥락에서는 타당하다는 것을 보여주었다.

오리게네스(185~254)는 부활한 예수에 대한 믿음이 "히스테릭한 여자"와 아마도 다른 누군가(베드로?)의 증언에 기반을 두고 있다는 비난을 반박해야 했다.[41] 여자를 증인으로 받아들이는 것에 대한 이러한 편견은 수 세기 동안 계속되었다. 마리아 막달레나의 사도성에 대해 언급할 때 가장 많이 인용되는 칭호는 로마의 히폴리투스(189~235)가 쓴 『아가 주해서』에서 처음으로 등장하는데, 마리아 막달레나 이야기를 언급하면서 그녀에게 "Apostolorum apostola"라는 영예로운 칭호를 부여했다.[42]

이 칭호의 의미는 사도들보다 위에 있는 사도라는 뜻이 아니라 "사도들을 위한 사도 또는 사도들에게 파견된 사도, 온 세상에 예수 부활의 기쁜 소식을 가져가도록 파견된 사람들에게 파견된 사람"이라

---

39 G. Holzer, "Women's testimony in Jewish Law," *Sinai* 67 (1970): 94-112.

40 Cf. R. G. Maccini, *Her Testimony is True: Women as Witnesses according to John*, JSNT.S 125 (Sheffield: Sheffield Academic Press 1996), 63-97.

41 Origen, *Contra Celsum* 2, 55, tr.engl. H. Chadwick (Cambridge: Cambridge University Press, 1953), 109-110.

42 Hippolytus of Rome, *De Cantico* 24-26. CSCO 264, 43-49.

는 뜻이다. 이 칭호는 요한 복음서 20장 1-18절에 토대를 둔 칭호이다. 교부 시대 이후 주석가들은 마리아 막달레나에게 예수가 부활 후에 처음으로 발현한 것은 예수가 공식적으로 발현하기 전에 예수와 그의 여자 추종자 사이의 사소한, 개인적 또는 비공식적인 만남으로 해석했다.[43] 이처럼 부활에 대한 믿음의 기초가 남성 사도가 아니라 한 여성 마리아 막달레나에게서 시작되었다는 것은 요한 복음서 해석 역사에서도 중요하게 여겨지지 않았다는 것을 알 수 있다.

나가며

이 글은 초대교회에서 예수의 제자이자 부활의 첫 증인으로서 마리아 막달레나의 모습을 복음서를 중심으로 살펴보았다. 예수가 마리아 막달레나에게 전하라고 맡긴 부활 메시지는 모두가 하느님을 아버지라고 부르며 형제요 자매인 하느님의 새 공동체를 건설하라는 것이었다. 교회와 세상 안에서 예수의 부활을 증언하며 살아가는 사람들에게 이 메시지는 그리스도인의 정체성과 소명을 일깨운다. 이런 면에서 마리아 막달레나는 그리스도인이 본받아야 할 신앙의 모델이라고 할 수 있다.

---

43 마리아 막달레나에 대한 해석의 역사와 재해석에 대해서는 G. O'Collins and D. Kendall, "Mary Magdalene as Major Witness to Jesus' Resurrection," *Theological Studies* 48 (1987): 631-646; C. Setzer, "Excellent Women: Female Witnesses to the Resurrection," *Journal of Biblical Literature* 116 (1997): 259-272.

교부들의 문헌에 나타난 마리아 막달레나와 그에 대한 고찰*

김영선

(마리아의 전교자 프란치스코 수녀회)

들어가며

마리아 막달레나라는 인물은 오랜 역사를 통해 형성된 해석과 전통의 "밭에 숨겨진 보물"(마태 13,44)과 같다. 그 보물의 참된 가치를 알아보기 위해서는 두터운 해석과 전통의 밭을 파헤치는 수고가 요구된다. 이 밭의 가장 오래된 층에 해당하는 신약성경에서 마리아 막달레나의 이름은 열네 번 언급된다. 그런데 마리아 막달레나가 언급되는

---

* 본고는 2017년 7월 22일 한국가톨릭여성신학회 20주년 공개 강연에서 발표된 글, "마리아 막달레나에 대한 교부들의 주석"과 2018년 7월 21일 한국가톨릭여성신학회가 주최한 공개강연회에서 발표된 글, "마리아 막달레나, 21세기 한국 가톨릭교회에 말을 건네다"를 종합하고 재정리한 것이다. 2017년에 발표한 글은 한국가톨릭여성연구원 설립 20주년 기념 논문집인 『상생과 희망의 영성: 여성 우리가 희망이다』(가톨릭대학교출판부, 2016)에 "마리아 막달레나에 대한 교부들의 주석과 그에 대한 반성적 고찰"이라는 제목으로 게재되었다. 한국가톨릭여성연구원의 허락을 얻어 그 원고의 일부를 수정하여 여기에 싣는다.

신약성경의 구절들을 자세히 살펴보면 그 구절들이 마리아 막달레나에 대해 일관된 정보를 제공하지 않는다는 사실이 곧 드러난다. 이는 신약성경이 제시하는 마리아 막달레나에 대한 정보 역시 신약성경 저자들의 해석을 반영하는 것임을 의미한다.

신약성경의 저자들에 이어서 기원후 2세기에서 8세기까지 교회를 이끌었던 교부들은 마리아 막달레나가 언급된 성경의 본문들을 주해하였고, 그들의 해석 작업을 통하여 마리아 막달레나라는 인물에 대한 해석의 층은 한층 더 두터워졌다. 그런데 교부들의 주해를 통해 드러나는 마리아 막달레나의 모습은 신약성경이 제시하는 모습과는 적지 않은 차이를 보인다. 따라서 마리아 막달레나의 참모습을 찾기 위해서는 이 두터운 해석의 층이 쌓인 궤적을 역추적해 볼 필요가 있다. 그러기 위해서는 마리아 막달레나가 언급된 교부들의 문헌뿐만 아니라 초기의 그리스도교 영지주의 문헌 그리고 신약성경의 본문들을 다 다루어야 한다. 그러나 이런 연구는 그 자체만으로도 책 한 권의 분량이 넘을 것이다. 따라서 이 글에서는 주로 교부들의 문헌에 나타난 마리아 막달레나에 관한 해석의 층에 집중하고자 한다.

이 글의 일차 목표는 교부들의 주석에 나타난 마리아의 막달레나의 모습을 살펴보고 그것이 신약성경에 언급된 마리아 막달레나의 모습과 어떤 차이를 보이는지를 드러내는 것이다. 교부들은 부활하신 예수 그리스도께서 마리아 막달레나에게 전하라고 맡기셨고, 마리아 막달레나가 형제들에게 선포한 기쁜 소식(요한 20,17)에 대해서는 그다지 주목하지 않았다. 우리는 이 메시지를 재조명함으로써 교부들의 주해에 의해 가려진 마리아 막달레나의 모습을 되찾아 보고자 한다.

이 글은 세 부분으로 구성되어 있다. I은 마리아 막달레나에 관한 신약성경의 증언을 요약한 것이다. 신약성경에 언급된 마리아 막달레나의 모습은 이 글의 주된 부분인 II에서 다루게 될 마리아 막달레나에 관한 교부들의 성경 주해를 이해하고 평가하기 위한 준거가 될 것이다. III에서는 마리아 막달레나의 참모습을 부각시키기 위하여 교부들이 상대적으로 주목하지 않았던 그가 전해준 복음의 메시지(요한 20,17)를 재조명한다. 마리아 막달레나가 전해준 복음의 메시지는 복음 선포의 대상과 내용 그리고 방법에 관하여 새로운 빛을 던져준다.

I. 마리아 막달레나에 관한 신약성경의 증언

마리아 막달레나의 이름은 신약성경의 복음서 이외에는 언급되지 않는다.[1] 네 복음서가 마리아 막달레나에 관하여 증언한 바에 따르면 그는 분명히 사도들의 공동체 안에서 중요한 역할을 하였던 것으로 보인다. 그러나 초대교회 사도들의 이야기에서 마리아 막달레나의 존재나 활약상은 전혀 언급되지 않는다. 우선 네 복음서가 마리아 막달레나에 관하여 공통적으로 증언하는 바를 요약하면 다음과 같다.

— 마리아 막달레나는 신약성경에 등장하는 여러 마리아들 가운데 한 사람으로, 출신 고향만 알려져 있을 뿐이며, 그의 부모나 남편에 대한 언급은 없다.

---

1 마르 15,40.47; 16,1.9; 마태 27,56.61; 28,1; 루카 8,2; 24,10; 요한 19,24; 20,1.11.16.18.

— 마리아 막달레나는 갈릴래아에서부터 예수를 따랐던 여인 중 한 명으로, 예루살렘까지 예수를 따라갔으며(마르 15,40-41; 마태 27,55; 루카 8,2; 23,49 참조), 예수가 처형되고 매장되던 현장에 있었다(마르 15,41.47; 마태 27,55-56.61; 루카 23,49.55; 요한 19,25 참조). 이 여인들의 명단이 소개될 때 마리아 막달레나는 거의 언제나 제일 먼저 소개된다(마르 15,41; 마태 27,56; 루카 8,2 참조; 요한 19,25[2] 비교).

— 마리아 막달레나는 부활절 아침 새벽에 처음으로 빈 무덤을 발견하였고(마르 16,1-5; 마태 28,1-6; 루카 24,1-1-3; 요한 20,1 참조), 예수의 부활에 대한 소식을 제자들에게 전하도록 파견을 받았다(마르 16,7; 마태 28,5-7; 루카 24,5-7 참조). 요한 복음서에서 마리아 막달레나는 빈 무덤을 목격하였고, 누군가로부터 파견을 받지 않았지만 곧바로 제자들에게 가서 빈 무덤에 대해 알렸다(요한 20,2 참조).

그런데 다음의 사항에 대해서는 복음서들 사이에 **차이**가 존재한다.

— 마리아 막달레나가 일곱 마귀가 떨어져 나간 여인이라는 언급은 루카 8,2에만 언급된다.[3] 또 마리아 막달레나를 비롯하여

---

2 요한 복음사만 예외적으로 예수의 십자가 아래 있었던 네 여인 중 마리아 막달레나의 이름을 맨 나중에 소개한다. 요한 19,25 참조.

3 이 사실은 마르 16,9에서 다시 언급되지만 마르 16,9은 마르코 복음의 긴 결말에 해당된다. 덧붙여진 마르코 복음의 결말 부분(16,9-21)은 마태오, 루카, 요한 복음서에 보도된 발현 사건들을 발췌, 요약한 것이기에 마르 16,9은 마르코의 고유한 증언으로 받아들일 수 없다. Craig A. Evans, *Mark 8:27-16:20*, WBC 34B (Nashville: Thomas Nelson, 2001),

예수를 따라다니던 여인들이 자기들의 재산으로 예수 일행의 시중을 들었다는 언급도 루카 8,3에만 언급된다.

— 마리아 막달레나를 비롯한 여인들이 빈 무덤에 대하여 보인 반응은 복음서에 따라 차이가 난다. 마르코 복음서에서 이 여인들은 두려워서 아무것도 전하지 않는다(마르 16,8 참조). 마태오 복음서에 따르면 이 여인들은 두렵지만 기쁨에 넘쳐서 제자들에게 소식을 전하러 달려가다가 부활하신 예수의 발현을 목격한다(마태 28,8-9 참조). 여인들은 이 소식을 제자들에게 전하였고, 제자들은 갈릴래아로 부활하신 예수를 만나러 떠난다(28,16 참조). 루카 복음서에서 이 여인들은 제자들에게 소식을 전하지만 제자들은 그 여인들의 증언을 무시한다. 오직 베드로만 빈 무덤을 확인한다(루카 24,10-12 참조). 요한 복음서에 의하면 베드로와 주님의 사랑받는 제자는 마리아 막달레나의 말을 듣고 무덤으로 달려간다. 그런데 빈 무덤을 보고 믿음에 이른 이는 베드로도, 마리아 막달레나도 아니요, 주님의 사랑받는 제자이다(요한 20,2-8 참조). 빈 무덤에 대한 여인들과 제자들의 반응에 대한 각 복음사가의 보도는 이처럼 다르다.

— 마르코 복음서의 짧은 결말에는 발현 사화가 전혀 나오지 않기 때문에 부활하신 예수님께서 마리아 막달레나에게 발현하신 이야기는 언급되지 않는다. 마태오 복음에 의하면 부활하신 예수의 발현을 처음으로 목격한 이는 마리아 막달레나와 다른

545-551; C. E. B. Cranfield, *The Gospel According to Saint Mark*, Revised Ed. (Cambridge: Cambridge University Press, 2000), 471-476.

마리아다(마태 28,9-10; 마르 16,9 참조). 루카 복음의 마리아 막달레나는 부활하신 주님의 발현을 목격한 이들 가운데 속하지 않는다. 루카 복음서에서 부활하신 주님의 발현을 제일 먼저 목격한 이는 베드로다(루카 24,33 참조; 1코린 15,5에서도 베드로가 첫 증인으로 언급된다). 요한 복음서에 의하면 마리아 막달레나가 먼저 부활하신 주님의 발현을 목격한다(요한 20,11-18 참조). 부활하신 주님에 대한 믿음에 제일 먼저 도달한 이는 주님의 사랑받는 제자이지만 발현의 첫 증인은 마리아 막달레나이다. 따라서 발현의 첫 목격자인 마리아 막달레나에 관한 증언은 루카-바오로 전통과 마태오-요한 전통으로 나뉜다. 전자가 발현을 목격한 이들의 명단에서 마리아 막달레나를 제거한다면, 후자는 그녀를 첫 증인으로 보고한다.[4]

— 마태오 복음서에서는 마리아 막달레나와 다른 마리아가, 요한 복음서에서는 마리아 막달레나가 부활하신 예수의 발현을 목격한 첫 번째 증인으로 소개된다. 부활하신 예수께서 그들에게 주신 메시지는 서로 다르다. 마태오 복음서에 의하면 두 여인이 전해야 할 메시지는 이러하다: "두려워하지 마시오. 가서 내 형제들에게, 갈릴래아로 물러가면 거기서 나를 볼 것이라고 알리시오"(마태 28,10). 그러나 요한 복음서에서 마리아 막달레나가 형제들에게 전해야 할 메시지는 "나는 나의 아버지이시며 여러분의 아버지, 나의 하느님이시며 여러분의 하느님이신 그

---

4 왜 이런 차이가 발생하게 되었는지 그 배경에 대한 현대 신학자들의 다양한 해석에 관해서는 김영선, "마리아 막달레나에 대한 교부들의 주석과 그에 대한 반성적 고찰," 『상생과 희망의 영성: 여성 우리가 희망이다』 (가톨릭대학교출판부, 2016), 112-118.

분께로 올라간다"(요한 20,17)이다.

따라서 신약성경의 마리아 막달레나에 대한 증언들을 요약한다면, 그는 막달라 출신이며, 갈릴래아에서부터 예수를 따랐고, 예루살렘에서 그분의 최후까지 함께 하였던 인물이다. 또한 그는 부활 아침 새벽에 빈 무덤을 처음으로 발견한 사람이었다. 빈 무덤에 대한 마리아 막달레나의 반응에 대해서는 각 복음서의 수사학적 전략에 따라 다르게 전해진다.5 마태오와 요한 복음은 마리아를 부활하신 예수님의 발현을 목격한 첫 번째 증인으로 소개한다. 그가 일곱 마귀에 사로잡혔다가 풀려났다는 증언은 오직 루카 복음에서만 언급된다. 이것이 복음사가들의 증언을 통해 우리가 알고 있는 마리아 막달레나의 모습이라면, 교부들의 성경 주해를 통하여 마리아 막달레나는 어떤 해석의 옷을 덧입게 되었는지 알아볼 필요가 있다. 마리아 막달레나에 대한 교부들의 주해는 오늘날 많은 이들이 마리아 막달레나에 대해 알고 있는 바와 깊은 연관이 있기 때문이다.

---

5 빈 무덤에 대한 여인들과 제자들의 반응에 대한 각 복음사가의 보도가 이처럼 차이를 보이는 것에는 복음사가들의 의도가 반영되어 있다고 할 수 있다. 청중으로 하여금 예수 그리스도에 대한 올바른 응답을 촉구하려는 수사학적 의도가 매우 강한 마르코 복음사가는 의도적으로 제자들과 빈 무덤을 목격한 여인들의 실패를 강조한다. 그들의 실패는 청중에게 스스로 올바른 역할을 떠맡도록 자극한다. 교회의 조직과 권위를 세우는 데 깊은 관심을 가진 마태오 복음사가는 제자들의 모습을 예수 그리스도의 말씀과 지시에 순종하는 것으로 그리고자 한다. 그들은 여인들이 전해준 정보이지만 그것을 믿고 갈릴래아로 길을 떠나는 순종하는 제자들이다. 루카 복음사가는 교회가 베드로의 권위를 중심으로 하나로 통합된, 한 마음, 한뜻의 공동체임을 강조한다. 그래서 그는 베드로를 전면에 내세우고자 노력한다. 요한 복음서에서 가장 권위를 가진 인물은 주님의 사랑받는 제자이다. 부활하신 예수를 가장 먼저 알아보고 믿은 이도 그다. 각 복음사가의 의도에 따라 이처럼 마리아 막달레나의 모습은 전면에 부각되기도 하고 사라지기도 한다.

II. 마리아 막달레나에 관한 교부들의 주석

전통적으로 교부들의 시기는 2세기 중반부터 시작되어 서방의 세빌라의 이시도루스(636년 사망)와 동방의 다마스쿠스의 요한(750년 경 사망)으로 끝난다고 본다.[6] 따라서 우리는 2세기 중반부터 8세기까지의 교부들의 글에서 마리아 막달레나라는 인물과 그의 메시지가 어떻게 해석되었는지를 살펴볼 것이다.

신약성경에 등장하는 여인들 가운데 마리아 막달레나는 교부들의 글에 비교적 자주 등장한다. 그래서 마리아 막달레나에 관한 교부들의 해석은 상당히 두터운 층을 형성하고 있다. 이 해석의 층은 마리아 막달레나라는 인물에 중점을 둔 주석과 마리아 막달레나가 전한 메시지에 중점을 둔 주석으로 이루어져 있다. 이 글에서는 교부들의 주석을 이 두 가지로 구분하여 제시할 것이다.

교부들의 해석을 제시하기 전에 먼저 우리가 염두에 두어야 할 것이 있다. 교부들의 성경 주석을 올바르게 이해하려면 그들의 성경 주석 방법이나 목적이 현대의 주석학자들 것과 다르다는 사실을 고려해야 한다. 현대의 주석학자들, 특히 역사비평적인 주석 방법에 의존하는 학자들은 마리아 막달레나가 언급된 성경 본문을 주석할 때 본문이 형성되기 이전의 역사적 사실, 곧 복음사가들의 해석을 거치기 이전의 본래의 마리아 막달레나의 모습을 밝히는 데 주의를 기울인다. 그래서 그들은 초대교회 안에서 실제로 마리아 막달레나가 차지하였던 역할이나 위치가 무엇이었는지를 알아내고자 한다. 반면에 교부들

---

6 H. R. 드롭너/하성수 역, 『교부학』 (분도출판사, 2001), 66.

은 그리스도론적, 구원론적, 교회론적 관심에서 성경 본문에 접근한다. 교부들은 성경에 바탕을 두고 교회의 올바른 교리를 정립하는데 주된 관심이 있었기 때문이다. 그 결과 교부들의 주석을 통해 드러난 마리아 막달레나의 모습은 현대의 주석학자들이 제시하는 마리아 막달레나의 모습과 현저히 다를 뿐만 아니라 신약성경 저자들이 묘사하는 모습과도 다르게 나타난다. 그 차이를 확인하기 위해 먼저 마리아 막달레나라는 인물에 중점을 둔 교부들의 주석부터 제시하겠다.

1. 마리아 막달레나에 관한 교부들의 성경 주해

교부들의 성경 주해는 가능한 한 교부들이 활동한 연대기적인 순서에 따라 소개할 것이다. 이 방법은 다양한 해석들이 시간과 더불어 어떤 중첩된 효과를 낳게 되는지 그리고 그것을 통하여 교회의 전승이 어떻게 형성되어 가는지를 보여주는 데 도움이 되기 때문이다.

마리아 막달레나에 관한 교부들의 성경 주해에서 두드러지게 드러나는 특징은 첫째, 마리아 막달레나와 복음서에 등장하는 여러 여성의 모습이 한데 결합되기 시작한다. 둘째, 마리아의 역할은 사도들에게 파견된 사도로 해석되는가 하면 사도들의 역할에 비해 열등한 것으로 해석되기도 한다. 셋째, 마리아는 구원론적 관점에서 하와와 대조된다. 넷째, 마리아는 우의적 해석을 통해 교회에 비유된다. 아래에서는 마리아 막달레나에 대한 교부들의 주석을 이런 특징에 따라 분류하여 제시할 것이다.

1) 마리아 막달레나와 다른 마리아들과의 관계

교부들의 성경 주해에서 마리아 막달레나와 다른 마리아들이 서서
히 동일시되는 경향이 뚜렷하게 나타난다. 히폴리투스(189 이전~235)
는 아가서 주석서에서 '갈망'이라는 공통된 요소를 바탕으로 아가에
나오는 여인의 갈망(3,1.4)과 루카 10,38-41에 언급된 마르타와 마리
아의 갈망, 루카 24,1에서 예수의 무덤을 찾았던 여인들의 갈망 그리
고 요한 20,4에서 부활하신 예수를 만나게 된 마리아 막달레나의
갈망을 연결하여 해석함으로써 마르타와 마리아를 마리아 막달레나
와 다른 여인들과 동일시한다.[7] 시리아인 에프렘(306~373)은 『동정찬
가』에서 루카 10장의 죄인인 여자와 요한 12장에서 예수의 발에
기름을 부은 마리아를 동일시하며, 이 마리아를 마리아 막달레나로
생각한다.[8] 아우구스티누스(354~430)는 대체로 복음서 간의 차이를
조화하려는 해석의 경향을 보인다. 그래서 마르 14,3과 마태 26,7에
서 어떤 여인이 예수의 머리에 향유를 부은 이야기와 라자로의 누이
마리아가 예수의 발에 향유를 부은 사건(요한 12,3)을 비교하고 그
차이를 조화시키려고 한다. 그 결과 라자로의 누이 마리아를 루카
7,36-50에서 소개된 죄인인 여인과 동일시한다.[9] 따라서 아우구스

---

7 Hippolytus, *Commentary on the Song of Songs*, 2,29; 24,2; 24,3; 25,1; 25,2. 히폴리투스
의 아가서 주석서는 다음의 논문을 참조. Yancy Warren Smith, "Hippolytus' Commentary
on the Song of Songs in Social and Critical Context," Ph.D. diss. (Brite Divinity School,
2009), 249-374.

8 시리아인 에프렘, 『동정찬가』 4,11-12 in 조엘 C. 엘로브스키 엮음/이형우 · 하성수 옮김,
토머스 C. 오든 책임 편집, 『교부들의 성경주해: 신약성경 VI. 요한 복음서 11-21장』 (분도
출판사, 2013), 97, 각주 18번.

티누스에 따르면, 베타니아의 마리아가 곧 루카 복음의 죄인인 여자이다.

> 세 복음사가가 베타니아에서 일어난 같은 사건을 기록한 것은 의심할 여지가 없습니다. 세 사람이 모두 기록하듯, 이때 제자들이 여자가 값진 향유를 낭비한다면 투덜거렸습니다. 한데 마태오와 마르코는 여자가 향유를 주님의 머리에 부었다고 하고, 요한은 주님의 발에 부었다고 하는 차이가 있습니다. 그러나 여러 복음사가가 같은 사건을 전할 때라 그들이 전하는 서로 다른 사항들이 실제 사건에서 다 있었던 일로 보아야 한다는 원칙을 적용할 때 … 이것도 전혀 모순되는 일이 아닙니다. 그런 만큼 지금 우리가 고찰하는 구절에 관한 우리의 결론은 그 여자가 주님의 머리에도 또 발에도 향유를 부었다는 것입니다.[10]

안티오키아의 세베루스(465~538)는 부활하신 예수를 뵙고 "라뿌니"라고 부른 마리아 막달레나에게서 드러나는 '배우려는 갈망'과 루카 10,38-42에 언급된 베타니아의 마리아의 갈망을 연결함으로써 마리아 막달레나를 베타니아의 마리아와 동일시한다.[11]

이처럼 복음서에 등장하는 마리아들을 한 인물로 동일시하는 경향은 대 그레고리우스(540-604)에게서 절정에 이른다. 그는 루카 7장의

9 아우구스티누스 『복음사가들의 일치』 2,79,154 in 『교부들의 성경주해: 요한 복음서 11-21장』, 43, 95.

10 아우구스티누스 『복음사가들의 일치』 2,79,155 in 『교부들의 성경주해: 요한 복음서 11-21장』, 95.

11 안티오키아의 세베루스, 『주교좌 성당 강해집』 45 in 『교부들의 성경주해: 요한 복음서 11-21장』, 506.

예수에게 향유를 바른 죄인인 여자와 마리아 막달레나 그리고 요한 12장의 베타니아의 마리아를 동일시한다. 교황의 강론의 일부를 발췌하면 다음과 같다.

> 루카가 죄 많은 여인이라고 부르고, 요한은 마리아라 부르는 이 여인은 마르코에 의하면 일곱 마귀에서 풀려난 마리아입니다. 일곱 마귀란 모든 악덕을 의미하는 것이 아니라면 무엇이겠습니까? … 형제들이여, 이 여인은 회개 이전에는 금지된 행위를 할 때 향유를 자신의 몸에 발랐음이 분명합니다. 이처럼 전에는 수치스럽게 사용하던 것을 이제 이 여인은 보다 찬양받을 만한 방식으로 하느님께 바치고 있습니다. 그녀의 세속적인 눈이 전에는 탐욕을 드러냈다면 이제는 참회 속에서 눈물을 흘립니다. 얼굴을 돋보이게 하려고 머리카락을 드러냈던 여인이 이제는 그 머리카락으로 눈물을 닦습니다. 이렇게 여인은 기쁨으로 가득 차서 자신을 소멸시킵니다. 여인은 엄청난 죄를 덕으로 바꾸어, 과거에 함부로 주님을 모욕했던 바로 그만큼 회개로써 주님을 섬기고자 합니다.[12]

교황은 이 설교를 통해 죄인이었던 마리아 막달레나를 참회자의 모범으로 제시한다. 이렇게 하여 마리아 막달레나는 6세기경부터 교회 안에서 '참회한 죄인' 혹은 '회개한 창녀'로 알려지게 되었다.[13]

---

12 Cf. Grégoir le Grand, "Homélie XXXIII," in *Grégoire le Grand, Homélies sur l'Évangile, livre II, homélies XXI-XL*, éd. Raymond Étaix, trad. Georges Blanc, notes Bruno Judic (Paris: Cerf, 2008), 294-319.

13 Mary Rose D'Angelo, "Reconstructing 'Real' Women from Gospel Literature: The Case of Mary Magdalene," in *Women & Christian Origins*, eds. Ross Shephard Kraemer and Mary Rose D'Angelo (New York; Oxford: Oxford University Press,

이런 경향은 존자 베다(672/673~735)에게서도 확인된다. 그는 마르 14,3의 예수의 머리에 향유를 부은 여자와 예수의 발에 향유를 부은 루카 복음의 죄 많은 여인을 동일시하며, 이 여인을 마리아 막달레나 와 동일시한다.[14]

그러나 모든 교부가 이런 해석에 동의한 것은 아니다. 예를 들면 오리게네스(185~245)는 『마태오 복음 주해』에서 네 복음서에 언급된 예수에게 향유를 부은 여인을 모두 동일한 여인으로 보는 것에 이의를 제기한다. 오리게네스는 라자로의 누이 마리아는 죄인이 아니라고 말하며, 향유와 관련된 세 여자가 있었고, 그 가운데 마태오 복음과 마르코 복음만이 동일한 기사라고 추정한다.[15] 암브로시우스(330~ 397)도 루카 7,36의 예수의 발에 향유를 부은 죄인인 여인과 마태 26,7의 예수의 머리에 향유를 부은 여인을 동일시할 수 없다고 말한 다.[16] 요한 크리소스토무스(344/54~407)는 예수께 향유를 부은 여인 에 대한 루카 7,37; 마태 26,6-7; 요한 12,1-3의 기사를 비교하고, 마태오와 루카 복음에 나오는 여인은 동일시하지만, 루카 7,37의 여인이 요한 11,2에 나오는 라자로의 누이 마리아일 수는 없다고

1999), 105-128, esp. 105.

14 존자 베다, 『복음서 강해』 2,4 in 토머스 C. 오든 · 크리스토퍼 A. 홀 엮음/최원오 옮김, 토머스 C. 오든 책임 편집, 『교부들의 성경주해 신약성경 III: 마르코 복음서』 (분도출판 사, 2011), 271.

15 오리게네스, 『마태오 복음 주해』 77 in 만리오 시모네티 엮음/이혜정 옮김, 토마스 C. 오든 책임 편집, 『교부들의 성경주해: 신약성경 II, 마태오 복음서 14-28장』 (분도출판사, 2011), 370-371.

16 암브로시우스, 『루카 복음 해설』 6,14-16 in 아서 A. 저스트 2세 엮음/이현주 옮김, 토머스 C. 오든 책임 편집, 『교부들의 성경주해: 신약성경 IV 루카 복음서』 (분도출판사, 2011), 212.

역설한다.

> 이 마리아는 마태오 복음(마태 26,7 참조)이나 루카 복음(루카 7,37 참조)에
> 나오는 창녀와 다른 사람임을 알아 두십시오. 마태오와 루카의 복음에 나오
> 는 이는 죄 많은 여자지만, 이 마리아는 우리 주님을 온 마음으로 공경한
> 성실한 여자입니다.[17]

알렉산드리아의 키릴루스(375~444)도 요한 11,2의 라자로의 누이
마리아를 루카 복음의 죄 많은 여인이나 마리아 막달레나와 동일시하
지 않는다.[18]

하지만 대 그레고리우스가 네 복음서에 등장하는 마리아를 모두
동일시하는 주석을 발표한 이후로는 교회 안에서 마리아 막달레나는
죄 많은 여인이었다가 예수를 만나서 참회하게 된 인물로 알려지게
되었다. 따라서 마리아가 일곱 마귀에서 풀려났다는 루카 8,2의 언급
역시 정신적 혹은 육체적 질병에서 치유된 것이 아니라 도덕적, 특히
성적 문란의 죄에서 참회한 것으로 해석되기에 이르렀다.

이 여인들의 이야기에 모두 등장하는 향유라는 모티브와 예수
그리스도를 향한 여인들의 깊은 갈망에 근거하여 이와 같은 동일시가
이루어졌다. 이런 동일시는 예수에 관한 일관되고 통일된 이야기를
만들어 보려는 주석적인 의도에서 나온 것이었지만, 마리아 막달레나

---

17 요한 크리소스토무스, 『마태오 복음 강해』 80,1 in 『교부들의 성경주해: 마태오 복음서
   14-28장』, 369.
18 알렉산드리아의 키릴루스, 『요한 복음 주해』 7 in 『교부들의 성경주해: 신약성경 VI.
   요한 복음서 11-21장』, 43.

가 복음에 등장하는 다른 여인들과 동일시됨으로써 그의 개별성은 사라지게 되는 결과를 가져오고 말았다. 이렇게 하여 만들어진 '참회한 마리아 막달레나'는 더 이상 성경에 언급된 인물이 아니라 주석의 결과물로 만들어진 조형물이라고 할 수 있다. 마리아 막달레나에게 덧씌워진 '죄인'이라는 굴레는 궁극적으로 마리아 막달레나와 부활하신 예수로부터 최초로 기쁜 소식을 접하고 그것을 선포하는 그의 역할을 분리하는 결과를 낳게 되었다. 마리아 막달레나가 전한 메시지는 남았지만 그 소식을 전한 이는 배경으로 사라지게 되었다.

2) 마리아 막달레나의 역할에 대한 교부들의 주해

초기 교부들은 마리아 막달레나의 역할을 주님의 제자 혹은 사도들에게 파견된 사도로 이해하였다. 하지만 마리아 막달레나는 점차 개인적인 신심의 훌륭한 모범으로 칭송된다. 테르툴리아누스(155/160~225/250)는 『마르키온 반박』에서 예수는 '자기들의 재산으로 그리스도께 봉사한 여인들'을 "제자들로 인정하시고, 협조자와 도우미로 인정하셨다"고 설명한다.[19] 히폴리투스는 다른 제자들에게 부활의 기쁜 소식을 전한 여인들을 "사도들에게 파견된 사도들"(apostles to the apostles)이라고 하였다.[20] 그는 또한 부활하신 예수께서 여인들에게 나타나신 것은 여성들도 그리스도의 사도가 될 수 있음을 보여주

---

19 Tertullian, *Against Marcion* IV, 19, 1 in *Ante-Nicene Fathers* (이후로 *ANFa*로 축약하여 표시), Vol. 3, ed. Philip Schaff (Grand Rapids, MI: Christian Classics Ethereal Library, 1885), 821.

20 Hippolytus, *Commentary on the Song of Songs*, 25,5.

시려는 것이었다고 해석한다.[21] 히폴리투스가 마리아 막달레나에게 붙여준 "사도들에게 파견된 사도"라는 칭호는 중세의 문헌에서 지속적으로 등장한다. 하지만 히폴리투스 이후 교부들의 주석에서 마리아 막달레나는 그의 사도성보다는 주님을 향한 열정과 사랑이라는 덕목으로 칭송받게 된다.

오리게네스(185~245)는 마리아 막달레나만을 따로 떼어 내어 언급하지는 않지만, 멀리서나마 예수의 죽음을 지켜보았던 여인들(마태 27,55-56)은 "예수의 죽음으로 말씀을 뵙게 된, 참 행복에 든 복된 이들"이라고 칭송하였다.[22] 암브로시우스는 예수의 죽음을 지켜보고 빈 무덤을 발견한 여인들은 "신심 깊고," "마음이 진실한 이들"이라고 주석하며 마리아 막달레나의 말을 듣고 무덤으로 달려간 베드로에게 최고의 권위를 부여하지만, 주님의 부활을 목격한 여인들 안에서 신자들의 모범을 발견한다.[23]

요한 크리소스토무스(344/54~407)는 어떤 교부보다 더 마리아 막달레나와 그와 함께 한 여인들의 역할에 주목한다. 그는 이 여인들을 신앙의 모범으로 제시한다. 또한 그는 빈 무덤을 발견하고 무덤 곁을 떠나지 않았던 마리아 막달레나와 다른 마리아의 용기와 사랑을 칭송하며, 남자들도 그들을 본받아야 한다고 권고한다.[24]

---

21 Cf. Hippolytus, *Commentary on the Song of Songs*, 25,5.

22 오리게네스, 『마태오 복음 주해』 141 in 『교부들의 성경주해: 마태오 복음서 14-28장』 448.

23 암브로시우스, 『루카 복음 해설』 10,144-146 in 『교부들의 성경주해: 루카 복음서』, 529-530.

24 요한 크리소스토무스, 『마태오 복음 강해』 88,2-3 in 『교부들의 성경주해: 마태오 복음서 14-28장』, 451-452.

주님께서 이 여인들을 통해 당신 제자들에게 기쁜 소식을 전하는 것을 새겨 들으십시오. 제가 여러 번 말씀드렸듯이, 예수님께서는 이렇게 이 여인들을 들어 높이심으로써 하찮게 취급받기 일쑤인 여성을 높이십니다. 이 여인들을 통해 예수님께서 질병으로 고생하던 이들에게 희망과 치유를 가져다주십니다. 여러분 가운데도 이 충실한 여인들처럼 되고 싶은 사람들이 있을 것입니다. 여러분은 그렇게 할 수 있습니다. 지금도 할 수 있습니다. 그분의 발만 아니라 그분의 손도 그리고 그분의 성스러운 머리도 만질 수 있습니다.[25]

히에로니무스(347~419/420)는 마태 27,55에 언급된 '갈릴래아에서부터 예수를 따르면서 그분의 시중을 들었던 여인들'에 대해 주석하면서, 마리아 막달레나를 포함한 이 여성들의 역할을 제자로 보지 않고 예수와 그의 제자들에게 경제적 지원을 베푼 것으로 한정한다.[26] 알렉산드리아의 키릴루스는 예수의 무덤에 갔던 여인들을 "주님을 믿는 데 유익하고 필요한 것들을 모아 두었다가 그분의 장례를 위해서 쓴" 슬기로운 여인들이라고 칭송한다.[27] 그는 특히 요한 복음을 주해하면서 마리아 막달레나를 "신심 깊고 훌륭한 여인", "진정 하느님을 사랑하는 영혼"이라고 말한다.[28]

---

25 요한 크리소스토무스 『마태오 복음 강해』 89,2 in 『교부들의 성경주해: 마태오 복음서 14-28장』, 463-464.

26 히에로니무스, 『마태오 복음 주해』 4,27,55 in 『교부들의 성경주해: 마태오 복음서 14-28장』, 448.

27 알렉산드리아의 키릴루스, 『루카 복음 주해』 153 in 『교부들의 성경주해: 루카 복음서』, 530.

28 알렉산드리아의 키릴루스, 『요한 복음 주해』 12 in 『교부들의 성경주해: 요한 복음서

가인 로마누스(536~556)는 부활 찬가에서 부활하신 그리스도를 뵙고 그분을 붙잡고 싶어 하는 마리아의 '뜨거운 감정과 열렬한 사랑'을 강조하며, 주님은 그 열정을 나무라지 않고 거룩한 경지로 끌어올려 주신다고 노래한다.29

마리아 막달레나의 덕을 칭송하는 이 교부들의 글에서 막달레나의 덕은 회개나 참회와 연관된 것이 아니라 그가 예수를 향해 가진 신실한 열정과 연관되어 있다. 그런데 히폴리투스 이후 교부들의 글에서는 마리아 막달레나의 사도성은 그다지 강조되지 않으며, 오히려 개인적인 신심의 모범으로 제시된다. 이처럼 마리아 막달레나의 사도성에 대한 강조가 약화되는 현상과 병행하여 마리아 막달레나를 비롯한 부활의 증인이 된 여성들과 사도들의 역할을 대조하는 교부들의 주석도 발견된다. 이런 주석으로 인하여 마리아 막달레나의 역할은 남성 사도들에 역할에 의해 가려지게 된다.

카이사리아의 에우세비우스(260/63~340)는 빈 무덤에 대해 증언하는 여자들의 말을 헛소리로 여겼다는 루카 24,11과 마리아 막달레나의 보고를 듣고 믿은 제자들에 관한 요한 복음의 증언 사이의 불일치를 해결하기 위하여 마리아 막달레나의 보고를 믿었던 이들은 베드로와 요한, 즉 우두머리 사도들이고, 여자들의 말을 의심한 제자들은 나머지 제자들이며, 이 제자들이 의심한 것은 빈 무덤을 제 눈으로 직접 보지 않았기 때문이라고 설명한다. 그는 이 믿지 못하는 제자들을 변호하며 이들은 "무턱대고 여자들의 말을 믿는 대신, 진실을 온전

11-21장』, 496.

29 가인 로마누스, 『찬가집』("부활") 29,11 in 『교부들의 성경주해: 요한 복음서 11-21장』, 510-511.

하고 분명하게 파악할 때까지 그들의 판단을 미루었다"고 덧붙인다.[30]

페트루스 크리솔로구스(380~450)는 마르 16,1을 주석하면서 무덤을 찾은 여인들과 사도들을 다음과 같이 비교한다.

> 부활하신 그리스도를 가장 먼저 경배한 이가 이 여인들이라면 사도들은 그분을 위하여 가장 먼저 고난을 겪었고, 여인들이 준비한 것이 향료라면 제자들은 채찍질을 맞을 대비를 하였다. 여인들이 무덤에 들어갔다면 제자들은 감옥에 들어갔고, 여인들은 찬미를 드리려고 서둘렀다면 제자들은 사슬을 향해 달려갔다. 여인들이 향유를 부었다면 제자들은 피를 쏟았고, 여인들은 죽음 앞에서 깜짝 놀랐다면 제자들은 죽음을 받아들였다.[31]

크리솔로구스의 이런 주석은 의도한 것은 아니었겠지만 부활을 증언한 여성들의 역할을 축소하는 효과를 낳게 되었고, 그들이 한 일은 여전히 남성보다 못한 것으로 여겨지게 하였다. 이런 현상은 마리아 막달레나의 여성성을 부각시키는 주석을 통해 더욱더 굳혀지게 된다.

3) 마리아를 하와와 연결하는 교부들의 주석

마리아 막달레나의 여성성과 하와의 여성성을 연결하는 주석은

---

30 카이사리아의 에우세비오스, 『마리누스의 질문에 관한 짧은 추보』 3 in 『교부들의 성경주해: 요한 복음서 11-21장』, 496.
31 페트루스 크리솔로구스, 『설교집』 79,3 in 『교부들의 성경주해: 마르코 복음서』, 316.

초기 교부들의 글에서부터 나타난다. 이미 히폴리투스의 글에서 두 여성을 연관 짓는 해석을 발견할 수 있다. 히폴리투스는 "마르타와 마리아는 떠나시려는 그리스도의 발을 꼭 붙잡고 하와가 더 이상 잘못되지 않도록, 그녀를 받아달라"고 그분께 부탁드렸으며, 이 여인들 덕분에 "하와의 운명은 역전되어, 성령의 새 옷을 입고 더이상은 죽음의 운명에 매이지 않게 될 것"이라고 주석한다.[32] 구세사적 관점에서 마리아 막달레나를 창세기의 하와와 연관 짓는 히폴리투스의 해석은 그의 뒤를 잇는 교부들의 주석에서 지속적으로 나타난다.

푸아티에의 힐라리우스(315~367)도 마태 28,9-10을 창세기 3장의 사건과 연결하여 해석한다. 그는 "부활하신 주님께서 여인들에게 나타나 부활 소식을 전하게 하신 사건은 여성을 통해 죽음이 이 세상에 들어오게 된 것을 역전시킨 것"이라고 해석한다.[33]

암브로시우스도 마리아 막달레나를 창세기 3장의 하와와 연관 짓는다. 첫 범죄를 범한 이가 여인이기에 그리스도 부활의 첫 증인이 여성이 된 것은 당연한 것이며, 막달레나가 사도들에게 그리스도의 부활을 선포한 것은 하와가 범한 잘못을 회복시키는 것이라고 설명한다.[34] 히에로니무스도 "하와가 받은 저주가 이 여인들에 의해 풀렸다"고 말한다.[35]

---

32 Hippolytus, *Commentary on the Song of Songs*, 25,3.5.

33 푸아티에의 힐라리우스, 『마태오 복음 주해』 33,9 in 『교부들의 성경주해: 마태오 복음서 14-28장』, 462.

34 Ambrose de Milan, *Traité sur L'Évangile de S. Luc II* (10,156-157), Dom Gabriel Tissot (éd.), 2nd ed. (Paris: Cerf, 1976), 208.

35 히에로니무스 『마태오 복음 주해』 4.28.8-9 in 『교부들의 성경주해: 마태오 복음서 14-28장』, 462.

아우구스티누스는 루카 24,9-11을 주석하면서 예수께서 여성들을 부활의 첫 증인으로 선택한 이유를 이렇게 설명한다. "한 여성으로 인하여 인류의 타락이 일어났다면 인류는 여성으로 인하여 다시 회복되었다." 또 "한 처녀는 그리스도를 낳았고, 한 여자는 그분께서 다시 살아나셨음을 선포하였다. 한 여인을 통해 죽음이 왔고, 한 여인을 통해 삶이 왔다."[36] 대 그레고리우스는 스물두 번째 설교에서 낙원에서는 하와가 죽음의 원인이 되었다면 무덤에서 나온 여자, 곧 마리아 막달레나는 남자들에게 생명을 선포함으로써 새로운 하와가 되었다고 설명한다. 또 하와가 죽음을 가져온 뱀의 말을 전하였다면, 마리아는 생명으로 회복시켜 주시는 분의 말씀을 전하였다고 말한다.[37]

존자 베다는 마르 16,9를 해설하면서 "태초에 여자가 죄의 주인공이었고 남자는 잘못의 집행자였다. 죽음을 처음 맛본 자가 여자였던 것처럼 부활을 처음 본 사람도 여자였다. 남자들이 영원한 죄의 부끄러움을 달고 다니지 않도록 남자에게 죄를 전해주었던 여자가 이제 은총을 전해 준다"고 말하였다.[38] 베다는 사도행전 주석에서도 "주님께서 무덤에서 나오셨다는 소식을 처음으로 제자들에게 전한 이들이 여자였다"는 사실과 "죄가 많아진 그곳에 은총이 충만히 내렸다"는 로마 5,20의 말씀을 연결시킨다.[39]

부활을 증거하는 여인들의 성을 하와의 성과 결부시킨 교부들의

---

36 아우구스티누스, 『설교집』 232,2 in 『교부들의 성경주해: 루카 복음서』, 534.

37 대 그레고리우스, 『복음서 강해』(40편) 25 in 『교부들의 성경주해: 요한 복음서 11-21장』, 504.

38 존자 베다, 『마르코 복음 해설』 4,16,9-10 in 『교부들의 성경주해: 마르코 복음서』, 323.

39 존자 베다, 『사도행전 해설』 12,13 in 『교부들의 성경주해: 마르코 복음서』, 323.

주석을 통하여 마리아 막달레나의 개별성과 인격은 전면에서 사라지기 시작한다. 실제로 이러한 해석은 구세사 안에서 여성의 역할을 강조하는 결과를 낳기보다는 구세사와 여성의 성을 밀접히 연관시킴으로써 여성의 성은 구세사를 수렁으로도, 천국으로도 이끌 수 있는 대단히 위험한 것으로 인식되도록 이끌 수 있고, 그렇기에 더더욱 여성의 성은 통제되어야 할 대상으로 여겨지는 결과를 낳았다.

4) 마리아와 교회를 연결하는 우의적 주석

마리아 막달레나가 언급된 성경 본문에 대한 교부들의 주석에서 구체적 역사적 인물인 마리아 막달레나가 점차로 추상화되는 현상이 목격된다. 마리아 막달레나의 개인적인 인격이나 구원의 기쁜 소식을 전하는 사도로서의 역할에 주목하기보다는 그의 역할을 교회와 연관 짓는 우의적인 해석이 등장한다. 이런 해석을 통하여 주님의 부활에 대한 마리아 막달레나의 증언과 증거자로서의 그의 역할은 교회라는 추상적인 이미지 뒤에 감추어지게 된다.

먼저 암브로시우스는 다음 글에서 루카 복음의 죄인인 여인을 교회에 비유한다.

그리스도의 발에 기름이라도 발라 드릴 수 있는 사람은 복된 사람입니다. 시몬은 아직 그분께 기름을 발라 드리지 않았는데, 여자는 향유를 발라 드리니 훨씬 복된 사람입니다. 다발로 묶인 많은 꽃송이에서 사방으로 갖가지 향내가 뿜어 나옵니다. 교회 말고는 누구도 그런 향유를 만들어 내지 못할 것입니다. 교회에는 서로 다른 향기를 품은 헤아릴 수 없는 꽃이 모여 있습니다. 그리스도께서 몸소 죄인의 모습을 취하셨으니, 교회가 창녀의 모습을 하고 있는 것은 당연한 일이라 하겠습니다.[40]

페트루스 크리솔로구스는 마태 28,1의 마리아 막달레나와 다른 마리아를 교회에 대한 상징으로 읽는다. 그는 이 두 여인이 "주님의 교회 전체"를 상징하며, "두 백성(유다인과 다른 민족)에게서 나왔지만 하나가 되는 교회"를 상징한다고 강조하였다.[41] 마태 28,7의 주해에서도 부활의 기쁜 소식을 전하도록 천사의 파견을 받은 두 여인을 교회라고 해석한다.[42] 암브로시우스처럼 그도 루카 7,37-38의 죄 많은 여인 또한 교회를 상징한다고 본다.[43] 이런 해석은 마태 28,9에 대한 주석에서도 이어진다.[44] 따라서 크리솔로구스의 우의적 해석에 따르면 부활의 증인이 된 마리아 막달레나, 또 다른 마리아 그리고 루카 복음의 죄 많은 여인이 모두 교회를 상징하는 인물이 됨으로써 이 여인들 사이의 차별성은 사라지게 된다. 그 후 레오 대교황(440~461에 주로 활동)도 "예수의 승천에 관한 강론"에서 마리아 막달레나를 예수의 부활 후 교회의 모습을 대표한다고 말하였다.[45]

---

40 암브로시우스, 『루카 복음 해설』 6,21, in 『교부들의 성경주해: 루카 복음서』, 212-213.

41 페트루스 크리솔로구스, 『설교집』 75,3 in 『교부들의 성경주해: 마태오 복음서 14-28장』, 458.

42 페트루스 크리솔로구스, 『설교집』 76,2 in 『교부들의 성경주해: 마태오 복음서 14-28장』, 461.

43 페트루스 크리솔로구스, 『설교집』 95 in 『교부들의 성경주해: 루카 복음서』, 212.

44 페트루스 크리솔로구스, 『설교집』 75,2 in 『교부들의 성경주해: 마태오 복음서 14-28장』, 463.

45 대 레오, 『설교집』 74,4 in *The Nicene and Post-Nicene Fathers of the Christian Fathers*

지금까지 소개한 마리아 막달레나라는 인물에 대한 교부들의 주석을 요약하면, 예수 부활의 첫 증인인 마리아 막달레나는 "사도들에게 파견된 사도"로 칭송을 받기도 하였지만 점차로 복음서에 등장하는 다른 여인들과 동화되었고, 마침내는 성경 속에 존재하지 않는 새로운 인물로 조형되어 "참회자"의 모범으로 제시되거나 주님께 끝까지 충실하였던 개인적인 신심의 모델로 제시된다. 또는 하와의 죄를 역전시킨 여성으로, 교회를 상징하는 존재로 해석됨으로써 예수의 발현 사화의 한 중심에 서 있는 여인은 그 개별성을 잃고 추상적인 존재로 변모된다. 그렇다면 교부들의 주석에서 마리아 막달레나가 전했던 복음, 곧 요한 20,17의 메시지는 어떻게 해석되었는지 살펴볼 필요가 있다.

2. 마리아 막달레나가 전한 메시지에 대한 교부들의 주석

부활하신 예수께서 마리아 막달레나에게 하신 말씀은 마태 28, 9-10과 요한 20,17에서 전해진다. 마태 28,9-10은 부활하신 예수께서 마리아 막달레나와 다른 마리아에게 나타나셔서 "반갑습니다" 하고 인사하시며, "두려워하지 마시오. 가서 내 형제들에게, 갈릴래아로 물러가면 거기서 나를 볼 것이라고 알리시오"라고 말씀하신다. 교부들은 이 두 여인이 전한 메시지 자체에 대해서는 별로 주목하지 않는다. 마태 28,9-10에 언급된 예수님의 인사에 대한 주석 이외에는

(이후 *NPNF*로 축약하여 표시한다), II-12 (Grand Rapids, MI: Wm. B. Eedermans, 1983), 188-189.

별다른 주석을 발견할 수 없다.

그런데 요한 20,17에 대해서는 교부들의 풍부한 주석을 발견할 수 있다. 요한 20,17의 말씀은 두 부분으로 나눌 수 있다. 요한 20,17ㄱ은 예수께서 아직 아버지께로 올라가지 않으셨기 때문에 당신을 붙잡지 말라는 말씀이고, 요한 20,17ㄴ은 마리아 막달레나가 형제들에게 전해야 할 메시지이다. 요한 20,17에 대한 교부들의 주석은 이런 구분에 따라 둘로 나누어 소개할 것이다.

1) 요한 20,17ㄱ의 말씀(Noli me Tangere)과 마리아 막달레나에 대한 주해

많은 교부들이 요한 20,17ㄱ의 말씀에 대해 주석하고 있다. 그런데 그들의 주된 주석학적 과제는 부활하신 예수의 육신은 과연 어떤 본성을 지니는지에 대한 교의신학적 물음에 답하는 것이었기 때문에 마리아 막달레나는 이들의 주목을 끌지 못한다.

예를 들면 테르툴리아누스는 『프락세아스 반박』에서 마리아 막달레나에게 나타나신 부활하신 그리스도는 성자인지, 아니면 성부와 동일한 분인지에 대해 물으며, 승천하기 전의 예수는 성부가 아닌 성자라고 설명한다.[46] 오리게네스에 따르면 성자께서 마리아 막달레나에게 "나를 만지지 말라"고 말씀하신 이유는 성자는 "오직 성부께서만 주실 수 있는 정화가 필요하셨기" 때문이라고 말한다.[47] 이와 비슷

---

46 Tertullian, *Against Praxeas* VII, 25 in *ANFa-3*, 1391-1392.

47 오리게네스, 『요한 복음 주해』 6,287; 10,245 in 『교부들의 성경주해: 요한 복음서 11-21

하게 니사의 그레고리우스(335~394)는 『에우노미우스 반박』에서 승천하기 전 예수의 육체적 본성은 움직이고, 보이고, 만질 수 있는 인간성에 속한다고 설명한다.[48]

그러나 다마스쿠스의 요한은 요한 20,17ㄱ이 그리스도의 이중 본성, 곧 "하느님이시며 인간이신 한 분 그리스도"에 관한 말씀이며, 두 본성이 모두 그리스도께 속한다는 사실을 명심하라고 권고한다.[49]

이와 같이 "나를 만지지 마라"는 예수의 금령은 승천하기 전의 예수의 본성에 관한 물음과 결합됨으로써 이 금령이 예수를 만지기에는 부적절한 마리아 막달레나의 결함에서 오는 것으로 이해되기도 한다. 예를 들면 시리아인 에프렘은 부활하신 예수의 육신은 오직 "그 선물을 받을 수 있고, 그 선물에 대한 값을 치를 수 있는 이들에게만 주기 위하여 조심스럽게 간직된 것"이며, "영광스럽게 되신 그분의 육체는 아무나 만질 수 없게 되었다"고 설명한다. 따라서 에프렘은 "나를 붙잡지 마라"는 금령은 마리아 막달레나가 그런 선물을 받을 자격이 없는 사람임을 의미한다고 설명한다.[50]

마찬가지로 암브로시우스는 마리아 막달레나가 부활하셔서 신적인 형태를 취하신 그리스도를 잡을 능력이 없기 때문에 그리스도께서 붙잡지 말라고 명령하셨다고 주석한다.[51] 더 나아가 그는 "나를 붙잡

장』, 507.

48 니사의 그레고리우스, 『에우노미우스 반박』 12,1 in Philip Schaff (ed.), *NPNF* II-5 (Grand Rapids, MI: Wm. B. Eedermans, 1994), 240-242.

49 다마스쿠스의 요한, 『신앙 해설』 4,18 in 『교부들의 성경주해: 요한 복음서 11-21장』, 515-516.

50 시리아인 에프렘, 『타티아누스의 네 복음서 발췌 합본 주해』 21,26 in 『교부들의 성경주해: 요한 복음서 11-21장』, 508-509.

지 마라"(*Noli me tangere*)를 "큰일들에 손을 대지 마라"(*Noli manum adhibere maioribus*)로 해석하고,[52] 이 말씀을 1티모 2,11과 연결하여 여성이 교회에서 가르칠 수 없는 근거로 제시하였으며, 암브로시우스의 이 견해는 "이후 여성의 설교와 성사집행권 금지에 관한 권위 있는 해석"으로 받아들여졌다.[53] 아우구스티누스 역시 이와 비슷한 해석을 제시하였다. 그는 예수의 금령이 "지상에서는 남자들만 그분을 만질 수 있고, 여자들은… 하늘에서만 그분을 만져야 한다"는 것을 의미하는지 질문을 던지며, 그분을 손으로 붙잡는 것보다 믿음으로 붙잡는 것이 훨씬 낫다고 강조하였다.[54]

히에로니무스는 요한 20,15을 주해하면서 부활하신 예수를 정원지기로 착각한 마리아 막달레나의 불신앙을 지적하였고, 요한 20, 16-17에 대한 주해에서도 마리아의 불신앙을 언급하였다.[55] 따라서 그는 "나를 만지지 마라"는 예수의 말씀을 이렇게 해석한다.

나를 만지지 마라. 무덤에서 나를 찾은 너는 나를 만질 자격이 없다. 내가 다시 살아났다고 추정할 뿐 믿지 못한 너는 나를 만지지 마라. 내가 아직 아버지께 올라가지 않았으니 너는 나를 만지지 마라. 내가 아버지께 올라갔

---

51 Ambrose de Milan, *Traité sur L'Évangile de S. Luc II* (10,155), 207-208.

52 Ambrose de Milan, *Traité sur L'Évangile de S. Luc II* (10,164-165), 210-211.

53 Cf. Katherine Ludwig Jansen, "Maria Magdalena: Apostolorum Apostola," in *Women Preachers and Prophets through Two Millennia of Christianity*, Beverly Mayne Kienzle & Pamela J. Walker (eds.) (Berkeley; Los Angeles; London, University of California Press, 1988), 67-71.

54 아우구스티누스, 『설교집』 246,4 in 『교부들의 성경주해: 요한 복음서 11-21장』, 510.

55 히에로니무스, 『예루살렘의 요한 반박』 35 in 『교부들의 성경주해: 요한 복음서 11-21장』, 503.

다고 믿을 때, 그때에야 너는 나를 만질 자격이 생긴다.[56]

대 그레고리우스 역시 스물두 번째와 스물다섯 번째 설교에서 부활하신 예수님을 알아보지 못하는 마리아 막달레나의 불신앙을 지적한다.[57]

그런데 몹수에스티아의 테오도루스(350~428)는 요한 20,15의 마리아 막달레나가 부활하신 예수님을 정원지기인 줄 알았다는 부분을 해석할 때 마리아 막달레나의 불신을 강조하는 대신 예수 그리스도의 배려를 강조한다. 예수는 부활하신 예수를 뵙고 너무 놀라 귀신을 본다고 생각할까 봐, 마리아가 서서히 주님을 알아보고 깨달아 부활 사건의 위대함을 믿고 감탄하기 바라셨기 때문에 마리아가 알아볼 수 없는 인간의 모습으로 나타나셨다고 설명한다.[58] 그는 또한 요한 20,17을 주석하면서 예수의 금령에 대한 기존의 해석, 곧 마리아가 여자이기 때문에 접촉을 금하셨다는 해석을 반박하며, 이 금령의 이유를 다음 두 가지로 설명한다. 하나는 "부활 이후의 예수의 몸은 전보다 더 강력하고 뛰어난 몸이어서 아무 인간도 함부로 만져서는 안 된다"는 뜻이며, 다른 하나는 "예수께서 영원히 아버지와 영예를 누리시고자 하늘로 올라가게 되어 있음"을 드러내시려는 것이다.[59]

---

56 히에로니무스, 『설교집』 87(요한 1,1-14) in 『교부들의 성경주해: 요한 복음서 11-21장』, 504.

57 Grégoir le Grand, "Homélie XXII," in Homélies sur l'Évangile, 44-69; 대 그레고리우스, 『복음서 강해』(40편) 22 in 『교부들의 성경주해: 요한 복음서 11-21장』, 494; 『복음서 강해』(40편) 25 in 『교부들의 성경주해: 요한 복음서 11-21장』, 503.

58 몹수에스티아의 테오도루스, 『요한 복음 주해』 7,20,11-14 in 『교부들의 성경주해: 요한 복음서 11-21장』, 504.

이와 비슷한 해석을 요한 크리소스토무스에게서도 발견할 수 있다. 요한 크리소스토무스는 무덤 밖에서 울고 있는 마리아가 아직 부활에 관해 확실하게 알지 못하였음을 지적하며,[60] "나를 붙잡지 마라"고 주님께서 말씀하신 이유는 마리아가 달라진 주님의 모습을 알아차리지 못했기 때문이며, 이제 주님은 전과 같은 방식으로는 관계할 수 없음을 완곡하게 알려주시기 위하여 "아직 아버지께 올라간 것이 아니라"고 말씀하셨다고 설명한다.[61]

알렉산드리아의 키릴루스는 주님께서 거룩한 육체에 더러운 손길이 닿는 것을 꺼려서 이 금령을 주셨다는 해석을 거부하고, 성령이 아직 마리아 막달레나에게 내려오지 않았기 때문에 주님께서 당신의 몸을 만지기를 금한 것이라고 설명한다. 키릴루스는 이 사건을 교회의 성찬례와 연결하여 복된 성찬에 참여하는 것은 성령으로 거룩해진 이들이 받는 보상이라고 가르친다.[62] 안티오키아의 세베루스 역시 요한 20,17의 예수의 금령에 대한 기존의 설명들을 제시한 후 주님께서 약속하신 성령이 아직 오지 않았기 때문에 마리아에게 이런 금령을 내리신 것으로 설명한다.[63]

---

59 몹수에스티아의 테오도루스, 『요한 복음 주해』 7,20,17 in 『교부들의 성경주해: 요한 복음서 11-21장』, 513.

60 요한 크리소스토무스, 『요한 복음 강해』 86,1 in 『교부들의 성경주해: 요한 복음서 11-21장』, 500.

61 요한 크리소스토무스, 『요한 복음 강해』 86,2 in 『교부들의 성경주해: 요한 복음서 11-21장』, 508.

62 알렉산드리아의 키릴루스, 『요한 복음 주해』 12 in 『교부들의 성경주해: 요한 복음서 11-21장』, 512.

63 안티오키아의 세베루스, 『주교좌 성당 강해집』 45 in 『교부들의 성경주해: 요한 복음서 11-21장』, 506.

레오 대교황은 마리아가 "더 참되고 완전하게 예수를 대하고", "만질 수 없는 것을 이해하고 볼 수 없는 것을 믿게 되려면" 예수가 성부께 돌아감으로써 이루어질 더 고원하고 훌륭한 것을 기다려야 한다고 설명한다.[64]

이와 같이 부활하신 예수 그리스도와 마리아 막달레나의 만남에 관한 성경 본문은 교부들의 주석을 통하여 승천하기 전의 예수의 본성에 대한 물음과 직접적으로 연관됨으로써 "나를 붙잡지 마라"는 예수의 금령은 결국 마리아 막달레나와 부활하신 예수와의 육체적, 영적 거리감을 강조하는 결과를 낳았다. 따라서 예수의 본성에 대한 교부들의 교의신학적 관심은 부활하신 주님을 목격한 마리아 막달레나가 초대교회 공동체 안에서 차지한 위치나 역할에 대한 물음이 전면에 등장하지 못하게 하는 결과를 낳았다.

2) 마리아 막달레나가 전한 메시지(요한 20,17ㄴ)에 대한 주해

부활하신 예수는 마리아 막달레나에게 "내 형제들에게 가서 말하시오. '나는 나의 아버지이시며 여러분의 아버지, 나의 하느님이시며 여러분의 하느님이신 그분께로 올라간다'고"(요한 20,17ㄴ) 하고 말씀하셨다. 부활하신 예수는 마리아 막달레나를 "내 형제들"(ἀδελφοί)에게 가라고 파견하셨다. 주님께서 제자들을 형제라고 지칭하는 경우는 이곳(요한 20,17)과 마태 28,10뿐이다.[65]

---

64 대 레오, 『설교집』 74,4 in 『교부들의 성경주해: 요한 복음서 11-21장』, 509.
65 요한 15,15은 제자들을 종이 아니라 친구(φίλος)라고 말한다.

형제를 의미하는 그리스어 단어 '아델포스'(ἀδελφός)는 '한 자궁(델 푸스, δελφύς)에서 나온 이'라는 의미를 갖는다. 물론 이 단어는 신약성 경에서 한 어머니의 배속에서 나온 형제라는 의미를 초월하여 넓게 사용된다. 이것은 형제를 의미하는 히브리어(אָח)가 같은 어머니에 게서 태어난 형제들뿐만 아니라[66] 같은 지파에 속하는 이들,[67] 더 넓게는 이스라엘 민족 전체[68]를 가리키기 위해 사용되는 것과 같다. 따라서 부활하신 예수의 첫 증인이 된 마리아 막달레나가 선포해야 할 메시지는 "예수 그리스도의 하느님이 곧 제자들의 하느님이시며, 예수의 아버지가 곧 제자들의 아버지이신 분께로 올라가신다"는 것이 다. 이 말씀은 예수와 그의 제자들의 새로운 관계를 선포한다. 예수와 그의 제자들은 한 분 하느님이시며, 한 아버지를 모시고 있는 형제들 이 된다. 사실 요한 20,17에 선포된 이 새로운 관계는 요한복음의 서문에서 이미 선포되었던 것이다. 요한 1,12은 "그분은 당신을 맞아 들이는 이들 곧 당신의 이름을 믿는 이들에게는 모두 하느님의 자녀가 되는 권능을 주셨다"고 선언한다. 이로써 요한복음의 저자는 예수 그리스도의 육화의 목적이 이 새로운 관계를 선포하기 위한 것이었음 을 천명하고 있다. 그런데 요한 20,17ㄴ의 말씀에 대한 교부들의 주석은 아쉽게도 이 말씀이 지닌 구원의 기쁜 소식을 분명하게 드러내 지 못한다.

예를 들어 예루살렘의 키릴루스는 요한 20,17ㄴ을 주해하면서

---

66 창세 4,2.8.9.10.11; 27,6.11; 44,20 등.

67 민수 16,10; 18,2.6; 2사무 19,13 등.

68 2사무 19,42 등.

인간과 예수 그리스도 사이의 차이와 간격을 강조한다.

> 인간이 하느님을 아버지라 부르는 것은 성부와 같은 본성을 지닌 아들로서
> 의 아버지가 아니라 성자와 성령을 통하여 아버지의 은총으로 자녀가 되는
> 권한을 받았기 때문에 그렇게 할 수 있는 것이다.[69]

암브로시우스 역시 그리스도께서는 본성을 통해 성부를 아버지로
부르신다면, 우리는 오직 은총을 통해서만 성부를 아버지로 부를
수 있다고 해석함으로써 우리와 그리스도 사이의 간격을 강조한다.[70]
이와 달리 니사의 그레고리우스는 요한 20,17ㄴ이 주님이 사람이
되신 섭리의 목적을 요약하는 구절이라고 보고 다음과 같이 주해한다.

> 만물이신 예수가 참하느님을 자신의 하느님으로, 좋으신 아버지를 자신의
> 아버지로 만들었으므로 인간 본성에게 온전한 축복이 확보되었으며, 만물
> 에 의해 참하느님이신 아버지께서 모든 남자와 여자의 아버지요 하느님이
> 되신다.[71]

니사의 그레고리우스는 인간과 구세주 사이의 거리감을 강조하는
대신 이 말씀이 인간의 구원을 위해 갖는 의의가 무엇인지를 올바르게
지적하지만, 그의 주석은 여전히 추상적인 설명에 그치고 만다. 요한

---

69 예루살렘의 키릴루스, 『예비신자 교리교육』 7,7; 11,18-19 in 『교부들의 성경주해: 요한
　복음서 11-21장』, 515.

70 Ambrose de Milan, *Traité sur L'Évangile de S. Luc II* (10,167), 211.

71 니사의 그레고리우스, 『에우노미우스 반박』 12,1 in *NPNF II-5*, 241-242.

20,17의 말씀이 왜 요한 복음서 전체, 아니 예수의 생애 전체의 목적을 제시하는 것이 되는지 좀 더 구체적이고 현실적인 주해가 필요하다.

3. 소결론

마리아 막달레나에 관한 교부들의 주석은 부활하신 예수의 첫 증인으로서의 마리아 막달레나에 대한 관심보다는 막달레나가 만난 부활하신 예수의 본성에 대한 그리스도론적 관심을 더 크게 드러낸다. 그들에게는 그리스도론적, 교의론적, 교회론적 과제를 해결하는 것이 급선무였던 것이다. 때로 막달레나가 그들의 주석의 초점이 된다고 하더라도 왜 그녀가 부활의 기쁜 소식의 첫 증인으로 선택되었는지, 그녀의 메시지가 가진 의미는 무엇인지 혹은 초대교회 안에서 그녀의 위상은 어떤 것이었는지에 대한 관심은 나타나지 않는다.

교부들은 그들 당대의 여성에 대한 이해를 답습하였고, 그 결과 누구보다 뛰어나게 예수 그리스도의 메시지를 이해하였으며, 그분께 끝까지 충실했던 마리아 막달레나와 동료 여성들의 행위와 메시지에 정당한 권위와 의미를 부여하지 못하였다.

하지만 교부들의 주석에서 우리가 문제 삼아야 하는 것은 사라진 듯이 보이는 마리아 막달레나의 지위를 회복하는 것이 아니다. 제자들 가운데서 마리아 막달레나의 위치가 어떠하였는지에 대해서는 지금까지 밝혀진 증거만으로는 어떤 것도 입증할 수 없기 때문이다. 더 중요한 것은 마리아 막달레나에 관한 성경 본문이 전하려고 하는 그 메시지를 되살리는 것이다. 마리아 막달레나를 회개한 창녀로 해석하고 그녀의 성을 부각시킬 때, 마리아 막달레나를 통하여 전달하고자 한 부활하신 예수의 복음의 메시지가 어떤 식으로 약화되는지를 보아야 한다. 마리아 막달레나의 여성성을 부각시킬 때, 예수 그리스도에 대한 고유한 영적 체험을 가진 이성으로 충만한 여인은 우리 시야에서 사라지고 그녀의 메시지는 더 이상 중요한 무엇으로 들리지 않게 된다.

부활하신 예수는 니사의 그레고리우스가 말한 것처럼, 마리아 막달레나를 통하여 구원의 기쁜 소식, 곧 그의 온 구원 계획을 요약하는 메시지를 선포하신다. 예수 그리스도의 아버지가 우리의 아버지이시며 그의 하느님이 우리의 하느님이시라는 것이다(요한 20,17 참조). 그 아버지는 아들에게 모든 것을 보여주시고 모든 것을 나누어주신다. 아들은 아버지에게서 들은 모든 것을 우리에게 전해주신다. 우리가 남성이기 때문에 혹은 여성이기 때문에 더 많은 것을 계시하시는 분이 아니시다. 그분은 모두에게 당신의 모든 것을 주시는 분이시다. 이것이 우리가 선포하고 또 선포해야 할 복음이다. 우리는 마리아 막달레나를 통하여 선포된 이 복음에 귀 기울여야 하고, 그 복음으로 해방되어야 한다. 마리아 막달레나가 밭에 묻힌 보물과 같은 존재라면, 그 보물의 가치는 그가 전한 복음을 새롭게 조명하여 그 복음이 지닌 힘을 우리 시대의 언어로 읽어내어 살아갈 때 비로소 온전하게 드러나게 될 것이다. 이런 의미에서 마리아 막달레나가 전한 복음을 새롭게 조명해 보고자 한다.

III. 마리아 막달레나가 전한 복음(요한 20,17)에 대한 새로운 조명

마리아 막달레나를 통하여 우리에게 선포된 복음인 요한 20,17ㄴ에는 두 개의 명령형 동사가 포함되어 있다. 하나는 "가라"(πορεύου), 다른 하나는 "말하라"(εἰπέ)이다. "가라"는 명령어는 복음 선포의 대상인 "내 형제들"과 결합되어 있고, "말하라"는 명령어는 복음 선포의 내용과 결합되어 있다. 곧 이 말씀은 누구에게 갈 것이며, 무엇을 선포할 것인지를 분명하게 제시하고 있고, 명시적이지는 않지만 어떻게 선포할 것인지에 대한 내용도 포함하고 있다. 아래에서는 이 메시지에 담겨 있는 복음 선포의 대상과 내용, 복음 선포의 방법을 구분하여 살펴볼 것이다.

1. 복음 선포자와 복음 선포 대상의 관계

요한 20,17에 의하면 복음 선포의 대상자는 주님의 형제들이다. 따라서 부활의 첫 증인인 마리아 막달레나에게 맡겨진 기쁜 소식은 더 많은 지식, 더 많은 지혜를 가진 이들이 그것을 덜 가진 이들에게 베푸는 시혜가 될 수 없다. 그것은 구원의 기쁜 소식을 주님의 형제들과 나누는 것이다. 곧, 마리아 막달레나가 전한 복음은 함께 즐거워해야 할 기쁜 소식이다. 이런 의미에서 예수의 파견은 복음을 전하는 자에게 아무런 권한이나 지위를 약속하지 않는다. 복음을 전하는 자는 기쁜 소식을 형제들과 함께 나누는 자다. 이 사실은 마리아 막달레나가 전한 복음의 내용과도 밀접한 연관성을 지닌다.

2. 요한 20,17ㄴ의 말씀의 신학적 함의

첫째, 마리아 막달레나가 전해준 요한 20,17은 이 세상과 역사가 나아가야 할 방향을 가리킨다. 곧, 이 말씀은 우리에게 종말론적인 비전을 제시한다. 요한 20,17은 하느님께서 창조하신 태초의 세상처럼 하느님과 인간 사이의 친밀성이 회복되는 세상의 도래를 선포한다. 첫 창조 때 하느님과 인간 사이의 친밀성은 하느님과 그의 모상으로 만들어진 존재 혹은 창조주와 그가 손수 빚어 만드신 피조물의 관계로 표현되었다. 요한 20,17에서는 그 관계를 아버지와 아들(딸)의 관계로 표현한다. 요한 20,17의 말씀을 통하여 예수께서는 아버지와 아들(딸)이 나누게 될 이 친밀성은 하느님과 예수 그리스도, 곧 성부와 성자 사이의 친교를 반영하는 친밀성이 될 것이라고 말씀하신다. 달리 말하자면 하느님께서는 이 말씀을 통하여 이런 친밀성을 회복하는 삶을 살자고 인류를 초대하신다. 그리고 역사는 궁극적으로 이 방향을 향해 완성되어 갈 것이라고 말씀하신다. 이것이 마리마 막달레나를 통하여 우리에게 전해진 복음의 메시지이다. 21세기의 교회는 세상을 향하여 이런 종말론적인 비전을 제시할 수 있어야 한다. 금세기가 지구 환경의 파괴와 인간의 종말이라는 비극으로 치닫게 될지도 모른다는 어두운 예측이 쏟아져 나오는 이때, 교회는 인류의 역사가 어느 방향으로 나아가야 하는지를 분명하게 제시할 비전을 가져야 하고 그 비전을 향하여 구체적으로 걸어가야 한다. 현실의 문제에 매몰되어 내일을 보지 못하는 세상을 향하여 우리가 나아갈 방향을 제시하려면 먼저 교회가 이 종말론적 비전을 살고 보여주어야 한다. 그렇지 않으면 우리가 전하는 메시지는 설득력을 갖지 못할 것이다.

둘째, 마리아 막달레나를 통해 우리에게 전해진 복음은 우리가 맺는 수많은 관계들의 위계질서가 어떠해야 하는지를 분명하게 보여준다. 예수 그리스도의 하느님이 우리의 하느님이시며, 예수 그리스도의 아버지가 우리의 아버지가 된다는 사실은 두 가지 차원의 관계를 상정한다. 곧, 아버지와 아들(딸)의 관계와 아들(딸)과 아들(딸)의 관계를 상정한다. 이 두 관계는 교회가 지상에서 맺는 모든 관계를 이해하는 틀이 될 수 있다.

우선 아버지와 아들(딸)의 관계에 대해 살펴보자. 예수 그리스도의 아버지가 우리의 아버지가 되시며, 그의 하느님이 우리의 하느님이 되신다는 것은 어떤 의미에서 기쁜 소식이 되는가? 세 가지 의미에서 기쁜 소식이 될 수 있다.

첫째, 아버지의 자녀로서 산다는 것은 참된 권위가 하느님 아버지에게 있음을 알고 그 권위에 순종하며 사는 삶을 의미한다. 우리가 세상에서 경험하는 숱한 수준의 권위들 가운데서 이것을 질서 지워줄 궁극적인 권위가 무시될 때, 권위의 오남용과 그 결과로 발생하는 착취와 억압은 피할 길이 없다. 그릇된 권위의 행사에서 벗어날 수 있는 길은 참된 권위의 주인이신 하느님을 알아 뵙고 그분의 권위에 순종하며 사는 것이다. 이런 의미에서 요한 20,17의 말씀은 기쁜 소식이 된다. 사도 바오로는 로마 1,5에서 자신의 사도직은 "하느님의 이름을 위하여 모든 이방민족들 가운데에 신앙의 복종을 설파하기 위함입니다"라고 말한다. 세상의 궁극적인 권위가 하느님께 있음을 고백하고, 하느님의 뜻에 순종하며 사는 것이 진정한 인간 해방의 길임을 알기에 바오로는 사람들에게 믿음의 순종을 일깨우고자 하였다. 이것이 교회가 선포해야 할 기쁜 소식이며, 교회는 이 복음을 자신의 삶으로 보여주어야 한다. 곧, 최고의 권위가 하느님께 있음을 드러내는 삶을 살아야 한다. 교회가 실천하는 리더십이 하느님께 권위를 돌려드리는 것이 아니라 인간적인 권위를 내세우고 강조한다면, 교회가 하느님을 두려워하는 대신 정치권력을 두려워하여 그것에 협력하며 교회의 안정과 안전을 도모하려 한다면, 교회는 여전히 마리아 막달레나가 전해준 복음을 받아들이지 못한 것이다. 하느님께서 우리의 아버지가 되신다는 사실은 하느님의 권위에 순종하는 것뿐만 아니라 잘못된 권위 행사를 비판하고 고발함으로써 하느님께서 참되고 궁극적인 권위의 주인이심을 드러내어야 함을 의미한다.

둘째, 하느님께서 우리의 아버지가 되신다는 것이 기쁜 소식이 되는 이유는 부당하고 부정의한 권위에 억눌리는 이들을 해방하기 때문이다. 세상에 존재하는 권위와 권력은 제아무리 강력해 보이는 것이라 하더라도 일시적이다. 우리의 머리카락까지도 낱낱이 세어두신 하느님이 눈앞에 보이는 저 권력보다 더 두려워해야 할 분이심을, 아니 우리가 두려워해야 할 유일한 분이심을 알 때 우리는 불의한 권력의 힘에서 해방된다. 교회는 자신의 선택을 통하여 이것을 고백하고 증언해야 한다. 억압과 통제, 공포와 폭력에 의한 지배가 이루어지는 곳에서 그 지배는 일시적인 힘에 불과하며, 물거품처럼 사라져

버릴 것에 지나지 않음을 천명하고, 그 힘의 부당함을 고발하며, 그 힘에 짓눌리는 이들과 함께함으로써 그들에게 굳건한 희망이 되어주어야 한다.

셋째, 하느님께서 우리의 아버지시라는 사실은 교회 안에서 이루어지는 권위의 행사 방식을 점검하고 바로잡는 기준이 된다. 성직자와 평신도 사이의 관계는 하느님 아버지와 자녀와의 관계를 반영하는 것이 아니라 하느님의 자녀들 간의 관계를 반영한다. 하느님의 권한, 그분의 아버지로서의 권한은 하느님께 속한 것이며, 그 권한은 교회에 주어지지 않았다. 교회는 자신의 삶을 통하여 아버지의 권위를 가리키고 드러내 보여주는 역할을 하는 것이지, 그 권위를 대신할 수도 대체할 수도 없다. 그것은 존재론적으로 불가능하다. 성직자와 평신도의 차이는 직분의 높고 낮음을 의미하는 것이 아니라 서로 평등하지만 각자가 맡고 있는 역할과 기능이 다르다는 것을 의미한다. 그러므로 교회는 마리아 막달레나가 전해준 복음의 메시지를 더 잘 반영해주는 새로운 리더십의 모델을 찾아나가야 한다. 이런 리더십은 아버지의 권위를 자신의 것으로 삼는 것이 아니라 궁극적인 권위는 하느님 아버지께 있음을 드러내는 것이어야 하고, 하느님께서 자녀들을 대하시는 사랑과 그 사랑에서 나온 권위의 행사 방식을 반영하는 것이어야 한다.

다른 한편 예수 그리스도의 하느님이 우리의 하느님이시며, 예수 그리스도의 아버지가 우리의 아버지가 된다는 사실은 우리 서로의 관계가 아들(딸)과 아들(딸)이 맺는 관계, 곧 수평적인 형제 관계임을 가리킨다. 우리는 모두 한 아버지의 자녀이기 때문이다. 남자도, 여자도, 이방인도, 난민도, 북한의 주민도, 남한의 주민도, 청년도, 노인도, 높은 권위를 가진 자도, 그렇지 않은 자도 모두 아무런 차별이 없이 하느님의 자녀이다. 이 복음은 "그리스도 안에서 하느님과 인간, 여성과 남성, 인간과 자연의 관계를 깨트리고 왜곡시켜 왔던 모든 죄의 권세가 종말론적으로 부정되고, 성령 안에서 새로운 질서가 시작되었음"을 알린다.[72]

따라서 교회는 인종차별과 계급 차별, 성차별 등 모든 종류의 차별을 극복함으로써 종말론적인 구원 현실을 앞당겨 살면서 하느님 나라를 이 땅에 실현해 가야 한다. 그리고 분열과 불화가 있는 곳에 형제로서의 화해와 일치를 회복하고, 소외와 배제가 있는 곳에 포용과 사랑을 실천하면서, 세상의 모든 영역에 진정한 형제성을 회복할 수 있도록 노력해야 한다. 여기에는 자연환경과의 형제성 회복도 포함된다. 교회가 전하는 복음이 진실이 되려면 먼저 교회 안에서 이 복음을 살아야 하고, 복음의 빛이 환히 빛나게 해야 한다.

여성 문제나 통일 사목 문제, 가난한 이들을 위한 우선적인 선택 등 교회가 당면한 여러 과제에 있어서 마리아 막달레나가 전해준 복음은 교회의 선포와 선택의 참됨을 가려내는 준거가 될 것이다. 우리가 하는 선택은 우리가 모두 한 아버지의 자녀임을 드러내는가? 혹시 우리는 자녀됨의 울타리를 아주 좁게 설정한 후 그 울타리 안에서만 아버지께서 주시는 사랑을 누리는 것으로 만족하고 있지는 않은가? 울타리 밖에서 들여오는 고통의 신음에 귀를 닫는다면, 우리는

---

72 신옥수, "교회 여성의 눈으로 보는 교회," 「한국기독공보」 (2013. 12. 30). 이 글은 다음 웹페이지를 통해 확인할 수 있다. http://m.pckworld.com/article.php?aid=62806 67249 (접속일 2020. 7. 28).

마리아 막달레나가 전해준 복음에도 꼭 그만큼 귀를 닫는 것이다.

3. 복음 선포의 방법: "그들에게 말하여라"

부활하신 예수 그리스도는 당신이 선포하고자 하셨던 기쁜 소식의 핵심을 여성인 마리아 막달레나를 통하여 당신의 형제들에게 전하고자 하셨고, 마리아 막달레나에게는 그들에게 가서 "말하라"고 말씀하셨다.

왜 부활하신 예수 그리스도는 이 중요한 복음의 말씀을 여성인 마리아 막달레나에게 맡기셨을까? 그가 전해야 할 복음과 여성성은 어떤 연관성이 있는 것일까? 아니면 마리아 막달레나라고 하는 특별한 인격에 그 원인이 있는 것일까? 마리아 막달레나의 전통적인 호칭은 '사도들에게 파견된 사도' 혹은 '사도 중의 사도'이다.[73] 그런데 다른 사도들과 달리 마리아 막달레나의 특이한 점은 그에게는 사도성과 여성성이 한데 결합되어 있다는 점이다. 곧, 그는 여성 사도이다. 신약성경에서 '파견받은 자'를 의미하는 사도라는 호칭은 열두 사도만을 지칭하는 경우도 있지만[74] 더 넓은 의미로 사용되는 경우도 많다.[75] 사도 1,21-22는 사도가 되기 위한 조건을 다음과 같이 밝히고 있다. 이는 유다의 빈자리를 채울 사도를 뽑을 때 베드로가 언급한 것이다.

---

73 요한 바오로 2세의 교황 교서, 「여성의 존엄」(Mulieris Dignitatem), 16항.
74 마르 3,14; 루카 6,13: "열둘을 부르시고 그들을 사도라 이름하셨다."
75 사도 14,14; 로마 1,1; 16,7; 갈라 1,19 등.

주 예수께서 우리들 가운데서 오가시던 그 시절, 곧 요한의 세례로부터 시작하여 예수께서 우리를 떠나 승천하신 날까지 줄곧 우리와 함께 다닌 이 사람들 중에서 하나가 우리와 더불어 예수 부활의 증인이 되어야 **합니다** (사도 1,21-22).

사도가 되기 위해서는 예수 그리스도의 공생활 전 기간을 그분과 함께 지내며 동고동락했던 사람이어야 한다. 사도행전의 맥락으로 볼 때 이런 이들이 열두 제자 외에도 많이 있었다는 것을 짐작할 수 있다. 그런 사람들 가운데서 베드로와 나머지 제자들은 요셉과 마티아를 가려냈던 것이다(사도 1,23 참조). 한편 사도 바오로는 사도성의 조건을 달리 제시한다. 그는 부활하신 예수의 발현을 목격한 것과 예수 그리스도를 선포하도록 파견된 것이 사도됨의 조건이라고 말한다 (1코린 9,1-2; 15,8-11; 갈라 1,11-16 참조).[76]

마리아 막달레나는 사도 1,21-22이 언급하는 사도성의 조건이나 바오로가 언급하는 사도성의 조건을 모두 충족시키는 인물이다. 그는 예수님의 공생활 기간 동안 함께하였을 뿐만 아니라 예수 부활의 첫 증인이기 때문이다. 그런데 마리아 막달레나는 사도들의 행적을 전해주는 사도행전의 저자로부터 주목을 받지 못한다.[77] 교회가 세워진 이후 마리아 막달레나의 존재는 성경 어디에도 나타나지 않는다.

---

76 Raymond E. Brown, "Roles of Women in the Fourth Gospel," *Theological Studies* 36 (1975): 688-699, esp. 692.

77 사도 1,14은 예수의 승천 후 성령강림을 기다리던 이들이 머물던 위층 방에는 열한 사도들과 예수님의 어머니 마리아, 그분의 형제들 그리고 여러 여자가 있었다는 사실을 전해준다. 이 위층 방에 있었던 여러 여자 가운데 마리아 막달레나가 포함되었을 것으로 추정되지만 루카 복음과 사도행전의 저자는 그의 존재를 부각하지 않는다.

그렇지만 성경이 제시하는 기준에 따르면 마리아 막달레나가 지닌 사도성은 부인할 수 없는 사실이다. 그렇다면 왜 마리아 막달레나가 사도들 가운데서 부활하신 예수 그리스도의 첫 메시지를 전달하도록 선택되었을까?

이 선택은 마리아 막달레나가 지닌 주님께 대한 열렬하고도 절실한 사랑 때문이었을 것이다. 마리아 막달레나가 안식일 다음 날 신새벽에 예수의 무덤으로 달려가지 않았다면, 빈 무덤을 발견하고 다른 두 제자처럼 그곳을 떠나갔다면, 그는 부활의 첫 증인이 되지 못했을 것이며 사도들에게 파견된 사도도 되지 못했을 것이다. 마리아 막달레나의 간절함에 주님께서 응답하신 것으로 보아야 한다.

또 다른 이유는 마리아 막달레나가 당시의 가부장적 지배 구조 속에 포함되지 못한 여성이라는 점이었을 것이다. 이것은 그가 선포해야 할 기쁜 소식의 특성과 깊이 연관된 것이다. 그가 전할 기쁜 소식이 모든 이가 하느님이신 한 분 아버지를 모신 형제요 자매라는 것이기에, 억압과 굴종에서 해방된 여성으로서의 그의 체험은 그 메시지에 신빙성을 더해준다. 그가 전하는 복음은 자신의 체험에 바탕을 둔 것이기에 그만큼 울림이 클 수 있는 것이다.

다른 한편 부활하신 예수 그리스도는 여성 사도인 마리아 막달레나에게 '말하기를 통한 복음 선포'를 제안하셨다. 말하기를 통한 복음 선포란 설득력을 통한 선포이며, 억압이나 강요와는 거리가 먼 선포 방법이다. 그런데 말로 전하는 복음이 설득력이 있으려면 그것을 전하는 이의 체험에서 우러나온 것이어야 하고 그가 전하는 복음과 삶이 일치해야 한다. 하느님의 자녀들이 갖는 품위를 드러내면서 참된 형제성을 사는 이들의 입을 통해서만 요한 20,17의 말씀은 설득력을 갖는다. 또 말이 설득력이 있으려면 그 말을 듣는 대상으로부터 공감을 불러일으킬 수 있어야 한다. 그렇게 하려면 복음을 선포하는 이는 선포하는 대상을 존중해야 하고, 그의 말에 경청해야 하며, 그가 복음에 온전히 동의하고 그것을 수용할 때까지 포기하지 않고 인내하며 그것을 전하려는 의지가 있어야 한다. 이 의지는 자신이 전하는 복음이 참으로 기쁜 소식이요 구원을 가져다주는 힘이라는 깊은 확신에서 나온다. 그러므로 '말하기'를 통한 복음 선포는 말하는 이가 말하기 이전에 복음을 내면화하고 살아낼 것을 요구한다.

나가며

이로써 왜 예수 그리스도께서 복음 선포의 방법으로 '여성을 통한 말하기'를 선택하셨는지가 분명하게 드러난다. 복음은 선포되기 이전에 먼저 체험되어야 하고 삶으로 구현되어야 한다. 복음은 선포자에게 먼저 기쁜 소식이 되지 않으면 그 안에 담긴 기쁨과 해방이 제대로 전달될 수 없다. 마리아 막달레나는 바로 이런 점에서 부활하신 주님의 첫 증인이요 훌륭한 복음 선포자로 선택되었다고 할 수 있다. 이것이 바로 마리아 막달레나에 관한 교부들의 두터운 해석의 층을 파헤치고 나서 만난 마리아 막달레나의 모습이다.

현대 가톨릭교회의 문헌에 담긴 여성의 사도성과 전망

최우혁

(가톨릭대학교 신학대학)

들어가며

성녀 마리아 막달레나 기념일이 축일로 승격되다.

오늘 교황청 경신성사성은 로마 전례력상 7월 22일에 마리아 막달레나 성녀를 의무 기념일로 지내오던 것을 이제 축일로 지낸다는 교령을 발표했다. 그리고 성녀의 축일을 위한 감사 기도문도 발표했다. 이번 교령은 지난 6월 3일 예수 성심 대축일 날짜로 서명되었으며 마리아 막달레나 성녀를 새로운 복음화의 참된 모범으로 삼아 제시하고자 하는 교황 프란치스코의 염원이 담긴 것이다.[1]

---

1 "성녀 마리아 막달레나 기념일에서 축일로 승격" http://kr.radiovaticana.va/news/2016/06/10 /성녀 마리아 막달레나 기념일에서 축일로 승격/1236192 (2016. 6. 10).

2016년 6월 10일, 교황청 경신성사성은 로마 전례력상 7월 22일에 마리아 막달레나 성녀의 의무 기념일로 지내오던 것을 축일로 지낸다는 교령을 발표했다. 교령 「사도들의 사도」(De apostolorum apostola)에서 "이 결정은 하느님 자비의 신비에 힘입어 현대 교회의 상황에서 여성의 존엄과 새로운 복음화를 더욱 깊이 성찰한다"고 하였다. 주님 부활의 첫 목격자이고, 사도들 앞에서 주님의 부활을 증언한 마리아 막달레나에 대해 교회가 새롭게 이해할 필요가 있다고 판단한 것이다.

가톨릭교회는 하느님의 어머니 나자렛의 마리아에서 그 모델을 찾고, 교회의 구성원인 여성들은 하느님 구원 사업에 온전히 봉헌한 '천주의 모친'을 모델로 마리아 일생이 그리스도와 일치를 이룬 것을 '전례' 안에서 기억한다. 이 기억의 내용을 현대 가톨릭교회에서는 어떻게 재해석했으며, 21세기의 여성 그리스도인들은 어떻게 수용할 수 있는가.

그리고 어머니 마리아와 함께 우리가 기억하는 또 한 명의 마리아는 예수의 제자로 그를 따랐던 마리아 막달레나이다. 그는 예수가 죽음에 이르기까지 십자가 아래에서 자리를 지켰으며, 스승의 무덤을 돌보러 갔다가 부활한 그리스도를 처음 만났다. 스승이 죽음을 맞이하는 자리에 있었기에 부활을 목격한 것은 어쩌면 당연한 일이었다. 그리고 우리는 복음서를 통해서 교회의 시작에 그녀 역시 어머니 마리아와 함께했던 것을 알 수 있다.[2]

그런데 이천 년의 오랜 시간이 지나고 이제야 가톨릭교회는 어머

---

2 송혜경, 『영지주의자들의 성서』(한님성서연구소, 2014), 313-336.

니 마리아와 함께 '사도들의 사도'로 그녀를 기억하는 쇄신의 역사를 쓰기 시작하였다. 이 사건은 21세기의 교회에서 어떤 변곡점이 될 것인가? 교회의 어머니이신 마리아와 함께 마리아 막달레나로 대표되는 예수의 여성 제자들을 기억하고 그들을 사도로 인정하는 것은 21세기 교회의 지평을 확장하고 교회 구성원의 대다수를 구성하는 여성들의 위상을 전망하는 중요한 전환점이 될 것이다.

그리고 한국 가톨릭교회의 여성들은 2017년에 이어서 2018년에도 사도 마리아 막달레나에 관해 더 알고 기쁨을 함께 나누기 위해서 모였다.

I. 제2차 바티칸공의회(1962~1965) 이후의 문헌

현대 가톨릭교회의 마리아론은 제2차 바티칸공의회의 교회에 관한 교의헌장 「인류의 빛」(Lumen Gentium, 1964)에서 시작되었다. 공의회 이후에 바오로 6세 교황의 권고 「마리아 공경」(Marialis Cultus, 1974), 요한 바오로 2세 교황의 성모님을 향한 지극한 공경심으로 이어지는 회칙, 「구세주의 어머니」(Redemptoris Mater, 1987)와 사도적 서한, 「여성의 존엄」(Mulieris Dignitatem, 1988. 8. 15)의 역사적·신학적 배경을 되돌아봄으로써 여성 그리스도인을 향한 교황들의 사목적 지향을 보다 더 분명하게 이해할 수 있을 것이다. 회칙의 구성과 내용을 살펴보고, 신학적 해석을 기반으로 마리아 공경의 방향과 성격을 반성함으로써 교회와 여성의 관계를 구체적으로 알 수 있으며, 신앙을 따라 살아가는 여성들이 복음을 올바로 전파하는 힘을 얻게 될 것이다.

1. 구원의 신비 안에 계시는 처녀이신 어머니 마리아 'Lumen Gentium', 1964

제2차 바티칸공의회의 교회에 관한 교의헌장 「인류의 빛」(Lumen Gentium, 1964) 제8장 '그리스도와 교회의 신비 안에 계시는 천주의 성모 복되신 동정 마리아'에서는 하느님의 구원 계획에 응답하고, 그리스도의 탄생에 자신을 온전히 봉헌한 마리아를 천주의 모친으로 공경하고, 교회 안에서 그 구원의 신비가 이어짐으로 교회의 전형이고 모범이며 성령의 가르침을 따라 교회가 어머니이심을 밝히고 공경할 분임을 알린다(52-53). 즉, 공의회는 하느님의 선하심과 그리스도 구원의 신비가 모든 피조물 안에서 드러나듯이 구원의 종속적 임무를 가지신 마리아를 모든 피조물과 교회에 완덕의 모범을 보이시는 분으로 드러낸다(62). 그러므로 교회는 마리아의 모범을 따라서 복음 선포와 세례를 통하여 성령으로 잉태한 하느님의 새로운 자녀들을 낳는 어머니가 되는 것이며(64), 그때 성령으로 잉태되어 동정녀에게서 태어나신 그리스도께서는 교회를 통하여 신자들의 마음 안에서 태어나시고 자라나실 것이다. 즉, 교회는 마리아의 모범안에서 자신의 사도직 사명을 실천하는 것이다(65).

그런데 복되신 동정녀이신 마리아를 공경하는 태도는 강생하신 말씀과 성부, 성령에게 드리는 흠숭과는 본질적으로 다르며, 그 공경의 표현은 성자께서 바르게 이해되고 사랑과 영광을 받으시는 한계 안에서 시대와 장소에 따라 다양함이 인정될 수 있다(66). 즉, 교회는 완벽한 교리를 제시하지 않고 신학적 견해에 관해 열린 자세를 보이지만(54), 성모신심은 어머니이신 마리아를 향한 자녀다운 사랑으로서 전례적 공경을 통하여 표현되는 것이 바람직하다고 본다. 또한 그 표현이 참된 교리에 대해 오해로 이끌 수 있는 것은 힘써 막아야 한다고 가르치며, 참된 신심은 참된 신앙에서만 우러날 수 있으며 그분의 덕행을 본받는 것임을 분명히 한다(67). 나아가 마리아는 순례하는 하느님 백성의 희망과 위로의 표지로서 모든 성인의 통공과 함께 당신의 기도 안에서 모든 그리스도인을 일치로 이끄는 어머니인 것을 다시 확인하였다(69).

2. 전례 안에서 이루어지는 「마리아 공경」 'Marialis Cultus', 1974

로마교회의 전례를 개혁하고 마리아 신심의 올바른 방향을 가르친 바오로 6세 교황의 권고, 「마리아 공경」(Marialis Cultus, 1974)에서는 전례 안에서 하느님의 구원 계획에 협력한 마리아를 교회의 모범으로 공경하는 것이 그리스도 신앙과 분리될 수 없음을 확인하고(4), 마리아가 차지하는 개별적이고 특별한 위치가 언제나 그리스도 구원 사건들의 축일들과 함께 드러남을 강조한다(5-8). 즉, 마리아는 깨어있는 동정녀로서 하느님의 구원 약속을 받아들였으며(루카 1,38), 예수 그리스도의 유년기를 마음에 간직하여(루카 2,19. 51) 교회에 유산으로 전해 준 유일한 증인이시다(17). 따라서 교회는 마리아의 일생이 그리스도와의 일치 안에서 이루어진 것을 교회의 전례 안에서 기억한다(23).

마리아는 성령으로 형성된 새로운 피조물이며 성령과 함께 그리스도와 교회의 탄생에 함께한 분으로서 삼위일체의 관계 안에서 탁월하신 분이며, 그리스도의 신비체를 탄생시키는 데 어머니로서 교회와 협력하시는 분이다(28). 즉, 교회는 마리아와 따로 떼어서 생각할 수 없으며 그분의 모성으로 새로운 영적 자녀를 양육하는 것이다. 그러므로 마리아에게 드리는 사랑은 성서를 바탕으로 전례와 신심기도 안에서 이루어지도록 사목적인 기준을 가지고 그 형태를 쇄신할 필요가 있으며, 신심 행위는 지역 공동체의 필요에 따라 전례에 조화를 이루어야 한다(31). 또한 마리아에 대한 신심은 그분의 영적 모성에 대한 공경이며, 궁극적으로 구세주이며 유일한 중재자, 교회 일치의 중심이신 그리스도를 향한다(32-33).

특별히 현대 세계의 변화와 학문의 발전을 통하여 인간학의 차원에서도 마리아의 모범이 새롭게 수용되고 신심의 가치가 올바로 평가될 수 있도록 노력해야 할 것이다(32-35). 왜냐하면 마리아는 당신의 아들에게만 배타적인 사랑을 쏟으신 분이 아니라 그리스도에 대한 사도 공동체의 믿음을 북돋우시고(요한 2,1-12), 현대인들의 기대를 저버리지 않으시며, 억눌린 이들을 해방시키고 가난한 이들을 도와주는 정의와 애덕의 옹호자인 동시에 사랑의 활기로 천상을 향해 순례의 길을 걸어가는 그리스도의 증인이기 때문이다(37).

바오로 6세 교황은 마리아 신심과 연관하여 삼종 기도가 하느님 아들의 강생과 파스카 신비를 회상하도록 돕는 불변의 가치를 가지고 있으며(41), 로사리오(묵주기도)가 복음적 기도로서 그리스도인의 생활과 사도적 헌신을 키워주는 고유한 효력이 있음을 특별히 강조하였다(42-48). 또한 마리아 신심은 그리스도교 공동체가 복음적 덕행의 모델로 빛나는 마리아를 바라보고 따름으로써 하느님과 우정과 친교를 맺으며 성령이 함께 하시는 내적 은총의 상태를 누리는 것이므로, 카나의 혼인 잔치에서 사람들을 그리스도에게로 이끈 마리아를(요한 2,5) 공경하는 것은 전례에서 마리아의 목소리와 결합하여 주님께 위안, 확신, 희망, 기쁨을 드리는 사목적, 신학적 가치를 드러내며 교회와 사회에 유익이 되도록 기꺼이 투신하는 것(57-58)이라고 가르쳤다.

II. 성 요한 바오로 2세 교황의 자녀다운 공경과 마리아 신학

요한 바오로 2세 교황이 된 폴란드의 카롤 보이티와(1920~2005)는 아홉 살이 되던 1929년, 심장병을 앓던 어머니 에밀리아를 잃고 성모님을 자신의 어머니로 의지하며 성장하였다. 그의 교황 문장에서 볼 수 있는 대문자 'M'은 바로 그리스도의 십자가 아래 서 있는 어머니 마리아를 상징하며, 인간의 구원에 결정적으로 참여하는 성모님의 중재를 드러낸다. 크라코비아의 추기경 시절부터 사용하던 문장인 "TOTUS TUUS"(모든 것은 당신의 것) 역시 그의 조국 폴란드의 성지 체스토호바의 야스나 고라 수도원의 검은 성모님께 드린 공경에서 비롯되어 성모님께 온전히 의지했던 교황 자신과 교회의 전적인 헌신을 상징한다.

마리아 신학자라고 할 수 있는 성 요한 바오로 2세 교황은 회칙
「구세주의 어머니」에서, 지나간 이천년기를 마감하고 삼천년기의
문을 여는 희년을 준비하며 마리아 안에서 전망하는 인간과 교회의
지평을 보여준다. 그의 회칙, 「구세주의 어머니」(Redemptoris Mater,
1987)는 그리스도 구원의 신비에 응답하는 인간과 그 공동체인 교회의
정체성과 성격을 마리아를 통해서 온전히 드러내고 있다. 또한 마리아
의 해인 1988년, 성모 승천 대축일에 발표한 교황 요한 바오로 2세의
사도적 서한, 「여성의 존엄」(Mulieris Dignitatem, 1988. 8. 15)은 마리아
안에서 전망하는 인간과 교회의 지평에서 시작한다. 즉, 순례하는
교회에게 「구세주의 어머니」가 21세기에 나아갈 새로운 길의 지평이
며 나침반이라면, 「여성의 존엄」은 세상과 교회를 감싸 안고 생명의
힘으로 북돋우는 여성의 존엄한 정체성과 소명에 관해 사랑이 가득한
마음으로 쓴 편지이다.

교황으로서 파티마와 과달루페 등 여러 성모성지를 사목 방문하
고, 2000년 희년에는 바티칸의 교황 집무실 옆의 경당을 현대식 이콘
으로 새롭게 단장하여 '구세주 어머니' 성당으로 봉헌하였으며, 2002
년 10월부터 2003년 10월까지를 묵주기도(로사리오)의 해로 선포하
고 교서 「동정 마리아의 묵주기도」(Rosarium Virginis Mariae, 2002)에서
묵주기도에 그리스도 생애의 다섯 가지 중요한 순간들을 마리아와
함께 기억하는 '빛의 신비'를 더하였다.

어머니이신 마리아에게서 교회와 여성의 모델을 확인한 교황이
현대 세계의 여성들에게 보낸 서한은 제2차 바티칸공의회에서 시작

하여 프란치스코 교황에 이르는 복음의 전통 안에서 그 의미와 가치를 자리매김하는 것이 필요하다. 여성에 관한 교황 문헌들을 그 시대에 응답하는 가톨릭교회의 응답으로 인식하며, 프란치스코 교황의 권고 「기뻐하고 즐거워하여라」(2018)에 이르기까지 지난 50여 년간 현대 세계 안에서 복음을 나누고 쇄신을 거듭하는 가톨릭교회의 모습을 확인하는 것은 21세기에도 이어지는 구원사의 방향을 가늠하기 위한 필수적인 작업이 될 것이다.

1. 회칙 「구세주의 어머니」, Redemptoris Mater, 1987. 3. 25

서론(1-6항)에서 요한 바오로 2세는 그의 교회관을 압축하며, 바티칸공의회 교회헌장의 전통을 따라서 마리아와 교회의 관계를 재확인하였다. '충만한 때'를 알아채는 것은 영원이 시간 안에 들어와 그리스도의 신비로 채워져 '구원의 때'로 전환되는 것을 인식하는 것이며, 마리아가 "그대로 이루어지소서"(Fiat)라는 확언을 통하여 하느님의 구원 계획에 동참한 것은 감추어진 교회의 여정이 그리스도의 강생과 함께 시작된 것을 의미한다. 그러므로 교회는 전례에서 나자렛의 마리아를 교회의 시작으로 찬미하며(1), 바티칸공의회 이후의 전통에 따라 역사 안에서 적극적이고 모범적인 현존을 살아낸 예수 그리스도의 어머니 마리아를 종말을 향해 순례의 길을 걷는 교회를 앞장서서 이끄시는 분으로 공경한다(2). 즉, 천주의 모친(Theotokos)이란 칭호에 담긴 마리아의 신비는 그리스도의 신비를 통해서 밝혀지며, 이 신비 안에서 교회는 자신의 존재와 신비를 보다 더 깊이 이해할 수 있음을 분명히 하였다(4-5).

1) '그리스도의 신비 안에 계신 마리아'

복음서의 흐름을 따라서 마리아의 역할을 살펴보고 신학적 재해석을 통해서 그리스도 신비의 구원사적 의미를 알린다. 복음서는 마리아를 신앙의 조상인 아브라함의 신앙을 따라 그리스도의 신비에 결합한 하느님의 백성을 대표하며(루카 1,46-55), 은총을 입으신 처녀로서(루카 1,28) 구원의 약속을 믿고 부름에 응답함으로써 하느님의 짝이 되신 분이며(루카 1,38), 십자가 위의 아들의 요청으로 교회의 어머니가 되신 분(요한 19,25-27)으로 소개한다. 즉, 교회는 마리아에게 '성령에게서 태어나는' 길을 배움으로써 그리스도의 몸이며 신부로서 마리아의 현존을 살아낼 수 있는 것이다(24).

2) '순례하는 교회의 한가운데 계시는 하느님의 어머니'

1. "지상의 모든 나라 안에 현존하는 하느님의 백성인 교회"(25-28)에서 사도들의 믿음에 앞서는 마리아의 믿음을 성령강림을 통하여 재확인한다. 즉, 마리아는 '새 이스라엘'을 이루는 이들과 더불어 새로이 맺어질 계약을 앞장서 이끄시는 '주님의 여종'으로서 주님의 탄생 예고에서 성령의 정배가 되어 말씀을 받아들였듯이, 교회의 여명에 그리스도의 신비에 대한 특별한 존재로서 교회의 신비에 속함으로 교회가 마리아의 믿음 위에서 세워진 것을 재확인하였다(25). 또한

이천 년을 맞이하는 기간에 이르기까지 마리아는 개인과 교회 공동체의 여러 전통에서 그분의 모성적 현존을 드러내며 모든 영적 축복과 인류의 일치가 이루어지는 내적 공간이 되었다(27-28).

2. "교회의 여정과 모든 그리스도인의 일치"(29-34)는 순례하는 모든 그리스도인에게 마리아가 희망과 위로의 표지로 빛나는 분임을 전제로 하고, 일치를 위해 서구 교회들과는 교회의 신비와 직무, 마리아의 역할에 관한 교리의 차이를 줄이기 위해서(29), 정교회와 오랜 동방교회들과 공유하는 전통과 역사를 기억하고 천주의 모친(Theotokos)을 중심으로 하는 유대를 위해서(31) 노력하는 것이 필요함을 확인하였다. 또한 대화를 통해서 동방교회의 풍부한 성모신심이 전례와 성화 안에 담긴 것을 새롭게 받아들임으로써 다양한 교회의 전통들을 공유할 수 있는 가능성을 확인하였다(32).

3. "순례하는 교회의 '마니피캇'"(35-37)를 통해서 그리스도 신앙인들의 일치를 재발견하고 아브라함의 전통이 마리아를 통해서 새로운 계약으로 성취된 것과 하느님의 자비를 기억한다. 또한 교회는 하느님 백성의 여정에 현존하는 마리아와 함께 마니피캇(마리아 찬가)을 부르며 가난한 이들에 대한 교회의 우선적 사랑이 하느님의 우선적 사랑에 따른 것임을 새롭게 인식할 수 있다(37). 이는 완전한 자유와 해방의 모습으로 찬미하는 마리아에게서 교회의 전형이며 교회의 어머니로서의 모습을 재발견하고 교회의 정체성을 확인하는 것이다.

3) 어머니의 중재

1. "주님의 종, 마리아"(38-41)의 중재가 그리스도의 유일한 구원 중개에 참여하는 것임을 분명히 한다. 마리아의 신적 모성은 '주님의 종'이며(38), 성령의 배필인 신부의 자세이며, 일관되는 존재론적 차원에서 이루어지는 사랑의 협력으로서(39), 성인들의 통공과 함께 인간들의 은총을 위한 영적 모성으로서 전환되었으며 종말론적 완성에 이르기까지 쉼 없이 이어질 것이다.

2. "교회와 모든 그리스도인의 생활 안에서 마리아"(42-47)는 복음 선포와 세례를 통하여 성령으로 잉태된 하느님의 자녀들이 불멸의 새 생명을 갖도록 역할을 다하는 교회가 마리아의 모범을 따라 어머니가 되어야 함을 가르친다(42). 또한 마리아는 은총과 당신의 모성으로 교회에 협력하며, 성령 안에서 인간 개인에게도 당신의 모성을 선물하여 양육과 돌봄을 실천할 수 있기를 갈망하신다(43). 특별히 자유롭고 능동적인 봉사로서 강생 사건에 자신을 맡기셨던 역사적 사실을 통하여 여성들과 고유한 관계를 맺고 여성들이 참된 자기 발전을 이룩하는 비결을 발견하도록 격려하신다(47).

3. "마리아의 해의 의미"(48-50)에서 어머니 마리아와 인류의 특별한 유대와 교회의 신비 안에 계신 어머니의 특별한 현존을 강조하며 마리아 신심을 통하여 마리아 영성의 풍요로움을 경험한 역사를 기억하는 것은 마리아와 협력하여 미래의 새로운 전망을 열기 위함이다. 이는 마리아를 '순례하는 하느님 백성의 확실한 희망과 위안의 표시'로 바라보는 제2차 바티칸공의회의 전통을 잇는 것이다(48).

결론적으로(51~52) 그리스도 강생의 신비에 참여한 첫 사람 마리아는 '위대한 변화'를 경험한 구세주의 어머니로서, 교회는 현재에도 죄 안에 있는 인간들이 변화하여 은총과 정의 안으로 들어오는 삶을 이루도록 도와주시기를 기도한다(52). 이는 하느님의 섭리에 따라 인간의 영원한 소명 안에 있는 마리아를 따르며 그분의 도움을 청하는 것으로, 마리아를 통하여 역사 안으로 들어오신 그리스도에게 기도하는 것이다.

2. 신학적 해석을 통해 전망하는 마리아 공경의 지평

아름다움을 통해서 하느님의 구원 경륜을 조명했던 발타사르 추기경은 교회의 원형을 어머니 마리아에게서 재확인하였다. 그에게 마리아는 그리스도의 신비와 연관하여 순례하는 교회 안에서 그리스도의 구원이 교회뿐 아니라 인류 전체에게 이르도록 모성으로 중재하는 분이시다. 이는 마리아가 아브라함의 신앙 전통 안에서 그리스도의 강생을 받아들였을 뿐 아니라 자신의 신앙 안에서 인류 전체의 구원을 감싸 안으며 기쁨으로 찬미의 노래를 부르는 것에서 드러난다고 보았다.

마리아는 아들인 예수 그리스도와 함께 경험한 모든 어려움과 수난의 기억을 교회에 고스란히 전하였으며, 이는 교회의 원형이 되었다. 즉, 마리아의 신앙과 전승을 통하여 교회는 비로소 그리스도 예수의 역사적 삶을 통하여 교회의 삶을 재구성할 수 있었다. 또한 여성들은 마리아를 통하여 자신의 존엄성을 확인하고 그분의 여성성 안에서 희망의 징표를 재확인할 수 있다고 전망하였다.

성숙한 어머니로 태어나는 이가 없듯이 나자렛의 처녀 마리아는 아브라함의 신앙 전통을 잇는 시온의 딸이며 성령의 은총을 입어 흠이 없으신 처녀로서 그분의 정배가 되셨다. 그러기에 그리스도를 통한 구원 사건이 실현되는 데 자신의 자유로운 의지로 온 마음과 몸을 드릴 수 있었고, 성령과 함께하는 교회의 원형으로서 그 시작에서뿐만 아니라 역사의 모든 시대와 지역에서 보편교회의 지평을 열도록 이끄는 영적 어머니가 되실 수 있었다. 한국교회 안에서 마리아는 진한 모성을 바탕으로 봉사와 헌신을 통해서 자신을 내어주는 희생적인 어머니로 또한 영적 자녀들의 기도를 아들 그리스도에게 전하는 중재자로서 공경의 대상이 되시는 분이다.

따라서 삼천년기를 맞이하며 마리아를 통해서 성숙한 교회의 미래를 준비하려는 교황 요한 바오로 2세의 간절한 사목적 지향은 어머니 마리아가 처녀, 신부, 어머니로서 살아낸 복음적 일생을 세밀하게 조명한 회칙을 통하여 드러났다. 회칙 「구세주의 어머니」는 순례하는 교회가 21세기에 나아갈 새로운 길의 지평이며 나침반이 될 것이다.

3. 사도적 서한 「여성의 존엄」, Mulieris Dignitatem, 1988. 8. 15

온 세상에 스캔들처럼 회자되고, 격렬한 토론의 단초가 되었으며, 성 요한 바오로 2세의 지극히 개인적인 성찰을 기반으로 쓰인 서한은 올해로 발표 30주년을 맞이한다. 오늘날 21세기의 시선으로 지나간 시대인 20세기를 배경으로 쓰인 노쇠한 교황의 글을 읽으면, 그 내용이 교의적 가르침을 위해 쓰이지 않은 것을 알 수 있다. 우선 서한은 마리아 해의 정점인 성모 승천 축일을 기념하여 저술되었다. 부성이 가득한 노년의 교황은 마리아의 이름을 빌려서 현대의 교회 여성들에게 무슨 이야기를 하고 싶었을까?

이 문서는 여성의 존엄한 정체성·소명에 관한 체계적이고 교의적인 가르침 아니라 자애로운 교회의 아버지가 딸들에게 전하는 "사랑의 고백이며 격려의 편지"라 할 수 있다. 교황은 성경과 공의회를 통해 이미 정리된 여성의 존엄과 소명을 강조하고, 현대 교회와 사회 안에서 여성들의 능동적 현존이 가능한 방법을 제시하였다.

1. 서론: 시대의 징표 / 마리아의 해
2. 여인-하느님의 어머니 (Theotokos): 하느님과 일치 / 하느님의 어머니 / "섬기는 것은 다스리는 것"
3. 하느님의 모상과 닮은꼴: 창세기 / 인격-통교-선물 / 성경의 용어: 의인화 (擬人化)
4. 하와-마리아: "시작"과 죄 / "그가 너를 지배할 것이다" / "첫 복음"
5. 예수 그리스도: "제자들이 돌아와 예수님께서 여자와 이야기하시는 것을 보고 놀랐다" / 복음의 여성들 / 간음하다 잡힌 여인 / 복음 메시지의 수호자들 / 부활의 첫 증인들
6. 모성-동정 여성의 소명이 지닌 두 가지 차원: 모성 / 계약적 관계 안에서 모성 / 하늘나라를 위한 동정 / 성령에 따른 모성 / "또다시 함께 산고를 겪어야 할 나의 어린 자녀들"
7. 교회-그리스도의 신부: "위대한 신비" / 복음적 "쇄신" / "위대한 신비"의

상징적 차원 / 성체성사 / 신부의 내어줌

차례에서 볼 수 있듯이 「여성의 존엄」은 체계적인 교의를 가르친 것이 아니라 오랫동안 마음에 품고 있던 깊은 정을 드러낸 연서이다. 요한 바오로 2세가 교황이며 사목자이기 이전에 하느님의 사랑과 신비를 깊이 경험한 신학자로서, 그의 인격을 담아서 여성들에게 쓴 사랑의 편지인 것이다. 이는 여성을 "하느님의 모상으로 창조된 존재"로 드러낸 창세기의 전승 그리고 여성들과 더불어 하느님 나라에 관한 이야기를 나누었던 예수 그리스도를 기억하는 현대의 신비가가 자신과 함께 살고 있는 현대의 여성들에게서 새롭게 발견하는 어머니 마리아의 향기를 고백하는 것이다.

4. 교황의 신학적 고백을 통해 전망하는 21세기 여성들의 지평

첫째, "복음의 정신으로 무장한 여성들이여, 이 시대는 그대들의 위대한 공헌을 기다리고 있습니다!"

교황 요한 바오로 2세는 바티칸공의회의 「사목헌장」과 「평신도 사도직에 관한 교령」에서 정리된 것을 확인하고, 성녀 예수의 데레사와 시에나의 카타리나에게 교회 박사의 칭호를 드린 바오로 6세의 공헌을 언급하면서, 신약성경에서 이미 드러난 여성들의 잠재적인 역량이 여전히 선명하게 부각되지 못하는 상황에 대한 안타까움과 미안함을 우선 밝힌다. 그러기에 교황은 교회와 사회 안에서 여성들의 능동적인 현존이 어떻게 가능한지 규명할 것을 약속한다.

둘째, "여성들이여, 하느님의 어머니 마리아의 전통으로 돌아오라!"

마리아의 해를 맞이하여 바티칸공의회의 「사목헌장」 제8장에 포함된 나자렛의 마리아, 그리스도의 구원의 신비에 참여한 여인, 교회의 신비 안에 현존하는 하느님의 어머니에 관해 그분과 인류 사이의 "예외적인 연결"에 관해 보다 더 깊은 통찰을 함으로써 그 신비 전통이 갖는 의미와 성격을 실현하려는 의지를 표현했다.

셋째, "여성들이여, 마리아의 이름으로 여성들의 존엄한 정체성을 회복하라!"

당신의 모습을 따라 남자와 여자로 사람을 지으신 창조의 진리가 그리스도의 강생 안에서 비로소 온전한 의미를 드러내는 것을 기억할 때, 창조와 강생의 신비를 잇는 그 특별한 자리에 마땅히 계시는 마리아가 인류에게 여성의 존엄과 소명을 일깨우는 그 함의를 묵상하고 그 성격이 어떠한 것인지를 증언하려는 것이다. 그러면 연서의 내용을 보다 더 구체적으로 살펴보자.

마리아는 예언자들에게 이야기하시던 하느님이 "때가 찼음"에 그를 부르심을 알아듣고 계시의 정점을 이루는 결정적인 계기에 참여하여, 결국은 하느님의 강생에 참여한 여성이다. 오랫동안 이스라엘의 딸들이 메시아의 탄생을 기다렸다면, 마리아는 그 메시아의 탄생이 하느님의 강생으로 이루어지는 구체적인 역사적 실현에 참여한 것이다(3). 인간으로서 자발적으로 하느님께 자신을 드림으로써 "여성적 자아"의 가치와 존엄성을 살렸을 뿐 아니라 인간에게 다가온 하느님의 은총을 받아서 완성시키고 승화한 것은 "주님의 종"으로서 정체성을 가졌던 그리스도에게 일치하며 인격적 존재의 원형을 드러내 보인 것이다.

서한이 조명하는 마리아는 「구세주의 어머니」에서 이미 보았듯이 복음서에서 드러나는 그 모습은 묵상을 통하여 모성을 가진 동정녀로서 드러나며, 잠재적 어머니인 처녀들의 존재론적 차원을 다양하게 조명하고, 복음의 빛에서 그리스도의 신부로서 위대한 신비 사건에 참여하는 상징적 차원에 자리하고 있다. 따라서 여성들은 "주님의 종"이라는 여성의 존엄한 정체성으로 마리아가 실현한 이 소명의 지평을 벗어나서는 자신의 자리를 생각할 수 없을 것이다.

마리아의 존엄과 소명을 통해서 여성을 이해하는 서한은 여성으로 대표되는 인간의 원형 안에서 신적인 창조 사업에 동참하는 여성과 함께 남성들도 포괄한다(8). 마리아는 지극히 높으신 분이 자신에게서 이루신 그 큰일(루카 1,49)을 찬양하는 노래를 불러서 마니피캇의 전통을 교회에 심었다. 즉, 마리아는 새롭게 시작하는 그리스도 교회의 첫 복음이며 패러다임이 된 것이다(11).

하느님이 인간 여성과 더불어 새로운 역사를 시작했다면, 그의 아들이신 예수는 여성들과 더불어 기쁜 소식을 전파한 분이다. 그를 따르는 제자 중에서 그보다 더 여성들과 가깝게 친교를 맺었던 이를 찾는 것은 쉽지 않을 것이다. 예수는 여성에게서 태어난 사람으로서, 여성을 독립적인 인격으로, 대화의 상대로, 복음 선포를 함께 할 동반자로 우선적 선택을 하였다. 그의 부활 이후 초기 교회에서도 여성들이 남성들과 함께 활동한 것은 신약성경의 여러 곳에서 찾아볼 수 있다. 즉, 여성은 하느님의 섭리 안에서 사회적 신분이나, 결혼을 하거나 하지 않은 것과 상관없이 교회 안에서 남성들과 함께 동등하며 자신의 고유한 소명에 초대된 존재이므로, 남성과 여성은 서로에게 돕도록 위탁된 존재임을 인식해야 하는 것이다(14-15).

또한 그리스도는 교회를 한 몸이며 신부로 사랑하며 교회는 그리스도에게 지체로서 복종하며 섬겨야 하지만, 남성과 여성 사이에서는 지배와 복종이 아닌 동반자로서의 존엄함과 배려가 상호 교환되어야 한다. 이렇듯 여성들은 역사 안에서 하느님 백성 전체의 사도적 사명에 참여해 왔고, 교회는 그들의 활동과 순교를 통해 신앙을 지켜온 것을 칭송해 왔다. 즉, 사회적 차별을 넘어서 여성들은 그리스도와 일치 안에서 "자유롭게" 활동했고 위대한 전통을 이룬 것이다. 한편 그리스도인의 모델로서 여성들이 보여준 사랑과 헌신은 신랑에 대하여 신부의 사랑이 어떻게 실현되어야 하는지 그 모델을 보여준다고 할 수 있다(27).

현대의 물결 앞에서 여성들이 이루어 낸 복음적 전통은 하느님 자신의 생명력 안에서 성령과 더불어 사랑의 인격적 실체로서 이루어 낸 "사랑의 경륜"을 드러낸다. 이는 창조주의 생명력 실현이란 관점에서 사랑이 존재론적이고 윤리적인 차원에서 인격을 통해서만 소통될 수 있기 때문이다(29). 즉, 창조주는 인간 여성의 윤리적이고 영적인 힘이 여성 고유의 능력임을 신뢰하며 모든 인류를 맡기시므로 여성의 소명은 인간적인 감수성을 가진 "영적 소명"이라는 특별한 방식에 의해서만 실현될 수 있을 것이다. 이렇게 그리스도가 여성들에게 기대하는 것은 "왕적 사제직"인 것이다(30).

그러므로 여성들은 온전히 자신을 내어줌으로써 스스로를 되찾을 수 있는 존재이며, 여성들의 실존은 하느님의 강생과 구원 사건을 실현하는 길이 되었다. 여성들의 존재론적 능력은 성령의 도움을 받아 우리 시대의 공동선을 위해서도 유익하게 사용될 수 있을 것이다. 성경에서 증언하는 것처럼 마리아가 이룬 신비를 묵상하면서 여성들은 여성의 고유한 특성 안에서 이루어 낼 수 있는 "최상의 소명"을 발견할 수 있을 것이다(31).

교황의 서한은 이렇듯 마리아의 이름으로 성숙한 여성들이 현대 사회 안에서 지극한 존엄을 유지하면서 그 소명을 실천하는 것이 가능하며, 인격적-영적 성숙 안에서 위대한 전통을 이어갈 것을 격려하는 것으로 맺는다.

III. 21세기 교회에서 보는 여성들의 지평

사도적 서한 「여성의 존엄」은 앞서 발표된 회칙 「구세주의 어머니」와 뒤이어 발표된 교회와 세계에 있어서 평신도의 소명과 사명에 관한 사도적 권고 「평신도 그리스도인」과의 연관성 속에서 그 맥락을 이해할 수 있다. 왜냐하면 가톨릭교회 안에서 여성은 구세주의 어머니 마리아의 전통 안에서 자신의 정체성과 소명을 찾을 수 있는 평신도이기 때문이다. 그렇다면 평신도에 관한 바티칸공의회의 입장을 간략하게 살펴보고, 교황 요한 바오로 2세의 평신도에 관한 권고의 신학적-

사목적 배경을 확인해 보자.

1. 제2차 바티칸공의회 이후 평신도 소명의 방향

제2차 바티칸공의회의 교회에 관한 교의헌장 「인류의 빛」에서 교회의 신비에 관해 교회는 그리스도의 몸이며 그리스도의 신부로서의 정체성을 갖는다(7). 그러므로 세례를 받은 모든 그리스도인은 어디에서나 그리스도를 힘차게 증언하고 자신들이 간직하고 있는 희망을 설명해야 하는 보편 사제직 안에서 그리스도의 유일한 사제직에 참여한다. 나아가 평신도들은 성찬의 봉헌에 참여하여 거룩한 삶을 증언하고 극기와 사랑을 실천함으로써 사제직을 수여한다고 밝혔다(10).

교황 요한 바오로 2세는 「평신도 그리스도인」(Christifideles Laici 1988. 12. 30)에서 새로운 계약에 의해 뽑힌 하느님의 새로운 백성인 교회는 그리스도의 사제직, 예언자직, 왕직에 참여하여 이 세상을 복음화하여야 하는 평신도들의 소명과 사명을 일깨운다. 나아가 평신도들이 집단으로든 개인으로든 자신의 은사와 책임을 더욱 깊이 의식하고 증진하도록 권고한다. 즉, 평신도들은 그리스도의 예언자직과 왕직에 참여하여 이 세상에서 활동하도록 부르심을 받았으며, 단순히 세상이라는 포도밭에서 일하는 일꾼일 뿐만 아니라 예수님이 말씀하신 "나는 포도나무요 너희는 가지다"(요한 15,5)라는 표현처럼 그들 자신이 포도원의 일부가 되는 것이라고 가르쳤다.

2. 복음의 전통 안에 있는 여성의 정체성

복음서를 통해서 알 수 있듯이 마리아의 전통은 성령의 부르심에 응답하여 하느님이 인간이 되시는 사건에 참여한 것에서 시작한다. 여성으로서 마리아는 창세기에서 하느님의 모습으로 창조된 인간의 정체성을 토대로 하느님의 구원 경륜에 참여함으로써 처녀에서 어머니로 존재의 변화를 이루었고, 성화된 인간의 모습을 드러내었다. 또한 예언적 사명을 실현하여 그리스도의 탄생이라는 특별한 소명을 실현하였다(29-30).

이렇게 측정할 수 없는 하느님의 신비는 인간의 역사 안에서 그리스도 예수의 모습으로 드러났으며, 여성은 교회의 원형이며 어머니인 나자렛 마리아의 모범을 따라 남성과 더불어 존엄하고 자유로운 주체로서 하느님의 부르심에 응답하고 성숙한 사랑의 경륜 안에서 특별한 소명을 이룰 수 있는 존재인 것을 확인할 수 있게 되었다. 나아가 교회는 "그리스도의 몸"이며 "그리스도의 신부"라는 여성적 정체성 속에서 그리스도의 탄생을 가능하도록 자신을 개방하는 소명을 자신의 정체성으로 갖게 된다.

3. 그리스도교 인간학에서 본 여성

바티칸의 교황 경당인 〈구세주의 어머니〉의 한 면을 차지하는 성령강림의 장면은 부활하고 승천하신 그리스도 아래에 예수의 어머니 마리아를 중심으로 예수의 제자들이 자리한 초기 교회의 모습을 알려준다. 그리고 그 왼쪽에는 바오로 사도가, 오른쪽에는 에디트 슈타인 십자가의 베네딕타 성녀가 자리하고 있다. 희년을 맞이하며 꾸며진 새 경당에서 요한 바오로 2세 교황은 이천 년 전 탄생하는 그리스도 교회의 신학적 토대를 만든 바오로 사도와 함께 제3천년기 교회의 인간학적 방향을 제시한 에디트 슈타인을 소개하였다. 교황은 유다계 그리스도인, 철학자, 봉쇄 가르멜의 수도자, 아우슈비츠의 순교자인 그를 유럽 복음화를 위한 수호 성녀로 선포하였다. 즉, 에디트 슈타인은 여성의 존엄을 이야기하는 교황의 신학적 인간학의 이상을 온전히 대변할 수 있는 인물이라 할 수 있으며, 그의 신학적 작품들 안에서 현대 여성이 마리아와 함께 수립할 영적 전통의 성격을 가늠할 수 있다. 그의 작품과 사상 안에서 마리아의 모습을 성찰해 보자.

에디트 슈타인의 작품에서 나자렛의 마리아는 하느님의 계획에 동참하는 이로서 하느님의 어머니, 인류의 영적인 어머니이며 여성성의 완전한 모델로서 그의 철학과 신학의 정점으로 표현된다. 처녀이신 어머니 마리아의 모습은 영혼의 여성성과 그리스도의 신부로서의 여성성을 동시에 드러낸다. 그 나자렛의 처녀가 "자발적인 긍정의 응답(Fiat)"을 발설하는 순간 하느님의 나라가 이 세상에 시작되었다. 신이 인간 안에, 인간이 신 안에 존재하게 된 것이다. 이것이 우리가 하느님의 나라에 참여하는 바로 그것이다.

하느님의 섭리에 따른 마리아의 응답에서 성령에 의한 그의 수태가 가능해졌다. 즉, 처녀에서 부인으로, 이어서 어머니가 되는 순환이 이루어지는 것이다. 이 신비는 매번 인간의 구원과 하느님의 나라를 향해 실현된다. 성령의 오심을 맞이했던 처녀는 태어나는 교회의 중심이 되었다. 나자렛에서 숨겨진 가운데 드렸던 마리아의 그 응답은 이제 그리스도인의 정체성을 측정하는 잣대가 되었다. 나아가 인간의 보편성에 자리한 여성성의 이콘인 나자렛의 마리아에게서 인류의 새로운 역사가 시작된 것이다(루카 1,26-38).

나자렛의 마리아는 그의 자발성을 근거로 자유로운 선택에 의해 육체적, 정신적, 영적 어머니의 원형으로서 모든 남녀 그리스도인의 모범이 되었으며, 신적인 사랑으로 가득 채워진 영혼은 여성과 남성의 구별을 떠나서 다른 이를 향해 흐르는 애정이 넘쳐나는 심장을 가진 사람이기를 지향한다. 사랑이 넘치는 영혼은 동시에 자유로운 선택을 통하여 하느님과의 일치에 이르게 된다.

"말씀이 사람이 되신…" 그리스도교적 함의를 성찰하고 수용할 때 진리의 말씀은 살아있는 인간의 가치로 전환되고, 그 가치를 수용하는 신앙고백은 고백을 살아내는 개별자에게서 활동한다. 나자렛의 마리아는 전 존재의 열림과 헌신을 통해서 본질적으로 열린 인간의 본래 모습을 보여준다. 그의 응답은 한 처음 인간의 창조에서 발설된 삼위의 일치에 대한 기억이며, 그 일치를 담아낸 인간존재의 본질과 창조된 것의 아름다움을 함께 기억하는 것이다. 철학적 피아트(Fiat)가 삼위일체적 인간의 피아트(Fiat)가 되었다. 마리아를 이해하는 것은 인간의 본질과 삶의 진리를 인식하는 것이며, 하느님의 종으로서 위대한 일을 할 수 있는 토대를 마련하는 것이다.

에디트 슈타인은 진리의 빛 아래 나자렛의 마리아와 함께 말씀이 사람이 된 진리를 성찰하고 응답하였으며, 그의 삶은 사랑에 불타는 떨기나무 아래에 머무는 그리스도의 신부로서 아우슈비츠에서 십자가의 그리스도와 함께 죽는 것으로 완결되었다. 나아가 그의 생애는 요한 바오로 2세 교황을 통해서 그리스도의 수난과 부활에 참여하는 현대 여성의 사명을 완성한 것으로 평가되었다.

IV. 실천적 전망: 사도들의 전통을 따르는 교회

가부장제 사회의 이천 년 역사에 힘겹게 적응해 온 교회가 가부장제 이후의 사회에서 자신의 정체성을 회복하고 새로운 패러다임으로 복음을 선포할 수 있도록 마리아의 모범을 따라 복음의 전통을 확인하고 마리아의 이름으로 여성들에게 그 존엄함을 일깨우며 새로운 시대의 교회를 위임하는 것이 바로 요한 바오로 2세 교황의 사도적 서한 「여성의 존엄」에 담긴 의미라고 하겠다.

1. '사도'의 다양한 기원에 관한 성찰

예수의 다양하고 수많은 제자 중에서 이스라엘의 열두지파를 대신할 새로운 이스라엘의 상징으로 선택된 이들을 초기 그리스도교의 사도라고 부른다. 우리는 예수를 팔아먹은 유다를 대신할 제자로 마티아를 선택한 것을 알고 있다(사도 1.15-26). 즉, 120명이나 되는 예수의 제자 중에서 사도단은 새로운 이스라엘로 상징되는 교회의 대표성을 갖고 직무를 맡아서 활동하였다. 신자들의 수가 늘어나자, 봉사자인 부제들을 뽑아서 사도들의 활동을 돕는 모습도 볼 수 있다.

그런데 바오로는 스스로 사도로 칭하면서 로마인들에게 편지를 쓰기 시작한다(로마 1,1). 그의 편지들에 담긴 사상은 그리스도교가 로마제국의 종교로 성장할 수 있는 이론적 기초가 되었다. 12명의 사도에 들지 못했으며 살아있는 예수를 한 번도 만나지 못했음에도 그리스도 교회의 초석을 마련한 바오로, 그는 그 이후로 언제나 사도로 불려왔다. 예수의 일생, 수난과 부활을 전하는 네 복음서들에 앞서서 바오로는 사목 서신들을 저술하였고, 그의 영향은 그리스도교의 기초를 형성하는 데 절대적이었으며, 그의 편지들은 신약성경에 포함되었다.

1896년 마리아 막달레나 복음서의 콥트어 사본이 발견되었고 그 이후에는 그리스어 사본이 발견되었다. 반 이상이 소실되고 훼손이 심하지만, 예수의 제자들의 모습과 관계의 성격을 짐작할 수 있는 대목이 있었다.[3] 이어서 1945년 나일강 상류 나그함마디 지역과 1947년 사해 지역에서 초기 그리스도교의 문서들이 대량으로 발굴되었다. 그 문서들 속에는 세상에 처음 알려지는 문서들이 많이 있었는데, 대부분은 영지주의의 영향을 받은 그리스도교 초기 시대의 작품들로 밝혀졌고 그중 대표적인 것으로 원 야고보 복음, 토마 복음과 마리아 막달레나 복음 등을 들 수 있다. 그리스도교의 경전 중에서 신약 27권의 정경을 확정한 것이 397년 카르타고 회의였던 것을 감안한다면, 발굴된 문헌들은 정경에서 제외된 경전들과 더불어 교회의 역사를 더욱 풍부하게 알 수 있는 자산이라고 할 수 있을 것이다. 물론 정경으로 인정되지 못한 서신들과 복음서들의 영향력은 상대적으로 약하다.

---

3 송혜경 번역, "마리아 복음서," 송혜경, 『영지주의자들의 성서』(한님성서연구소, 2014), 313.

하지만 열두 사도와 바오로 이외에도 예수의 동생으로 알려진 야고보, 이름이 알려지지 않는 많은 제자가 교회의 이름으로 활동하였던 것을 어렵지 않게 유추해 볼 수 있으며, 예수의 어머니 마리아를 중심으로 구성된 교회 안에는 여성 제자들이 활동했던 흔적들 또한 남아있음을 발견할 수 있다.[4]

따라서 '사도'의 칭호는 단지 12명의 남자 제자에게 한정되지 않았다. 바오로 역시 스스로 사도성을 획득하였고 현재에 이르기까지 우리는 그를 사도로 부른다. 바오로가 '사도'들의 회의에 참석한 것(사도 15장)은 그가 12명에 속하지 않았음에도 사도로 인정받고 활동하고 있었던 것을 보여준다. 유다교 전통의 12부족을 대체하는 상징으로서 12제자, 120명의 무리 등은 단지 그리스도교의 온전함을 드러내기 위한 장치였다고 할 수 있겠다. 그렇다면 초기 교회에서 마리아 막달레나를 비롯한 여성들의 존재와 활동이 알려지지 않은 것에 관해서 어떤 상황을 생각해 볼 수 있을까? 이천 년의 역사 안에서 사라져간 신앙의 다양한 표현들은 그 시대의 교회가 살아남기 위해 이단으로 처단한 흔적들 안에 고스란히 남아있다. 그리고 지난 세기에 새롭게 발굴된 문헌들은 21세기 교회를 향하여 새로운 도전이 될 것이다. 이미 성 요한 바오로 2세는 그의 사도적 서한 「여성의 존엄」16항에서 부활의 첫 증인으로서 그리스도의 말씀을 전한 마리아 막달레나를 여성성 안에서 다른 남성 제자들과 함께 평등한 존재로서 소개하면서, 여성이기 때문에 받아야 하는 제약이 없다고 하였다. 그것은 "나는

---

4 에케하르트 슈테게만·볼프강 슈테게만/손성현·김판임 옮김, 『초기 그리스도교의 사회사』 (동연, 2009), 605-607. 예수의 여성 제자들은 사회적 지위와 평판이 높은 여성들이 아니었고, 그런 이유로 남성들을 동반하는 여성들은 창녀로 취급받기도 했다.

모든 사람에게 내 영을 부어 주리라. 그리하여 너희 아들딸들은 예언을 하리라"(요엘 3,1)고 했던 오랜 꿈이 이루어지는 전망 안에서 지속적인 희망이 된다는 것을 말한다.

2. 여성 사도의 기원이 된 마리아 막달레나

그중에 주목해야 할 문헌이 바로 마리아 막달레나 복음서이다. 그리스도교 공동체의 지도자가 되는 데 성별이 문제로 등장하기 때문이다. 또한 마리아 막달레나 복음서가 속한 영지주의 계열에서는 여성들이 지도적인 역할을 했기 때문에 단죄되는 빌미를 제공했다는 신학적인 견해도 있다. 어쨌거나 마리아 복음서는 우리가 알고 있는 교회의 전통과는 다른 교회의 모습을 전하고 있다. 즉, 마리아 막달레나는 다른 제자들보다 예수의 가르침을 더 잘 이해하고 있었고, 예수의 부활 이후에 베드로를 포함한 제자들에게 영혼의 문제에 관해서 가르침을 전했다. 하지만 베드로는 그 가르침의 진정성을 의심하며 예수가 여성을 더 아끼고 그에게 중요한 가르침을 남긴 것을 인정하지 않았다. 단지 그 제자가 여성이기 때문이었다. 2018년 봄에 개봉된 영화 〈막달라 마리아〉는 예수를 따르던 여성 제자 마리아의 모습을 재구성하는 실험과 같았다.[5] 여성들은 자신의 의사와 상관없이 평가되고, 그 평판이 그의 품위를 결정해 왔던 과거를 넘어서 자신과 동료 여성들의 관점에서 어떻게 사도성에 관한 교회의 지평을 확대하고

---

5 영화 <막달라 마리아. 부활의 증인>, 가스 데이비스 감독, 루니 마라, 호아킨 피닉스, 치웨텔 에지호프 출연, 2018, 영국 개봉, 120분.

재구성할 수 있는가를 주체적으로 고민하고 성찰하기에 이르렀다.

인류의 역사에서 기원전 2천 년 무렵에 정착된 가부장제는 지배와 복종의 위계질서를 확립하고, 여성을 생명 생산에 연관한 범위로 그 활동을 제한하고 폄하하며 종교적으로 그 방식을 정당화하기 시작하였다. 따라서 가부장적 유다교를 배경으로 하는 사회에서 예수의 가르침은 매우 낯선 삶의 방식을 제시하는 것이었다. 하지만 교회는 보살핌과 위로의 여성적 영성을 본질로 하는 복음을 안고 있음에도 불구하고 모든 가부장적 사회에서 타협하며 존속해 온 역사를 가지고 있다. 또한 그의 시대부터 이제까지 예수의 복음은 모든 시대와 지역에서 가부장적 문화와 종교를 만날 때마다 갈등하고 저항을 받아왔다. 따라서 그리스도교회는 여전히 유다교의 가부장적 이념의 지배에서 자유롭지 못했고, 로마 사회와 타협한 것을 인식한 교부들이 교회를 거룩한 창녀라고 탄식했던 이유가 일부분 이해되는 대목이다.6

3. 교회의 패러다임 전환을 향하여

교회의 패러다임 전환을 거론하는 것은 매우 조심스러운 시도이다. 하지만 마녀라는 이름으로 장작불에 그대로 올리지 않는 시대가 되었을 뿐 아니라 보이는 그대로 이야기한다 해도 마리아 막달레나가

---

6 초기 그리스도교는 그 정체성을 확립하기 위하여 유다교와 그리스 종교로부터 다른 점을 구분하기 시작하였다. 그러나 역설적으로 정상성을 획득하기 위하여 반로마 선동가이고 정치범으로 십자가형을 당한 예수의 제자인 그리스도인이 반사회적이지 않은 것을 설득해야만 했다. 이는 종교현상학적 관점에서 섬세하게 분석하고 재해석을 해야 하는 상황을 이해하는 것이다. 따라서 당시에 가부장적인 유다교의 한 분파로서 로마 사회 안에서 살아남기 위한 타협을 해야 하는 부분도 있었다. 『초기 그리스도교의 사회사』, 572-610.

받았던 내침을 받지는 않을 것이다. 죄녀에서 사도들을 위한 사도로 그 역할과 지위를 새롭게 평가받고 있는 막달라 출신의 여성 마리아의 전통을 되살려 이야기하는 것이 우리 모두에게 필요한 순간이 찾아왔다, 드디어! 무엇을 이야기해도 좋을까?

첫째, 여성들을 가로막던 제도의 담장을 헐어내는 것은 가부장적 위계와 사제 중심적 교회의 심리적 위축을 해소하고 기쁨을 수용할 수 있는 성숙한 교회를 회복하기 위한 과정이라고 할 수 있겠다. 남성 예수는 내면에 건강한 아니마, 즉 여성성을 간직하고 있었기에 여성들과 스스럼없이 대화할 수 있었다. 하느님의 사랑, 즉 자비를 나누는 프란치스코 교황 역시 건강한 아니마를 간직하고 있기에 가부장제의 사회를 넘어서 여성들을 향해 손은 내밀고 있다. 우주적 조화와 공존을 이야기하는 그의 패러다임을 가능하게 하는 것은 하느님의 자비이며, 그 사랑 안에서 여성을 그의 존엄성에 맞게 재인식하는 것은 창조 질서를 회복하는 진전된 실천이라고 할 수 있겠다.

둘째, 온 세상이 하늘과 땅으로 이루어진 줄 알았던 시대를 지나서 태양이 중심일 뿐 아니라 태양과 같은 별들이 수없이 많은 우주에서 살고 있음을 인식하는 시대의 신학을 하자, 베드로와 바오로의 전통만이 교회의 두 기둥이었던 시대를 넘어서자는 것이다. 달을 제대로 가리키는 손가락이 중요하듯이 예수의 복음으로 이끄는 전통을 새롭게 만나는 것은 예수의 복음이 가진 풍요로움을 제대로 인식하고 나누는 길이 될 것이며, 잃어버린 전통을 발굴하여 교회의 풍요로운 전통을 확대하는 작업으로 이어질 것이다. 막달라 마리아와 요한의 전통, 동방 교회의 다양한 성찰, 나아가 힌두교와 불교 등 다른 종교들의 전통과 대화하면서 아시아로 확장되는 교회의 시대를 준비하는 것이 이 시대가 이루어야 할 과제인 것이다.

셋째, 교회의 수직적 위계를 평면의 삼각형이 아니라 원뿔의 입체성으로 넓혀서 보자. 위 디오니시우스는 교회의 위계는 "사랑의 위계"라고 분명하게 말하였다. 따라서 교회는 사랑에 근거한 위계 구조로 형성되었지만, 원뿔의 꼭짓점이자 사랑의 정점이신 하느님의 관점에서는 예수 그리스도를 중심으로 각 단계가 모두 같은 거리에 있는 원형의 공동체를 이루게 되는 것이다. 아가서의 사랑과 마리아 막달레나의 사랑이 신과 인간의 관계를 표현한다면, 그 사랑의 지혜를 통해서만 교회의 위계는 비로소 그 정당성을 인정받을 수 있을 것이다. 나아가 사제 계급을 중심으로 하는 위계는 원형적 사랑의 유대 안에서 유연해질 것이다.

예수가 인종, 성별과 계급의 차이를 넘어서 모든 사람을 제자로 삼았던 전통을 회복한다면, 이미 열두 사도에 속하지 않는 바오로가 사도로 인정되는 교회의 전통이 지속된 것에 더해서 마리아 막달레나가 사도로 인정되는 것은 자연스러운 복권이라고 할 수 있겠다. 또한 교회의 다양한 전통이 회복되면서 보다 더 풍성하고 역동적인 교회를 향해 나아갈 수 있을 것이다. 이렇듯 예수의 가르침을 기쁘게 따르는 프란치스코 교황의 개혁은 성령의 인도하심으로 멈추지 않고 지속되는 순례의 길을 따라 나아갈 것이다.

나가며

한국교회는? 가부장적인 사고와 세속적인 눈의 비늘을 떼고, 가벼운 몸으로 예수가 가르친 복음의 길을 함께 걸어가기 위해 잘 지어진 교회로부터 나와 길 위에서 앞으로 나아가는 존재로 변신해야 할 것이다.7

---

7 프란치스코 교황, "una Chiesa 'in uscita," *Veritatis Gaudium*(「진리의 기쁨」), no. 3 (2017. 12. 8.).

21세기
교회가 만나는 여성

그림으로 읽는 성녀 마리아 막달레나 이야기*

조수정

(대구가톨릭대학교)

본문 사진을 컬
러로 보여주는
블로그 페이지

들어가며

성경에 등장하는 여인 중에 성녀 마리아 막달레나만큼 여러 미술
가의 상상력을 자극하고 수많은 작품으로 그려진 경우는 매우 드물다.
성모님을 제외하면 교회의 역사를 통해 볼 때 아마도 가장 많이 그림으
로 그려진 성녀 중 한 명에 속할 것이다. 수많은 작가가 성녀 마리아
막달레나의 삶에 매료되었고, 때로는 드라마틱하게, 때로는 명상적
인 분위기로 그녀의 모습을 그려냈다.

그런데 다른 성녀들과는 달리 마리아 막달레나는 서로 연결되지
않는 여러 가지 이야기의 주인공으로 그림에 등장한다. 긴 머리카락을

---

* 6.25전쟁으로 평양에서 피난 내려와 어렵고 고달픈 삶 가운데서도 따뜻한 정(情)으로
자녀들을 키워내신 외할머니 고(故) 서창서 마리아 막달레나를 기억하며, 보잘것없는
작은 글이지만 사랑의 마음을 담아 드립니다.

늘어뜨리고 예수님의 발치에 앉아 있는가 하면, 십자가 아래서 절규하기도 하고, 빈 무덤을 향해 가다 천사를 보고 두려움에 떠는 모습을 보이기도 한다. 두 손을 뻗어 부활한 예수님을 잡으려 할 때도 있고, 가슴을 다 드러낸 요염한 모습으로 사막 한가운데 서 있을 때도 있다. 어둠 속에 홀로 앉아 해골에 손을 얹고 깊은 상념에 빠져 있는가 하면, 온몸이 머리카락으로 감싸인 채 천사들의 호위를 받아 하늘로 올라가기도 한다.

성녀 마리아 막달레나가 이토록 다양한 상황에서 여러 가지 모습으로 표현되는 이유는 무엇일까? 대체 그녀는 누구였을까? 이상하게도 마리아 막달레나의 신원에 관한 작가들의 견해는 모두 제각각이어서, 미술 작품에 그려진 그녀의 변화무쌍한 모습은 보는 이들을 어리둥절하게 만들기도 한다. 다양함을 넘어 혼란스러움으로 치닫는 마리아 막달레나의 그림들. 이제는 새로운 길을 찾아 나설 때가 된 듯하다.

I. 성경이 전하는 마리아 막달레나

1. 예수님의 추종자 이야기

성경에 성녀 마리아 막달레나는 예수님의 추종자로 기록되어 있으며, 예수님의 죽음과 부활의 증인으로서 '사도들의 사도'로 불린다. 수많은 화가가 예수님의 십자가 처형 장면에 마리아 막달레나를 함께 그려 넣어 예수님을 끝까지 따랐던 그녀의 모습을 보여준다(그림 1).

[그림 1] 파올로 베네치아노, 〈십자가처형〉, 1340~1345, 템페라, 워싱턴 국립미술관, 31cm x 38cm(위키 커먼스)

루카 복음서 8장 1절부터 3절에는 병에서 낫게 된 마리아 막달레나가 예수님의 활동을 돕는 내용이 있다.

그 후에 예수께서는 고을과 촌락을 옮겨 다니시며 하느님의 나라를 선포하시고 그 복음을 전하셨다. 열두 제자도 함께 다녔다. 그리고 악령에서 벗어나고 질병에서 낫게 된 여자들도 더러 있었는데, 곧 귀신 일곱이 떨어져 나간 적이 있는 **막달라 여자라고 하는 마리아**, 헤로데의 신하 쿠자의 아내인 요안나, 그리고 수산나, 그 밖에 다른 여러 여자들이었다. 그들은 자기네 재물로 예수 일행의 시중을 들고 있었다(루카 8,1-3).

한편 마르코 복음서 15장 40절부터 47절에는 예수님이 십자가에 못 박혀 숨을 거두고 묻힘을 지켜본 마리아 막달레나를 예수님의 죽음과 장례의 증인으로 서술하고 있다.

여자들도 멀리서 바라보고 있었는데 그들 중에는 **막달라 여자 마리아**, 작은 야고보와 요세의 어머니 마리아, 그리고 살로메가 있었다. … **막달라 여자 마리아**와 요세의 어머니 마리아는 그분이 어디에 안장되는지 바라보고 있었다(마르 15, 40-47).

16장 1절부터 8절에도 마리아 막달레나의 이름이 언급되어 있는데, 예수님의 빈 무덤을 발견하고 부활을 목격한 증인으로 묘사된다.

그리고 안식일이 지나자 **막달라 여자 마리아**와 야고보의 어머니 마리아와 살로메는 무덤에 가서 예수께 발라 드리려고 향료를 샀다. 그들은 주간 첫날 이른 새벽, 해가 떠오를 무렵에 무덤으로 갔다. 그들은 서로 말하기를 "누가 우리를 위해 무덤 입구에서 돌을 굴려내어 줄까요?" 하였다. 그러면서 눈을 들어 바라보니 돌은 이미 굴러나 있었다. 사실 그 돌은 매우 컸던 것이다(마르 16, 1-4).

요한복음은 마리아 막달레나가 부활하신 예수님을 만난 매우 특별한 사건을 전해준다.

마리아는 무덤 가까이 밖에 서서 울고 있었다. 그가 울면서 무덤 안으로 몸을 꾸부리고 들여다보니 흰 옷을 입은 두 천사가 앉아 있었는데… 뒤로 돌아서자 예수께서 서 계신 것을 보았다. … 예수께서 '마리아!' 하고 부르시자 그는 돌아서서 예수께 히브리어로 '랍부니!' 하였다. 이는 선생님이라는 말이다. … **막달라 여자 마리아**는 가서 제자들에게 '나는 주님을 뵈었습니다' 하며 그분께서 자기에게 이렇게 말씀하셨다는 것을 알렸다(요한 20, 11-18).

요한 복음사가는 부활하신 예수님을 처음으로 만난 부활의 증인으로서 마리아 막달레나의 이야기를 우리에게 들려준다.

2. '죄 많은 여자' 이야기

루카 복음서 7장 36절부터 50절에는 바리사이 시몬의 식사에 초대받은 예수님이 죄 많은 어떤 여자를 용서하는 이야기가 실려 있다.

마침 그 고을에서 죄인으로 소문난 여자가 있었는데 그는 예수께서 바리사이의 집에서 음식상을 받고 계시다는 것을 알고 향유가 든 옥합을 들고 왔다. 그는 예수 뒤편 발치에 서서 울며 눈물로 그분의 발을 적시더니 자기 머리카락으로 닦고 그 발에 입맞추며 향유를 발라드렸다. … 예수께서는 그 여자에게 '당신의 믿음이 당신을 구원했습니다. 평안히 가시오' 하고 말씀하셨다(루카 7, 37-50).

이 이야기는 그 여자의 이름이 무엇인지 알려주지 않는다. 그 여자는 예수님을 따르던 제자가 아니었고, 바리사이 시몬과 같은 고을에 살았다는 것이 우리가 성경을 통해 알 수 있는 유일한 내용이다. 그리고 그 여자는 죄를 용서받은 후 예수님을 떠나갔다. 하지만 그레고리우스 1세 교황(590~604)이래, 많은 사람이 죄 많은 이 여자를 마리아 막달레나와 동일 인물로 보았으며, 이는 현재에도 진행형이다. 예수님을 따르는 제자였던 마리아 막달레나는 너무나 엉뚱하게도 죄 많은 창녀가 되어버렸다.

3. 라자로의 누이 이야기

요한 복음서 12장 1절부터 8절에는 베타니아에서 나르드 향유를 예수님의 발에 바르고 머리카락으로 닦아드린 라자로의 누이동생 마리아의 이야기가 실려 있다.

> 해방절 엿새 전에 예수께서는 베타니아로 가셨다. 그곳에는 예수께서 죽은 이들 가운데서 살리신 라자로가 있었다. … 마리아는 값진 순 나르드 향유 한 리트라를 가지고 와서 예수의 발에 바르고 자기 머리털로 그 발을 닦아 드렸다. 그러자 그 집은 향유의 향기로 가득 찼다(요한 12,1-3).

'죄 많은 여인'의 경우처럼 라자로의 누이동생 마리아 역시 성녀 마리아 막달레나와 동일시되었다. 성경에서 각각 다른 장면에 등장하는 이 세 여인은 어떻게 동일 인물이 되었을까? 마리아 막달레나는 예수님 일행과 동행하였고, 예수님의 죽음을 지켜보았으며, 빈 무덤을 발견하고 부활한 예수님을 직접 만난 부활의 증인이었지만, '죄 많은 여인'이나 라자로의 누이동생 마리아는 이런 일들과는 관련이 없는 인물이다. 하지만 세 인물의 공통점은 이들 모두가 향유/향료를 준비하였다는 것이다. 마리아 막달레나는 예수님의 시신에 바를 향료를 가지고 무덤으로 향했으며, '죄 많은 여인'은 향유를 예수님의 발에 발랐고, 라자로의 누이동생 마리아도 예수님의 발에 향유를 부었다. 하지만 향유/향료를 '소지'했었다는 사실만으로 이 세 여인이 동일 인물이라고 할 수 있는 것일까? 더군다나 이들의 처지나 사는 지역이 모두 달랐는데도?

다행스럽게도 교회는 2000년대에 들어와 세 명의 여인을 동일 인물로 보던 전통에서 벗어났다. 하지만 과거의 혼란상은 문학이나 영화 등 사회의 여러 분야에 이미 중대한 영향을 미친 상태이고, 개인 홈페이지나 블로그 등 각종 인터넷 매체에서 마리아 막달레나는 큰 죄인이라는 것이 마치 기정사실인 듯 표현되고 있다는 점은 매우 우려스럽다. 챗GPT와 같은 인공지능 프로그램이 각종 정보를 수집하여 내용의 진위와는 상관없이 또 다른 정보를 생성해 내고 있다는 것을 생각하면, 마리아 막달레나의 신원에 관한 심도 있는 연구와 정확한 정보 전달이 시급한 실정이다.

II. 미술에 그려진 마리아 막달레나

1. 예수님의 제자

'제자 중의 제자'인 성녀 마리아 막달레나는 그리스도교 회화에서

즐겨 다루는 도상학적 주제다. 〈십자가 처형〉 도상에는 거의 어김없이 마리아 막달레나가 그려지는데, 십자가 발치에 꿇어앉아 예수님의 죽음을 애통해하는 모습으로 표현된다.

마티아스 그뤼네발트(Matthias Grünewald, 1470~1528)가 그린 〈이젠하임 제단화〉는 예수님의 육체적 고통을 소름 돋을 만큼 적나라하게 드러내어 보는 이를 몸서리치게 한다(그림 2). 예수님 죽음의 증인으로서 예수님의 오른쪽 발치에 무릎 꿇은 마리아 막달레나는 형언할 수 없는 괴로움에 휩싸여 깍지 낀 두 손을 들어 올린다. 그런데 그림을 자세히 보고 있노라면 무언가 이상한 점을 발견하게 된다. 마리아 막달레나의 앞에는 왜 향유 그릇이 놓여있을까? 그녀가 예수님의 죽음에 앞서 향유를 가져왔던 것일까? 게다가 유별나게 길고 구불거리는 그녀의 머리카락은 비장한 십자가 처형 장면과는 어울리지 않아 보인다. 그뤼네발트는 제자 중의 제자로서의 성녀 마리아 막달레나를 그린 것이 아니다. 그가 그린 인물은 예수님의 발에 향유를 바르고 머리카락으로 닦았던 '죄 많은 여인' 그리고 라자로의 동생 마리아와 동일시되었던 그 마리아 막달레나였던 것이다. 마리아 막달레나가 화면 좌측의 성모 마리아와 성 요한보다 훨씬 작은 크기로 그려진 점은 작가가 그녀를 예수님의 제자로서가 아니라 보잘것없는 죄인으로 생각하고 있음을 짐작하게 한다.

성녀 마리아 막달레나는 예수님의 죽음과 장례의 증인으로서 〈십자가 처형〉 외에 〈죽음을 애도함(Lamentation)〉이라 불리는 도상에도 매번 등장한다. 르네상스를 연 화가로 일컬어지는 지오토(Giotto di Bondone, 1267~1337)는 스크로베니 성당에 매우 인상 깊은 작품을

[그림 2] 마티아스 그뤼발트, 〈이젠하임 제단화〉, 1513~1515, 운터린덴 미술관, 콜마르
(위키 커먼스)

[그림 3] 지오토, 〈십자가처형〉, 1305, 스크로베니 성당, 파도
바(위키 커먼스)

남겨놓았다(그림 3). 스크로베니의 〈십자가 처형〉에는 머리를 풀어헤친 마리아 막달레나가 예수님의 발을 부여잡고 있는 모습으로 그려졌다. 뒤편으로 물러나 절제된 슬픔을 표현하는 다른 인물들과는 달리, 지오토의 마리아 막달레나는 막무가내식으로 예수님에게 달려든다. 지오토는 성녀 마리아 막달레나의 열정과 헌신을 표현하고자 했던 것일까? 제자 중의 제자였던 마리아 막달레나는 분명 이 같은 사랑을 표현했었을 것이다. 하지만 지오토의 그림에 그려진 여인은 예수님의 발에 향유를 바르고 자신의 긴 머리로 닦았던 그 추억을 더듬고 있는 '죄 많은 여인'의 모습으로 느껴진다.

　다음 장면인 〈죽음을 애도함〉에서도 이 여인은 예수님의 발을 부여잡고 눈물을 흘리고 있다(그림 4). 지오토는 분명 '죄 많은 여인'을 마리아 막달레나로 그렸던 것이며, 그녀의 이야기를 본질적이지 않은

[그림 4] 지오토, 〈그리스도의 죽음을 애도함〉, 1305, 스크로베니 성당, 파도바(위키 커먼스)

일화적 요소로 취급하고 있다.

[그림 5] 〈빈 무덤〉, 1235, 밀레셰바 수도원 성당, 세르비아(위키 커먼스)

밀레셰바 수도원의 그림에서 보듯, 예수님의 부활 도상인 〈빈 무덤〉에는 예수님 부활의 증인으로서 마리아 막달레나가 항상 그려지지만, 부활의 기쁨으로 놀라는 것이 아니라 겁먹고 두려움에 떠는 모습이 강조된 경우가 많다(그림 5).

"나를 만지지 마라"라는 의미인 〈놀리 메 탄제레〉(*Noli me tangere*) 도상도 역시 예수님 부활의 증인인 마리아 막달레나를 등장시키는데, 예수님의 부활을 처음 목격한 '제자 중의 제자'를 그린 것이 아니라 예수님을 붙잡으려 하고 그를 가지 못하게 하는 걸림돌 같은 인물로 그린 경우가 대부분이다. 프라 안젤리코(Fra Angelico, 1395~1455)가

[그림 6] 프라 안젤리코, 〈나를 만지지 마라〉, 1440~1441, 산 마르코 수도원, 피렌체
(위키 커먼스)

그린 〈놀리 메 탄제레〉는 다른 작품들보다는 인물들의 초월적인 면이
훨씬 강조되었지만, 마리아 막달레나의 손은 여전히 예수님의 발치를
향하고 있어, 향유로 예수님의 발을 닦았던 '죄 많은 여인'의 이미지를
떨쳐버리지 못하고 있다(그림 6). 지오토의 〈놀리 메 탄제레〉는 예수님

을 가지 못하게 붙잡으려는 마리아 막달레나와 성가신 듯 그녀를 뿌리치는 예수님의 모습을 담고 있어, 마리아 막달레나가 부활의 증인이기보다는 예수님의 중요한 일을 방해하는 인물로서 인식되었음을 보여준다(그림 7). 더욱 난처한 상황은 티지아노의 작품에서 발견되는데, 한 손으로는 향유 그릇을 그러쥐고 다른 한 손으로는 예수님을 만지려는 여인의 모습과 곡예를 하듯 몸을 뒤로 빼고 있는 예수님의 모습이 부활의 그리스도교적 의미와는 무관하게 전개되고 있다(그림 8).

[그림 7] 지오토, 〈나를 만지지 마라〉, 1320, 성 프란치스코 성당, 아시시(위키 커먼스)

[그림 8] 티지아노, 〈나를 만지지 마라〉, 1511~1512, 런던 국립미술관(위키 커먼스)

예수님의 수난 도상이나 부활 도상에서 마리아 막달레나가 한 번이라도 제대로 '제자 중의 제자'로 표현되었던 적이 있을까? 왜 그녀는 긴 머리를 풀어 헤쳐야 하고, 필사적으로 예수님의 발을 만지려 해야 하고, 향유 그릇을 항상 옆에 두어야 하고, 무리에서 떨어져 혼자 막무가내로 행동해야 할까? 성녀 마리아 막달레나를 예수님의 참된 제자로 표현할 수 없었던 것은 작가들만의 탓은 아닐 것이다. 마리아 막달레나의 신원에 대한 혼란스러운 해석이 중세 이래 오래도록 이어졌고, 그것이 그리스도교 미술에 그대로 재연된 것일 뿐이기 때문이다. 마리아 막달레나는 제자로서의 모습이 점차 흐려지고, 죄 많은 여자 혹은 향유를 살 수 있을 정도로 부유한 여자 그리고 아름다운 여자의 모습으로 그리스도교 미술에 자리 잡게 되었다.

2. 참회의 성녀

제자로서의 이미지를 상실한 마리아 막달레나는 예수 그리스도의 도상에서 떨어져 나가게 되었는데, 이는 어찌 보면 당연한 논리적 귀결이었다. 중세 회화에서는 예수님의 수난이나 부활도상과 관련 없이 마리아 막달레나를 단독으로 그린 작품들이 많고, 로지에 반 데르 바이덴이 그린 〈브라크 가족 트립티크〉의 예처럼 향유 그릇을 손에 든 부유하고 아름다운 여인으로 그려졌다(그림 9). 이 작품의 상단에는 "마리아는 그리스도의 발을 눈물로 씻고 머리카락으로 닦아 드렸다"라는 글이 쓰여있어 중세 작가들이 마리아 막달레나를 '죄 많은 여인'과 혼동했음이 명백해진다. 크리벨리의 작품에서도 마리아 막달레나는 제자의 이미지가 아니라 아름다운 여인의 이미지로 그려졌다(그림10).

[그림 9] 로지에 반 데르 바이덴, 〈마리아 막달레나〉(브라크 가족 트립티크 부분도), 1450, 루브르 박물관(위키 커먼스)

[그림 10] 카를로 크리벨리, 〈마리아 막달레나〉, 1480, 패널에 템페라, Ascoli Piceno

마리아 막달레나 도상은 바로크 시기에 새로운 변화를 맞게 되는데, 예수 그리스도의 수난이나 부활 도상과는 완전히 분리된, '참회하는 성녀'의 이미지를 갖게 된 것이다. 드 라 투르나 카라바지오의 작품처럼 마리아 막달레나는 '바니타스'(Vanitas) 그림에 등장하는 해

[그림 11] 드 라 투르, 〈참회하는 막달레 나〉, 1640, 루브르 박물관(위키 커먼스)

[그림 12] 카라바지오, 〈참회하는 막달레나〉, 1595경, 도리아 밤필리 미술관, 로마(위키 커 먼스)

골을 손에 들거나 무릎에 올려놓고 자신의 지난 잘못을 뉘우치는 죄 많은 여인으로 그려지는데, 이러한 작품들에서는 성경이 전하는 것과 같은 예수님의 제자로서의 역동적인 면모가 전혀 드러나지 않는 다(그림 11, 12). 인생의 덧없음과 피할 수 없는 인간의 운명, 죄악과 회개라는 주제가 강조되는 도상에서, 마리아 막달레나는 신앙의 승리 자가 아니라 회개해야 하는 죄인으로 그려졌다.

마리아 막달레나가 회개해야 하는 엄청난 죄인으로 인식되면서, 그녀가 저지른 과거의 잘못, 즉 쾌락의 추구와 육체의 타락이라는 주제가 전면에 부상하게 된다. 티지아노의 〈참회하는 막달레나〉에는 가슴을 다 드러낸 육감적인 창녀의 모습이 클로즈업되어 화면을 가득 채우고 있다(그림 13).

[그림 13] 티지아노, 〈참회하는 막달레나〉, 　[그림 14] 작자미상, 〈성녀 이집트의 마리
1531, 팔라조 피티, 피렌체(위키 커먼스)　아〉, 14세기 이콘, 그리스(위키 커먼스)

3. 사막의 은수자

　마리아 막달레나의 도상은 4~5세기를 살았던 이집트의 성녀 마리
아(St. Mary of Egypt)의 전기와 도상의 영향을 받아 더욱 혼란스러워진
다. 이집트의 마리아의 전기에 의하면, 마리아는 12세에 집을 나와
대도시 알렉산드리아로 가서 17년 동안이나 창녀 생활을 하였다.
29세가 되던 해, 성 십자가 현양 축일을 지내러 예루살렘으로 가는
순례자들과 함께하게 된 그녀는 통회와 극적인 회심을 하게 되는데,
이 사건 이후 무려 47년간을 광야에서 극기와 보속의 삶을 살았다.
예루살렘에서 가져간 몇 개의 빵만으로 버티면서 몸은 뼈만 앙상하게
남게 되지만, 극심한 육체적 고통 속에서도 오히려 마음의 평화를
얻게 되었다. 은수 생활을 하던 이집트의 마리아를 발견한 사제 조시

무스(Zosimus)는 거의 헐벗은 그녀의 몸을 가릴 옷을 주었고, 감동적인 회개와 보속의 이야기를 전해 듣고 나서 그녀에게 성체를 영할 수 있게 해 주었다(그림 14). 그로부터 1년 뒤 조시무스가 다시 마리아를 찾아갔을 때 그녀는 이미 하늘나라로 떠난 뒤였고, 조시무스는 사자의 도움을 받아 성녀를 매장했다.

깡마른 몸매에 망토를 걸친 모습으로 그려지는 은수자 이집트의 마리아는 마리아 막달레나와는 전혀 다른 인물이었음에도 같은 도상에 적용되기에 이른다. 도나텔로가 조각한 〈참회하는 성녀 마리아 막달레나〉는 섬뜩할 정도로 거친 은수자의 모습을 보여준다(그림 15). 움푹 팬 쇄골과 퀭한 눈, 아무렇게나 흘러내린 치렁치렁한 머리, 비틀거리다 쓰러질 것만 같이 비쩍 마른 정강이는 고통스러운 육체의 극기를 통해 보속의 길을 걸어야 하는 죄 많은 여인의 이미지이다. 이토록 가혹한 도상을 예수님을 따라 말씀 선포의 길에 동참했던 제자 중의 제자에게 적용한 것은 해석의 오류가 빚어낸 해괴한 결과다.

[그림 15] 도나텔로, 〈참회하는 성녀 마리아 막달레나〉, 1453, 피렌체(위키 커먼스)

4. 긴 머리의 성녀

13세기의 이탈리아 작가 야코부스 데 보라지네(Jacobus de Voragine)는 『황금전설』(Legenda aurea)이라는 제목으로 성인전을 썼는데, 여기에 실린 마리아 막달레나의 이야기는 이집트의 성녀 마리아의 전기에서 영향을 받은 것이었다. 『황금전설』에 따르면, 마리아 막달레나는 회개한 탕녀로서 예수님 승천 후 동굴에서 은수 생활을 하였는데, 옷이 다 해져 없어졌으므로 긴 머리카락이 가려주지 않았더라면 벌거숭이가 되었을 것이라고 한다. 또 그녀는 매일 일곱 번씩 하늘로 올라갔고 천사들에게 이야기하기도 하였다(그림 16). 『황금전

[그림 16] 〈성녀 마리아 막달레나〉, 14세기, 성 요한 대성당, 토룬(Torun), 폴란드(위키 커먼스)

설』에 따라 마리아 막달레나는 긴 머리의 성녀로 통하게 된다. 루브르 박물관에 소장된 〈마리아 막달레나〉 조각은 일찍이 4세기 교부들이 경고한 시각적 이미지의 위험성을 단적으로 보여준다(그림 17). 희고 부드러운 살결을 가진 아름다운 전라의 여인은 아무런 근심 걱정도 없는 듯 물끄러미 허공에 시선을 던지고 있으며, 긴 머리카락은 그녀의 육체를 탐욕스럽게 감싸듯 구불거리고 있다. 이것이 예수 그리스도의 수난과 부활을 목격하고 인류 구원 사업에 헌신하던 성녀 마리아 막달레나의 이미지라고 누가 말할 수 있겠는가!

[그림 17] 그레고르 에르하르트, 〈마리아 막달레나〉, 1500년경, 루브르 박물관(위키 커먼스)

III. 정(情)의 신학

마리아 막달레나의 도상을 재정립하는 것이 시급하다. 하지만 많은 사람이 마리아 막달레나를 '죄 많은 여인'과 동일시하는 상황에서, 더군다나 그리스도교의 오랜 역사를 통해 이집트의 성녀 마리아와 『황금전설』의 이야기까지 마구 뒤섞인 상태에서 새로운 도상을 정립한다는 것이 의미 있는 것일까? 성녀 마리아 막달레나에게 당연히 부여되었어야 할 그리스도의 제자로서의 이미지를 새롭게 하려는 시도가 오히려 젠더 갈등을 부추긴다는 오해를 불러일으키지나 않을지 염려스럽다.

전통적 도상을 허무는 무익한 노력 대신, 다른 차원으로 눈을 돌려보자. 중요한 것은 우리가 여태껏 소홀히 해 왔던 마리아 막달레나의 숨겨진 면모를 새롭게 인식하는 것이다. R. 모서(Moser)가 쓴 작은 책자, 『행복하여라 다정한 사람들』은 우리에게 매우 중요한 점을 시사하기 때문에 여기 소개하려 한다. 그는 "마리아 막달레나 같은 정(情)의 신학이 절실히 필요하다"고 말했다. 그가 마리아 막달레나를 제자 중의 제자로서 생각했는지 아니면 '죄 많은 여인'으로 생각했는지를 다루려는 것이 아니다. 오히려 그런 사고의 틀을 뛰어넘어, 마리아 막달레나가 성경이 전하는 원래의 모습대로이든 아니면 다른 인물들과 혼란스럽게 뒤섞여 있든, 그 인물이 현재의 우리에게 제시하는 근본적인 삶의 태도를 찾아보자는 것이다. 그의 이야기를 정리해 보자면 다음과 같다.

가슴을 다 드러낸 마리아 막달레나의 이미지를 우리가 불쾌하게 생각하는 이유는 그것이 단지 본래의 마리아 막달레나의 모습, 즉 예수님을 따르던 제자로서의 모습을 왜곡했기 때문만은 아니다. 그보다 더 근원적인 것은 육감적인 사랑이란 구원받지 못할 것이라는 생각 때문이다. 이성과 감정을 분리하고, 육체적인 것을 경계하며, 체면치레에 능한 우리의 모습이 '죄 많은 여인'으로 그려진 마리아 막달레나의 그림과는 어울리지 않는다는 생각 때문이다.

하지만 예수님의 가르침은 단호하다. 그 여자처럼 하라는 것이다. 예수님을 대접한 집주인 시몬은 발 씻을 물도 주지 않았지만, 그 여자는 사랑으로 달아오른 육체의 언어로 예수님을 대접하였다. 눈물로 씻고, 머리카락으로 닦고, 향유를 부어 발랐다. 다른 사람들은 잔치에서 먹고 마시는데 바빴지만, 그 여자는 비싼 향유를 한 리트라나 가져와 발에 부었다. 다른 제자들은 무서워 달아났지만, 그 여자는 십자가를 지켰고, 무덤에 묻히는 것을 지켜보았고, 향료를 사서 새벽같이 달려왔다. 이들은 모두 '다정한' 여자들이었다. 이 여자들을 하나로 묶은 향료/향유는 결국 다정함의 표시다.

정이 많은 사람은 두려움이 없다. 순진무구하고 천진난만하다. 그리고 무장하지 않는다. 다정함의 위력은 실로 대단한 것이기 때문에, 당장은 어리석어 보일지라도 상대를 다독이고 두려움을 몰아내어 새로운 숨을 쉴 수 있게 한다. 또한 편안함과 고마움을 느끼게 하고 건강하고 인격적인 만남을 가능하게 한다. 다정함을 통해 인간과의 인격적인 만남이 가능하다면, 다정함을 통해 하느님과의 인격적인 만남이 어찌 불가능하겠는가!

다정함은 구원에 이르는 길이다. 그래서 예수님은 단호하게 말씀하신다. 그 여자처럼 되라고. 예수님 자신도 다정한 사람이었다. 지배하지 않음과 온유함을 통해 다정함을 드러내었고, 몸에서 배어 나오는 정다움은 "와서 아침을 먹어라!"라는 한마디에 집약되어 있다.

성녀 마리아 막달레나는 정(情)이 많은 인물이다. 그녀는 예수님이 체포되시자 흩어졌던 다른 제자들과 달리, 성모님과 사도 요한과 함께 십자가에 못 박혀 돌아가시는 예수님의 마지막을 끝까지 지켰다. 그리고 안식일이 지나자마자 새벽같이 '사랑하는 임을 향한 끝없는 갈망'(아가 1, 7-8)으로 그분의 시체에나마 몰약을 바르러 달려갔다. 그리고 빈 무덤을 보고서 그냥 돌아간 베드로와 사도 요한과 달리 그녀는 차마 그곳에서 발을 떼지 못했다.

나가며

"정다운 마리아 막달레나." 그리스도교 미술은 이런 표현을 여태 알지 못했다. 마리아 막달레나는 주변 인물이거나 방해꾼, 심지어 죄인으로 표현됐다. 마리아 막달레나의 다정함, 용기와 열정, 헌신 그리고 꾸밈없는 모습을 그려내는 일은 그리스도교 미술이 새롭게 도전해야 할 과제이자 매일의 삶에서 우리가 찾아야 할 구원의 덕목이다.

마리아 막달레나, 21세기 한국 가톨릭교회에 말을 건네다

김영선
(마리아의 전교자 프란치스코 수녀회)

들어가며

내 형제들에게 가서, '나는 내 아버지이시며 너희의 아버지이신 분, 내 하느님이시며 너희의 하느님이신 분께 올라간다.' 하고 전하여라(요한 20,17ㄴ).

이 말씀은 부활하신 예수 그리스도께서 부활의 첫 증인인 마리아 막달레나에게 하신 말씀이다. 필자는 가톨릭여성연구원 설립 20주년 기념논문집인 『상생과 희망의 영성: 여성, 우리가 희망이다』에 수록된 논문, "마리아 막달레나에 대한 교부들의 주석과 그에 대한 반성적 고찰"의 결론에서 현재 우리에게 중요한 것은 "마리아 막달레나를 통하여 선포된 복음에 귀 기울여야 하고, 그 복음으로 해방되어야 하는 것"이라고 역설하였다. 과연 마리아 막달레나를 통하여 선포된 복음은 21세기를 살아가는 우리에게 어떤 의미에서 기쁜 소식이 되는가? 그 복음을 살고 선포하며, 그 복음으로 해방되는 것은 구체적으로 무엇을 의미하는가?

본고는 앞서 발표한 논문이 제기했던 마리아 막달레나가 선포한 복음의 현재화를 위한 하나의 모색이라 할 수 있다. 앞의 논문이 마리아 막달레나와 그의 메시지에 대한 교부들의 주석을 정리한 것이라면, 이 글은 21세기를 살아가는 한국 가톨릭교회의 한 여성 수도자가 그 복음을 구체적인 삶의 현장으로 옮겨보려는 해석의 열매이다.

부활하신 예수 그리스도는 마리아 막달레나에게 "내 형제들"(아델포이, ἀδελφοί)에게 가서 복음을 선포하라고 말씀하셨다. 우리는 이 글에서 주님께서 '내 형제들'이라고 말씀하신 이들을 21세기의 세상과 그 안에 자리하고 있는 한국 가톨릭교회로 이해한다. 21세기의 한국 가톨릭교회가 우리가 복음을 선포해야 할 '주님의 형제들'이라면 우리는 복음 선포에 앞서 우리의 형제들이 어떤 시공간적인 맥락 안에 서 있는지를 파악할 필요가 있다. 복음 선포의 대상에 대한 적절한 이해 없이 복음을 선포할 수는 없기 때문이다. 따라서 이 글에서는 우리가 서 있는 자리인 21세기의 특징과 그 안에 자리하는 한국 가톨릭교회의 현실과 도전, 과제를 살펴볼 것이다. 그리고 한국 가톨릭교회 여성들이 사도들에게 파견된 사도였던 마리아 막달레나처럼 형제들에게 나아가 복음을 선포하기 위하여 갖추어야 할 준비와 자세에 대해 논하겠다.

I. "내 형제들에게 가라!"(요한 20,17)

부활하신 주님께서는 마리아 막달레나에게 "내 형제들"(ἀδελφοί)
에게 가라고 말씀하셨다. 앞서 살펴본 대로 주님께서 제자들을 형제라
고 지칭하는 경우는 요한 20,17과 마태 28,10 뿐이다. 이 파견으로
인해 마리아 막달레나는 '사도들에게 파견된 사도'라는 호칭을 얻게
된다. 부활하신 그리스도를 목격한 첫 번째 증인인 마리아 막달레나는
그분의 형제들에게로 달려갔다. 그런데 형제라는 개념은 신구약 성경
전체에서 좁게는 혈육을 나눈 형제에서부터 넓게는 같은 동포를 지칭
한다. 따라서 마리아 막달레나가 복음을 전한 대상이 반드시 주님의
열두 사도만을 의미한다고 볼 수는 없다. 주님께서 형제로 여기시는
모든 이가 복음 선포의 대상이 된다.

그러므로 요한 20,17에 의하면, 예수 그리스도께서 '내 형제들'이
라고 말한 이들이 바로 마리아 막달레나가 선포할 복음의 대상자들이
며 동시에 복음이 선포되어야 할 맥락이다. 기쁜 소식을 제대로 선포
하려면 누구에게 그 소식을 전할 것인지, 그들이 처해 있는 상황은
무엇인지를 잘 알 필요가 있다. 그래야만 복음을 선포할 수 있는 가장
적절한 방법과 자세를 찾아낼 수 있고, 복음이 선포되어야 할 자리를
찾아낼 수 있기 때문이다. 오늘 우리는 21세기의 한국 가톨릭교회를
마리아 막달레나가 전해준 복음의 선포 대상으로 삼고, 이 대상이
처해 있는 현실과 도전, 과제가 무엇인지를 살펴보고자 한다.

1. 21세기는 어떤 세상인가?

21세기는 지금까지 인류가 살아온 그 어느 세기보다 더 그 변화의 궤적을 예단하기 어려운 예측불허의 시대이다. 21세기가 앞으로 어떤 방향으로 전개될지 또 변화의 속도는 어느 정도가 될 것인지 미래학자들조차도 분명한 답을 제시하지 못한다. 21세기가 시작된 지도 약 이십 년이 흘렀다. 대략 한 세기의 오 분의 일을 지나온 셈이다. 지난 이십 년에 바탕을 두고 21세기를 바라본다면, 지난 세기에 이미 시작되었던 포스트모던 시대의 특징이 21세기에는 더욱 심화될 것으로 예측된다. 그렇다면 포스트모던 시대의 특징이 무엇인가?

이 시대에는 주류를 형성하는 문화와 이론, 가치가 부재하다. 진리란 어느 시대에나 통용되는 항구 불변한 것이기보다는 특정한 시대, 특정한 집단의 합의(consensus)로 여겨지며, 명확한 명제는 이견을 가진 이들을 무력화시키는 권력자의 책략으로 여겨지며 거부된다.[1] 포스트모던 시대는 다양성을 환영하며 모호성이야말로 창의력을 위한 토양을 제공한다고 여긴다. 누구나 납득할 수 있는 진리도 없고, 모든 것을 설명할 수 있는 해석도 없다고 본다. 그러므로 가치에 대한 상대주의와 다원주의가 나타난다. 그리고 포스트모던 시대의 변화는 일찍이 앨빈 토플러가 예측한 것처럼 한 방향으로만 이루어지지 않는다. 변화는 직선적으로만 진행되는 것이 아니라 다양한 방향으로 이루어질 것이며, 갑작스러운 중단이나 역행도 가능하고, 전혀 새로

---

[1] 박지상, "한국 개신교와 가톨릭의 교회성장 비교연구: 21세기 개신교에 대한 교회성장학적 과제," 석사학위논문 (감리교신학대학교, 2010), 23.

운 방향으로도 진행될 것이다.[2] 그래서 21세기는 겉보기에는 대단히 혼란스럽게 보일지 모르지만, 융이 말한 개인화가 그 어느 때보다 더 심도 있게 이루어질 것이며, 다양한 가치들이 서로 어우러져 조화를 이루며 다양성 안에서의 일치를 향해 나아가게 될 것이다.

커뮤니케이션의 발달로 인하여 국가들 사이의 경계가 느슨해지고, 여러 나라의 문화가 국경을 넘어 서로 뒤섞이는 통합 문화가 생겨날 것이며, 낯설고 이국적으로 다가오는 소수 문화가 오히려 각광받게 될 것이다.[3] 따라서 이 시기에는 시류를 읽어내고 그것을 쫓아가는 것은 적절한 대응책이라 할 수 없다. 더 분명하게 개인의 고유한 색깔을 찾아내고 그것을 소신 있게 추구하는 것이 필요하다.

이것은 교회에 대해서도 마찬가지로 말할 수 있다. 절대적인 진리를 거부하고 진리를 다양한 개인들의 합의로 이해하는 사회에서 교회가 설 자리는 없을 것이라고 내다보는 이들이 있다. 그러나 진리가 상대화되고 다원화되면 될수록 영적이고 절대적인 가치에 대한 추구는 더욱 절실해질 것이다.[4] 그래서 혹자는 21세기를 '새로운 초자연주의 시대'라고 부르기도 한다.[5] 더욱 중요한 것은 교회가 본연의 가치에 얼마나 충실하게 서 있는가 하는 점이다. 본연의 가치를 살아내지 못하는 교회는 도태되고 말 것이다. 대신에 고도로 정보화된 시대에 발생하는 다양한 인간 소외 현상들에 응답하기 위하여 다양한 신흥종

---

2 앨빈 토플러/김진욱 역, 『제3의 물결』(범우사, 1992), 154-155, 328-330.

3 박혁호, "21세기 한국 사회가 요청하는 사제의 역할에 대한 고찰," 석사학위논문 (부산가톨릭대학교, 2002), 9.

4 김상경, "21세기 정보화 사회의 인터넷 선교 전략," 석사학위논문 (목원대학교, 2006), 2.

5 장하철, "교회: 미래 교회의 모형," 석사학위논문 (호남신학대학교, 1999), 30.

교들이 일어나게 될 것이다.6

앨빈 토플러는 현 세상을 정보화 사회라고 명명하였다. 정보화 사회에서는 정보가 대량 생산되고 다양한 정보의 발생으로 인하여 정보의 취사선택과 선호도가 개인의 선택에 맡겨지게 됨으로써 개인주의적 성향이 더욱 일반화될 것이다.7 같은 맥락에서 획일적인 동질 집단이 거대화되는 경우보다는 오히려 다양한 집단들이 벌집처럼 존재하는 '소집단 폭발' 현상이 나타날 것이다. 이처럼 개인의 삶은 소집단화되고 개인화되며 다양화할 것이지만, 그들의 공간은 전 세계로 확장될 것이다.

통신망의 발전과 확산으로 지리적 공간의 제약이 사라지게 됨으로써 지구는 하나의 촌락처럼 여겨지게 되고, 전자 상거래를 통하여 시장은 세계화될 것이며, 세계 시장을 장악하는 거대 기업들이 등장하게 된다. 이는 곧 경쟁의 세계화를 의미하며, 이러한 경쟁의 압력으로 인하여 노동 시장은 더욱 불안정하게 될 것이다.8 세계화의 현실에 적응하지 못하는 중소기업은 도산할 것이며, 그 결과 수많은 일자리가 사라지게 될 것이다.9 경제의 세계화는 경쟁에서 살아남지 못한 소외 계층의 확산을 부추기며 불평등은 갈수록 심화될 것이다. 특히 신자유

---

6 박혁호, "21세기 한국 사회가 요청하는 사제의 역할에 대한 고찰," 8.

7 장하철, "교회: 미래 교회의 모형," 27.

8 박혁호, "21세기 한국 사회가 요청하는 사제의 역할에 대한 고찰," 6.

9 21세기에는 노동조합이 노동자들을 보호하는 역할을 제대로 수행하지 못하게 될 것이다. 노동조합의 저항이 커지면 회사는 아예 문을 닫아버리거나 다른 곳으로 옮겨갈 것이다. 신자유주의적 세계화는 노동 부문에 대한 국가의 보호를 배척하기 때문에 고용 불안, 노동 조건의 악화, 대량 실업 사태가 발생할 것이며, 이것을 조정하기 위한 국가의 개입은 점점 어려워질 것이다. 박혁호, "21세기 한국 사회가 요청하는 사제의 역할에 대한 고찰," 6.

주의에 바탕을 둔 세계화는 국가, 지역 사이의 심각한 불평등과 불균형을 초래하게 될 것으로 예상된다.

사람들의 삶의 질은 대량의 다양한 정보를 얼마나 빨리 수용하고 활용하느냐에 따라 크게 달라질 것이다. 변화의 속도가 너무 빨라서 이런 변화에 적응력을 상실하고 낙오하는 새로운 빈곤 계층이 등장하게 될 것이다.[10] 정보와 기술의 발달로 생활의 많은 부분이 자동화됨으로써 삶은 더욱 편리해지겠지만, 지나칠 정도로 급격하게 일어나는 변화와 신기술에 적응해야 하는 데서 오는 피로감과 긴장은 정신적인 여유를 앗아가고 세상은 더 각박해질 수 있다.[11]

정치 풍토 또한 변화될 것이다. 정보와 커뮤니케이션의 발달로 시민들이 정치적 의사 결정에 자발적이고 직접적으로 참여할 수 있게 됨으로써 시민 권력이 강화될 것이며, 대의 민주주의에서 참여 민주주의로의 변화가 가속화될 것이다.[12] 그러나 정보의 정치적 악용이나 독점 및 조작의 가능성이 상존하며 정보관리 계층에 의한 권력의 강화 내지 집중화가 새로운 통제 사회를 출현시킬 수도 있다.[13]

21세기에는 사회 구조에서도 커다란 변화가 일어날 것이다. 전통적인 사회 구조가 점차로 사라지고 1인 가족화 현상이 가속화되며 고령화 현상도 심화될 것이다. 노인을 보살필 인력의 부족으로 인하여

---

10 장하철, 같은 책, 28.

11 엘빈 토플러, 『제3의 물결』, 197-201.

12 박혁호, "21세기 한국 사회가 요청하는 사제의 역할에 대한 고찰," 5.

13 같은 곳. 이 때문에 정보의 보호 및 공유에 대한 새로운 윤리와 적절한 입법화가 이루어질 필요가 있다. 그렇지 않으면 정보격차로 인한 계층화와 정보 유출에 따른 심각한 사생활 침해가 심화될 뿐만 아니라 정보는 세상을 통제하고 지배하는 새로운 권력 수단이 되고 말 것이다. 같은 책, 16.

노인문제는 더욱 심각한 사회문제로 부각될 것이다. 전통적 가족 구조의 변동으로 심리적 안정과 지원을 줄 수 있는 지지 기반이 사라짐으로써 정신적 신체적으로 취약한 계층이 늘어나고 정보화 사회가 야기하는 긴장과 스트레스는 정신장애를 증가시키는 요인이 될 것이다.[14]

이미 가시화되고 있는 로봇과 인공지능의 발전, 생명공학과 우주공학의 발전은 인간 삶의 전반에 지대한 영향을 끼치게 될 것이며, 그것이 어떤 결과를 가져오게 될지 예측하기 어려우나 인간 삶에 엄청난 재앙을 가져올 수 있다는 우려도 꾸준히 제기되고 있다.

앨빈 토플러에 따르면 제1의 물결인 농업혁명은 수천 년 걸렸고, 제2의 물결인 산업혁명은 300년 걸렸다.[15] 반면 제3의 물결인 정보혁명은 그가 예언한 대로 불과 20~30년 만에 이룩되었다. 이제 사람들은 제4의 물결에 대해 이야기하고 있다. 그것은 제3의 물결과 비교할 수 없을 정도로 우리 곁으로 밀어닥칠 것이다. 혹자는 인공지능(AI)과 생체 조작 및 복제, 로봇 제작 기술과 3D 프린팅 등을 제4 물결의 시작을 알리는 신호탄으로 꼽는다.

정보화와 세계화, 다원화로 대변되는 21세기의 사회 안에 자리하는 가톨릭교회도 앞에서 언급한 이 변화의 물결에서 예외일 수 없다. 따라서 우리는 21세기 한국 가톨릭교회가 어떤 현실 위에 서 있으며, 어떤 도전과 과제를 안고 있는지 살펴보아야 한다.

---

14 앨빈 토플러, 『제3의 물결』, 402-404.
15 앨빈 토플러, 『제3의 물결』, 23.

2. 21세기 한국 가톨릭교회가 직면한 현실

21세기 한국 가톨릭교회가 처한 현실을 파악하기 위한 다양한 시도들이 교회 안에서 이루어졌다. 그 가운데 통계조사에 바탕을 둔 현실 분석부터 먼저 살펴본다면, 대표적인 것이 박문수가 2018년 5월 9일 자「가톨릭뉴스 지금 여기」에 게재한 "한국 천주교회 통계분석 18년간 추이(2000~2017년)"이다. 아래의 도표는 이 글에 소개된 통계자료에 바탕을 두고 만든 것이다. 이 도표를 보면 한국 가톨릭교회의 전체 구성원들 가운데 60세 이상이 전체 신자 수의 절반을 넘으며, 그 비중이 점차로 증가하고 있다는 것이 분명하게 드러난다. 그에 비하여 20대는 정체 현상을 보이며, 만 5세 이하는 감소 추세를 보인다. 따라서 전체적으로 볼 때 고령화 추세가 뚜렷하게 드러나고 있으며, 신자들의 평균 연령도 계속 높아질 것으로 예상된다. 박문수의 분석에 따르면 2015년에 한국 가톨릭교회의 중위 연령(median age)은 46.3세였고, 2016년에는 46.7세였으며, 2017년에도 비슷하였다.[16] 향후 십 년간 이 나이는 점차로 늘어날 것이며, 성인 인구절벽이 현실

〈도표 1〉 2000년~2017년 사이의 한국 가톨릭교회의 신자 수 추이

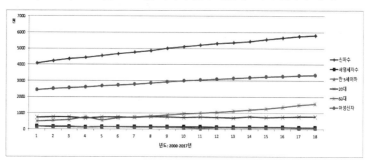

화될 2022년 이후에는 2000년에서 2017년 사이에 나타난 것보다 훨씬 더 가파르게 상승할 것이다. 교회 구성 인구가 고령화되면서 사회정의와 관련하여 보수적인 입장을 띠는 신자들의 비중도 커진다는 사실도 주목해야 할 현실 가운데 하나다.

한편 한국 가톨릭교회에서 남녀 성비는 2000년에서 2017년 사이에 큰 변화는 없었으며, 대략 42:58 정도로 나타났다. 박문수는 이 통계조사를 결론지으면서, "양적 하락은 거스를 수 없는 추세이기 때문에 사목 전반의 상황을 점검하고 중장기적인 대책을 마련해야 함"을 강조한다.[17]

한편 교회 안에서 평신도들, 특히 여성 평신도들의 역할과 위치에 대한 현실을 분석한 다양한 문헌들도 찾아볼 수 있다.[18] 먼저 평신도와 관련된 현실을 살펴보면 한국 가톨릭교회는 제2차 바티칸 공의회에서 천명한 평신도에 대한 이해를 충분히 현실화하지 못하고 있음이 드러난다. 공의회는 평신도 사도직이 "교회의 구원 활동에 참여하는 것"으로 단순히 성직자의 사도직에 협력하는 것이거나 참여하는 것으로만 그치지 않는다고 규정한다. 「선교 교령」 36항에 의하면, "모든

---

16 대한민국 전체 인구의 중위 연령은 2015년에 40.8세, 2016년에 41.5세, 2017년에는 42.0세였으며, 2020년에는 43.6에 이를 것으로 예측된다. 이 통계치와 비교해 볼 때 교회의 중위 연령은 더 높으며, 고령 시대로 들어가는 속도도 교회가 일반 사회보다 더 빠를 것으로 예상된다. 통계청, "2017년 한국의 사회지표."

17 박문수, "한국 천주교회 통계분석 18년간 추이(2000~2017년)," 「가톨릭뉴스 지금 여기」 2018. 5. 9. http://www.catholicnews.co.kr/news/articleView.html?idxno=19978 (접속일 2018. 7. 3).

18 가톨릭교회에서 나온 현실 분석보다 개신교 측에서 제기한 현실 분석이 훨씬 더 시의적절하고 가톨릭교회의 상황에도 적용이 되는 경우에는 개신교 측에서 나온 자료들을 정리하여 소개한다.

신자는 살아 계시는 그리스도의 지체로서 세례를 통하여 또 견진과 성체 성사를 통하여 그리스도께 합체되고 동화되었으므로 그리스도의 완전성에 될 수 있는 대로 빨리 도달하게 되도록 그 몸을 넓히고 자라게 하는 데 협력할 의무를 지니고 있다." 장로교신학대학교의 조직신학 교수인 신옥수는 교회 안에서 평신도의 위상을 정립할 필요성을 제기하며, 평신도는 사목의 대상이 아니라 사목의 주체가 되어야 함을 강조한다.[19] 그는 미래의 교회는 성직자에 의존된 사목의 패러다임을 평신도 패러다임으로 전환해야 하며, 사목자가 신자 위에 군림해서도, 사목자와 평신도의 관계를 위계 질서적 관계로 이해해서도 안 된다고 주장한다.[20]

---

19 신옥수, "교회 여성의 눈으로 보는 교회,"「한국기독공보」2013. 12. 30. http://www.pckworld.com/article.php?aid=6280667249 (접속일 2018. 7. 3).

20 교회 안에서 평신도의 위상 문제는 사목자의 리더십 형태의 변화와 맞물려 있는 문제이기도 하다. 최인식은 20세기 한국교회를 지배했던 지도력이 교회 성장 신학에 입각한 사목 방향에 초점이 맞추어져 있었다면, 21세기의 지도력은 억압으로부터 해방과 자유를 가져다주셨던 예수의 지도력을 실천하는 것이 되어야 함을 강조한다. 최인식, "21세기 한국교회를 향한 예수의 생태학적 리더십: 땅, 몸, 여성의 관점에서,"「신학과 선교」 32 (2006): 325-357, 특히 326-328. 한편 박지상은 그의 석사학위 논문에서 독일의 교회 성장학자인 크리스티안 슈바르츠가 이끄는 독일의 교회성장연구소의 연구 결과를 소개하며, 성공적인 교회가 보여주는 리더십의 형태가 어떤 것인지를 요약해 주고 있다. 이 연구소는 1994년부터 1996년까지 6대주, 32개국의 1,000여 개 교회를 대상으로 18개 언어로 설문조사를 하였다. 각 교회당 30명이 이 설문에 대답하여 총 420만 개의 응답을 받아 분석하고, 성장하는 교회들이 갖는 공통적인 특징들을 여덟 가지로 정리하였다. 그 가운데 리더십과 관련된 부분만을 인용한다면, 성장하는 교회의 목회자는 권위적이거나 업무 중심적이기보다는 관계 중심적이고, 사람 중심적이며, 팀 사역 중심적이다. 그들은 신자들이 각자의 은사에 맞게 교회의 사목에 참여하도록 격려하고, 교회가 스스로 움직이는 자생적인 조직이 될 수 있도록 지도자를 양성하는 데 노력을 기울인다. 평신도의 위상이 변화되려면 먼저 기존의 교회 지도력의 형태가 달라져야 함은 분명하다. 박지상, "한국 개신교와 가톨릭의 교회성장 비교연구: 21세기 개신교에 대한 교회성장학적 과제," 석사학위논문 (감리교신학대학교, 2010), 19-22; 크리스티안 A. 슈바르츠 /윤수인 외 역, 『자연적 교회성장』(서울: 도서출판 NCI, 1999).

평신도 사도직과 연관된 또 하나의 중요한 문제는 평신도들의 사도직이 펼쳐지는 주된 장소가 본당 안의 여러 단체였다는 점이다. 본당 내 단체들의 대부분 활동은 본당 공동체를 위한 것이다. 이것은 교회의 본질을 생각할 때, 재고할 필요가 있는 사안이다.[21] 교회는 세상을 위해서 존재하는 것이지 교회 그 자체를 위해 존재하는 것으로 그쳐서는 안 된다. 교황 프란치스코는 교회가 그리스도를 교회 밖의 사람들과 나누기를 잊어버린 상황을 "신학적인 자기도취"(theological narcissism)라고 하셨다.[22]

미사성제는 신자들을 그들의 삶의 터전에서 복음의 역군이 되도록 파견하는 것으로 마무리됨에도 불구하고 평신도들의 삶에서 파견은 큰 의미를 갖고 있지 못하는 상황이다. 그들이 세상에 파견되어 복음의 가치를 전달할 수 있도록 필요한 제반 교육을 베풀고 선교 사명을 수행할 수 있도록 돕는 양성은 본당 안에서 거의 이루어지지 않고 있다. 그뿐만 아니라 복음의 가치를 내면화하고 그 가치대로 삶 전반을 재정립할 수 있도록 돕는 교육이 부재하기에 신앙과 삶 사이의 괴리는 좀처럼 좁혀지지 않고 있다. 따라서 본당의 전반적인 신앙 교육의 방향을 재조정하여 평신도들이 세상 가운데서 복음을 살고

---

21 본당 안에서 이루어지는 평신도들의 대부분 활동이 본당 울타리 안에서만 이루어지고 있는 현실에 대한 문제 제기는 주로 다음 글을 참조하였다. Jack Jezreel, "St. Francis, Pope Francis, and a Vision for the 21st Century Parish," posted at www.catholicsocialjustice.org/uploads/1/3/0/.../jezreel_presentation_october_2013.pdf (접속일 2018. 7. 9).

22 교황 프란치스코가 교황으로 선출되기 전에 가진 추기경단 모임(2013년 3월 4~11일)에서 하신 연설에서. 연설문 내용은 다음 웹페이지에서 확인할 수 있다. https://stottilien.com/2013/03/28/pope-francis-refers-to-sweet-and-comforting-joy-of-evangelizing-and-warns-against-theological-arcissism/(접속일 2018. 7. 9).

전하는 주체가 될 수 있도록 그들을 양성하고 지원하는 것이 가능해야 한다. 그리고 본당의 신자들에게 고통받는 세상을 향하여 무엇을 할 것인지를 물어야 한다. 우리는 신자들을 성숙한 예수의 제자가 아니라 말 잘 듣는 양 떼로 머물도록 교육하고 있지는 않은가? 왜 세상에 나아가 세상을 변혁시킬 일꾼으로 양성하지 않는가?

이제 교회 구성원의 절반을 훨씬 웃도는 여성 신자들의 현실은 어떠한지 살펴보자. 가톨릭교회뿐만 아니라 개신교회에서도 교회는 남성 사목자 중심으로 이루어져 있고, 평신도와 여성들은 사목의 대상자로서 수동적인 역할만 허용되고 있다.[23] 삼일교회의 송태근 목사는 교회 안에 '여성을 위한 하드웨어와 소프트웨어'가 부재한 현실을 지적한다.[24] 그는 교회가 여성들의 존재적 특성에서 비롯되는 요구에 얼마나 무신경하였는지에 대해 지적한다. 수유실을 갖춘 교회가 얼마나 되며, 여성성을 고려한 사목 프로그램이 얼마나 되는지 그는 묻는다.[25] 교회 안에서 여성의 리더십이 발휘될 기회는 좀처럼 주어지지 않으며, 여성을 위한 사목을 맡을 여성 지도자도 드물다. 송태근 목사는 교회 안의 이런 현실을 개선하기 위하여 여성 전문 사목자를 양성하고 활용하는 것이 절실히 요구된다고 말한다.[26] 박정우 신부 또한 교회 안에 여성 인력을 제대로 활용할 수 있는 시스템이 없는 점을 지적한다. "여성들은 본당에서 의사 결정 과정에서 배제되

---

23 신옥수, "교회 여성의 눈으로 보는 교회," 「한국기독공보」 2013. 12. 30.
24 송태근, "21세기 목회와 여성," 「기독신문」 1717호, 2009. 3. 23. http://www.kidok. com/news/articleView.html?idxno=58782 (접속일 2018. 7. 3).
25 같은 곳.
26 같은 곳.

거나 단순 봉사만을 요구받을 뿐, 자신들의 전문적 능력을 살릴 기회를 얻지 못하고 있다.”27 그는 이와 같은 현실에 대한 우려를 표명하면서 다음과 같이 경고한다.

> 점점 더 많은 젊은 여성들이 사회의 다양한 전문 영역에 진출하면서 당당하게 남성과 경쟁하며 자신의 능력을 발휘하고 있는 현실에서,28 여성에 대한 교회 태도가 변화하지 않는다면 다음 세대 여성들은 교회에서 봉사하기보다는 자신이 인정받을 수 있는 다른 곳을 더 찾게 될지도 모른다.29

최인식도 21세기 한국교회는 여성이 억압당하고 있는 현실을 선교적인 치유의 대상으로 보아야 하며, 여성 억압적인 사고방식을

---

27 박정우, “여성의 눈으로 교회와 사회 바라보기,”「평화신문」866호 (2006. 9. 3). 이러한 현실은 개신교에서도 별반 다르지 않다. 장신대 신옥수 교수는 교회 안에 여전히 여성에 대한 편견과 차별, 가부장적 문화와 유교적인 관습의 폐해를 확인할 수 있다고 지적하면서, 여성들이 의사 결정 과정에서 소외된 채 “단지 주방 봉사, 꽃꽂이, 청소, 바자회 운영, 구역 심방, 안내와 같은 교회 행사 보조의 봉사에 참여하는 것이 여성들의 역할로 고정된 경우가 대부분”이라고 토로한다. 신옥수, “교회 여성의 눈으로 보는 교회.”

28 이런 현실을 두고 이정숙은 교회는 여성에 관해서는 문화 지체 현상을 경험하고 있다고 꼬집는다. 이정숙, “기독교 여성의 자기 이해와 교회사역: 우리의 딸들이 즐겁게 예배하게 하라,”「2012년 교회탐구 포럼 자료집」(한국교회탐구센터와 국제제자훈련원, 2012), 63-99.

29 같은 곳. 이정숙은 결혼보다는 자신의 경력을 더 중요하게 여기는 젊은 여성들이 증가하고 있는 현실에서 그들이 여성들의 단순 봉사만을 요구하는 기존의 종교를 선택할 가능성은 점점 더 낮아지고 있다고 본다. 따라서 교회가 달라지려면 교회 안에서 남성들이 가진 기득권의 양보가 필수적이며 절실하고, 이를 위해서는 신학 교육 기관이 바뀌어야 하며, 신학 교수들의 현실 인식 또한 변화되어야 한다고 그는 지적한다. 나아가 신학의 전 분야에 여성 교수들이 배치되어야 하며, 신학교의 커리큘럼에서 양성 평등적인 가치와 문화가 반영되게 해야 한다고 주장한다. 이정숙, “기독교 여성의 자기 이해와 교회사역,” 94.

넘어서야 함을 강조한다.[30] 교회 내 여성의 지위와 역할에 관한 문제가 대두된 것이 어제오늘의 일이 아님에도 불구하고 이 문제가 개선되지 않는 원인 중의 하나는 교회 내 남성들의 여성에 대한 인식이 여전히 전근대적인 가부장적 사고방식에 머물러 있다는 점이다. 이것은 또한 교회 여성들 스스로의 문제이기도 하다.[31] 교회 안의 남녀가 모두 복음적인 가치관에 기초한 새로운 인간 이해를 지닐 수 있도록 지속적인 노력을 기울일 필요가 있다.

서울 대교구의 박정우 신부는 여성과 관련된 문제들을 개선해 나가기 위해서는 교회의 다양한 여성 단체 간의 연대와 협력이 중요하며, 여성 단체들과 교도권이 상호 협력하여 일할 수 있는 방법을 찾아 나갈 필요가 있다고 말한다.[32] 그렇게 한다면 소외당하는 여성들, 특히 이주민 여성, 성폭력 및 가정 폭력 희생 여성, 미혼모와 빈곤 여성들에게 더 효과적으로 다가갈 수 있는 제도적인 장치를 마련해

---

30 최인식, "21세기 한국교회를 향한 예수의 생태학적 리더십: 땅, 몸, 여성의 관점에서," 「신학과 선교」 32 (2006): 325-357, 특히 334, 345.

31 이정숙은 여성신학이 교회 안의 여성들로부터 충분한 공감대를 형성하지 못하고 보수적인 여성들을 수용하는 데 실패하였다고 평가하며, 그 원인으로 여성신학의 급진성과 종교혼합주의적 경향, 학문적인 계파와 서열을 중시하며 의견 차이를 수용하지 못하는 여성신학자들의 폐쇄적인 태도 또 그들의 반교회적, 반가정적 태도 등을 든다. 또한 억압자와 피해자라는 단순구조로 교회와 여성의 문제를 바라보는 것 역시 거부감을 갖게 하는 원인이 될 수 있다고 말한다. 이정숙, "기독교 여성의 자기 이해와 교회사역," 69. 박보경은 여성신학이 지나치게 원수 만들기적 접근으로 가부장적 교회를 비판하는 태도를 보임으로써 대부분 온건한 입장을 지닌 한국교회의 여성들로부터 오히려 반감을 사게 되었다고 분석한다. 박보경, "한국여성신학에 대한 선교학적 평가," 「장신논단」 20 (2003), 534.

32 박정우, "2010년 11월 17일 한국 천주교 주교회의 여성소위원회 기조발언: 교회 안의 여성," 2010 주교회의 평신도사도직위원회 여성소위원회 토론회 자료집, 「여성, 교회 및 사회에 무엇을 줄 수 있는가?」, 8-12.

나갈 수 있을 것이기 때문이다. 그뿐만 아니라 교회 안에서 활동하고 있는 여성 전문가나 지도자들에게 단순 봉사만을 맡길 것이 아니라 그들이 가진 전문성을 최대한 활용할 수 있는 기회를 주고, 필요하다면 그들이 행한 활동에 대한 적절한 보수를 주는 방안도 마련할 필요가 있다고 제안한다.

지금까지의 고찰이 교회 안의 현실에 대한 것이라면, 이제는 21세기 교회가 자신의 본질에 충실하기 위해서 반드시 응답해야 하는 중요한 주제들이 무엇인지 살펴볼 필요가 있다.

II. 21세기 한국 가톨릭교회가 받는 도전과 과제

교회는 우리 사회를 둘러싸고 있는 전반적인 문제들과 무관하게 살아갈 수 없다. 교회의 구성원들이 바로 그 사회에 속한 이들이기에 교회는 그들을 보살피지 않을 수 없으며, 세상 모든 민족에게 나아가 복음을 선포하라는 그리스도의 명령 때문에도 그러하다. 그렇다면 21세기 한국 가톨릭교회가 관심을 기울이고 돌보아야 할 현안들은 무엇일까? 우리는 이 주제들을 여섯 가지로 정리하였다. 이 사안들은 모두 교회의 본질과 깊이 연관된 것들이다.[33]

---

33 "교회의 가장 깊은 본질은 하느님 말씀의 선포(*kerygma, martyria*), 성사 거행(*leitourgia*), 그리고 사랑의 섬김(*diakonia*)이라는 교회의 삼중 임무로 드러납니다. 이 임무들은 서로를 전제로 하며 서로 불가분의 관계에 있습니다"(회칙 「하느님은 사랑이십니다」, 25항).

1. 극단적인 불평등과 심각한 가난, 가난한 이들과의 연대

21세기에도 가난은 여전히 존재하고, 교회는 가난한 이들에 대한 우선적인 선택을 통하여 가난한 이들을 돌보고 그들과 연대해야 한다. 그런데 가난한 이들과 연대하는 일에는 가난을 영속화하는 구조악과의 싸움을 배제할 수 없다. 그것은 하느님의 정의를 거스르는 것이기 때문이다. 그러나 이 일은 교회가 먼저 정의의 모범이 될 것을 요구한다. 투명한 재정과 사회적 책임 투자, 교회 내의 고용자들에게 정당한 보수와 대가를 주며 모든 면에서 공정함을 유지할 수 있어야 한다.[34] 또한 교회는 경쟁과 효율의 논리만을 내세우는 신자유주의적 세계화에 맞서서 유린당하는 인권을 보장하고 빈곤을 구제하며 소수자의 권리를 보장하도록 정부와 기업, 경제 단체들에 영향력과 압력을 행사하여야 한다.[35]

성염은 그동안 한국 가톨릭교회가 가난한 이들을 위해 해왔던 복지 활동의 변화를 꾀할 필요가 있음을 적시한다.

사실상 교회는 여태까지 운영해 오던 학교, 병원, 자선기관들을 내어놓아야 할지도 모른다. … 국가와 정부가 할 수 있으면 이제는 그들의 손이 미치지 않는 더 맬바닥 세계로 찾아 내려가야 하리라. … 일차 의료, 빈민 자녀들의

---

34 최혜영, "아시아 지역 안에서 한국교회의 내적인 전망과 역할: 아시아 가톨릭 평신도 대회를 마치면서," 한국 천주교 주교회의 평신도사도직위원회, 2010년 주교회의 평신도사도직위원회 세미나 자료집, 「한국 천주교 평신도사도직의 전망과 과제」, 17-24, 특히 20.

35 조성구, "21세기 한국 천주교회 청소년 사도직의 방향성과 역할에 대한 전망," 석사학위 논문 (대전가톨릭대학교, 2009), 60.

공부방과 탁아소, 사업가와 정부가 손대기 꺼리는 자선기관이 언제나 우리
차지여야지, 일류 종합병원, 일류 대학교와 중고등학교, 세계 최대의 "꽃동
네"로 사회적 우위를 차지하고 그 위세를 이용하여 사회와 중산층을 입교시
킨다는 전략은 분명히 비 복음적이다.[36]

교회는 정보화 사회에서 새롭게 등장하게 될 빈곤 계층을 돕기
위한 준비도 해나가야 한다. 정보의 혜택을 누리지 못하고 그 사회에
적응하지 못한 채 소외되는 계층, 특히 사회복지의 사각지대에 놓여
있는 이들의 삶의 질을 개선하기 위한 노력도 기울여야 한다.

2. 통일 사목에 대한 준비

한반도의 남북문제는 국제 사회의 역학 관계와 긴밀히 맞물려
있다. 따라서 통일에 관한 올바른 시각을 갖기 위해서는 국제 및 국내
정세를 가톨릭교회의 사회 교리의 기준에 입각하여 판단하고 바라볼
수 있어야 한다.[37] 성염은 교회가 통일 문제에 관하여 좀 더 적극적으
로 일선에 나서야 한다고 주장한다. 북한 주민들에게 대한 인도주의적
차원의 도움을 넘어서서 국민과 정부로 하여금 통일과 민족 화해를
적극 추진하도록 사회적 양심을 일깨우고,[38] 분단과 증오와 반공이라

---

36 성염, "21세기 한국교회의 바람직한 모습: 한국사회를 위한 예언자인가, 제관인가?"
　　우리사상연구소편, 『한국가톨릭 어디로 갈 것인가』 (서광사, 1997), 92.
37 성염, "21세기 한국교회의 바람직한 모습," 84.
38 교회는 분단의 역사 안에서 어떤 역할을 해왔는지 반성할 필요가 있다. 교회는 그동안
　　남북 간의 화해와 일치를 향해 노력하며 통일 사목을 위한 준비를 해 왔다. 하지만 교회가
　　안보 논리로 여론을 몰아간 수구 언론과 정치 세력들의 정치적 죄악상들을 묵과해 온

는 반복음주의적인 주장에서 벗어나도록 신자들을 교육할 책임이 있다고 말한다.39 반세기를 넘게 지속되어 온 분단의 상처를 치유하고 갈라진 민족 사회가 한마음 한 몸이 되는 일에도 교회는 앞장서야 한다.40 여기에는 여러 종교의 협력을 끌어내는 일도 포함된다. 민족의 화해와 통일을 위하여 여러 종교가 함께 협력하며 공동의 노력을 기울일 수 있다면 훨씬 더 풍성한 결실을 맺게 될 것이다.41

최혜영 수녀는 통일 사목을 위해서는 새터민에 대한 지원과 관심이 중요하며, 새터민 신자 가운데 북한의 복음화를 준비할 선교사, 교리교사를 양성할 것을 제안한다.42 조민철 또한 오랫동안 공산 정권의 지배를 받았던 북한 지역 주민들의 정서를 충분히 고려할 수 있는, 북한의 복음화를 위한 전문 인력을 준비해 나갈 것을 제안한다.43 북한의 복음화와 관련하여 조민철은 북한 주민들을 신자로 만들려는 노력보다는 먼저 한반도의 분단 구조와 그에 따른 사회, 정치, 경제, 군사적 역학 구조가 양산한 비 구원적 상황을 역전시키기 위한 사회적

것도 사실이다. 조민철은 미국과 남한 내 냉전 수구 정치인들이 지금도 되풀이하고 있는 한반도 전쟁 위험과 대북 적대정책에 대하여 한국교회가 단호하게 단죄하고 강한 신념으로 민족의 화해와 일치를 위해 매진할 필요가 있다고 주장한다. 통일은 하느님의 정의와 구원을 실현해야 할 교회의 복음적 사명이며 사회적 책임이기 때문이다. 그는 교회가 통일문제와 연관된 정치적 문제들이 화해와 일치를 향한 복음적 통일정책으로 이루어지도록 개입할 수 있는 방안을 연구하고, 반복음적 통일정책에 대해서는 비판을 제기하며 적극적으로 여론을 주도하고 시민단체와 연대해 나가야 한다고 제안한다. 조민철, "민족의 화해와 일치를 향한 한국천주교회의 역할과 전망: 민족 및 통일지향적 시작에서," 석사학위논문 (광주 가톨릭대학교, 2004), 33-34, 55, 69, 79-80.
39 성염, "21세기 한국교회의 바람직한 모습," 108-109.
40 『민족의 화해와 평화통일을 위하여』 (한국천주교주교회의 북한선교위원회, 1995), 18항.
41 최혜영, "아시아 지역 안에서 한국교회의 내적인 전망과 역할," 20-21.
42 최혜영, "아시아 지역 안에서 한국교회의 내적인 전망과 역할," 20-21.
43 조민철, "민족의 화해와 일치를 향한 한국천주교회의 역할과 전망," 67-77.

투신에 더 관심을 기울여야 함을 강조한다.[44] 성염 역시 북한의 복음화는 결코 여러 종교 교단의 교세 확장을 위한 각축장이 되어서는 안 되며, 무엇보다 북한교회의 자발적 성장을 돕는 것이 되어야 한다고 주장한다.[45]

조민철은 더욱 효과적인 통일 사목을 위해서는 더 적극적인 정치적인 실천 운동이 필요하다고 역설한다.[46] 그가 제안한 실천 운동 가운데 몇 가지를 소개하면 다음과 같다. 첫째, 교회 내의 언론매체들을 통하여 평화 교육을 시행함으로써 신자들의 통일의식과 정치의식을 성숙시키고 정치권력의 잘못된 통일정책을 바로잡을 수 있는 국민적 역량을 성장시킨다. 둘째, 북한의 형제, 자매들을 이해하고 동질성을 회복할 수 있는 토대를 꾸준히 마련해 나간다. 셋째, 민족의 화해와 일치를 위하여 탈 이데올로기화된 통일 교육 강좌를 각 교구의 평생교육원에 개설한다.

3. 해외 선교에 대한 관심과 지원

21세기 한국 가톨릭교회의 중요한 사명 가운데 하나는 해외 선교에 봉사하는 것이다. 교회는 세례받은 모든 이들과 지역 교회의 공동체가 선교에 대한 책임이 있음을 인식시키고 적극적으로 선교에 참여하도록 격려할 필요가 있다.[47] 신자들은 자신이 살고 일하는 곳에서

---

44 조민철, "민족의 화해와 일치를 향한 한국천주교회의 역할과 전망," 78.
45 성염, "21세기 한국교회의 바람직한 모습," 108-110.
46 조민철, "민족의 화해와 일치를 향한 한국천주교회의 역할과 전망," 84-88.
47 김태현, "토착화를 중심으로 고찰한 21세기 해외 선교의 방향 모색," 석사학위논문 (인천

복음적 가치관을 살고 전파하도록 노력하는 동시에 세상 곳곳에 나아가 복음을 선포할 선교사들을 영적, 물적으로 지원할 수 있다. 교회는 세상 곳곳에 나아가 복음적인 가치관을 전파할 선교사들의 양성을 위해서 힘써야 하고, 그들을 지속적으로 지원하기 위한 방안을 마련해야 한다. 그뿐만 아니라 아시아 지역의 중국, 베트남, 라오스, 캄보디아처럼 오랜 기간 공산 치하에 있었던 나라들의 선교를 지원하는 일에도 힘써야 한다.[48]

4. 새로운 아레오파고스, 사이버 공간에서의 선교

성 요한 바오로 2세 교황은 사이버 공간을 로마제국 시대의 광장(forum), 현대의 복잡하고 분주한 도시 공간에 비유하며 사이버 공간이야말로 새로운 선교의 장이 될 수 있다고 말씀하시면서, "인터넷의 잠재력을 복음 메시지 선포에 이용하는 커다란 모험에 나서자"고 우리를 초대하셨다.[49] 교회에게 인터넷은 도전인 동시에 기회이다. 인터넷 통신망을 통하여 지역 교회들 사이의 친교와 교류가 그 어느 때보다 더 활발하게 이루어질 수 있게 되었고, 국가와 지역, 문화의 제약을 넘어 공통의 관심사를 나눌 수 있는 국제적인 장이 열렸다.[50]

가톨릭대학교, 2013), 31-33.

48 최혜영, "아시아 지역 안에서 한국교회의 내적인 전망과 역할," 21.

49 교황 요한 바오로 2세 제36차 홍보주일 담화요지, "인터넷은 복음 선포의 도구," 「가톨릭신문」 (2002. 5. 12), 9; 교황청 사회홍보평의회, 『교회와 인터넷』(LA CHIESA E INTERNET) (서울: 한국천주교중앙협의회, 2002).

50 이우진, "인터넷 사이버 공간에서의 사이버 공동체에 대한 교회론적 고찰," 석사학위논문 (부산가톨릭대학교, 2002), 2.

날로 확장되어 가는 사이버 공간을 복음 선포를 위해 어떻게 활용할 것인가 하는 문제는 분명히 교회의 당면 과제 중의 하나다.[51]

21세기에는 인터넷이 주요 정보 교환의 매체이며, 인쇄 문자 매체에서 영상 매체로의 이동이 날로 가속화되고 있다. 따라서 교회는 사목 전반에 있어서 새로운 요구에 부응할 수 있도록 패러다임을 바꿀 필요가 있다. 한국에서 인터넷이 본격적으로 보급되기 시작한 1990년대 이후에 태어난 세대들은 글보다는 영상과 소리를 선호한다. 그러므로 선교나 신앙 교육을 위하여 영상 기술을 활용하지 않을 수 없으며, 기존의 문자 위주의 교리교육 교재들과 글 중심의 신학도 새로운 세대들의 요구에 맞추어서 변화시켜 가야 한다.[52]

한편 사이버 공간이 선교를 위한 무한한 잠재력을 가지고 있기는 하지만 사이버 공간에서는 직접적인 통교와 친교가 이루어지지 않는다는 점에서 한계를 노정하고 있다는 것도 무시해서는 안 된다.[53] 특히 가톨릭교회의 신앙생활은 성사 위주로 이루어지고 있으므로 사이버 공간에서의 선교와 성사 생활을 어떻게 연계시킬 것인지에 대한 연구가 필요하다.

---

51 이에 대한 개신교 측의 대비는 좀 더 적극적이다. 세계인터넷선교학회(http://www.swim.org)는 장기 계획으로 인터넷 선교 대학원 설립을 통하여 가상 선교와 현장 선교를 함께 진행할 수 있는 선교사를 양성하고자 한다. 나아가 국내와 국외 인터넷 선교사들이 긴밀한 협력을 통해 조직적이고 상호 보완적인 사목을 해나갈 수 있도록 선교 활동의 안전 기반을 구축하고 그들의 선교 활동을 지원할 수 있는 준비를 갖추어 가고 있다. 김상경, "21세기 정보화 사회의 인터넷 선교 전략," 석사학위논문 (목원대학교, 2006), 27.

52 김상경, "21세기 정보화 사회의 인터넷 선교 전략," 13-14.

53 김상경, "21세기 정보화 사회의 인터넷 선교 전략," 37.

5. 생태 환경의 보존 문제

『찬미 받으소서』에서 강조되고 있는 바와 같이 생태 환경의 보존에 관한 문제는 더 이상 선택의 문제가 아니라 인류의 생존에 관한 문제이다. 그러므로 교회는 환경 문제에 결코 무관할 수 없다. 교회는 생태계 위기를 극복하기 위해 노력하는 단체들과 연대하여 정부의 근시안적 환경정책을 비판하고, 생태계를 파괴하는 새로운 정책들과 개발 계획들에 대한 감시와 함께 지속적인 반대 운동을 전개해 나가야 한다.[54] 그리고 훼손된 자연환경을 복원시키기 위한 구체적이고 실천 가능한 운동을 전개하고, 자원의 소모를 줄이는 검소한 생활 양식을 살도록 노력해야 한다.

6. 영성의 심화

21세기는 영성의 세기, 초자연주의 시대가 될 것이므로 21세기의 교회는 사람들이 가진 영성에 대한 갈망을 채울 수 있는 방안을 마련해야 한다.[55] 교회가 이 갈망에 응답하기 위해서는 사목자와 신자들이 먼저 참된 영성의 사람들이 되어야 한다. 그러기 위해서는 교회의 오랜 문제로 지적되어 온 신앙과 삶의 분리 문제를 극복할 수 있도록 돕는 구체적인 대안을 만들어야 한다. 평신도들이 살아 계신 하느님께 대한 신앙을 구체적인 삶으로 살아내는 법을 익혀나갈 수 있도록

---

54 조성구, "21세기 한국 천주교회 청소년 사도직의 방향성과 역할에 대한 전망," 64.
55 박지상, "한국 개신교와 가톨릭의 교회성장 비교연구," 34.

그들에게 어떤 영성 훈련의 기회를 마련해줄 것인가? 일상의 삶 안에서 깊은 영성을 체험하며 살아가도록 도우려면 무엇을 할 수 있을까? 자신이 믿고 고백하는 신앙의 가치를 개인 윤리의 차원에서나 정치, 사회, 문화의 영역에서 구체적으로 실천하며 살도록 돕는 체제가 마련되지 않는다면 교회는 21세기의 요구에 부응하지 못할 수도 있다. 이것은 분명 21세기 한국 가톨릭교회가 반드시 풀어나가야 할 과제이다.

지금까지 우리는 마리아 막달레나를 통하여 우리에게 전달된 복음의 메시지를 전해줄 대상인 21세기의 한국 가톨릭교회의 현실과 도전, 과제에 대해 살펴보았다. 우리 앞에 놓인 도전과 과제는 거대해 보인다. 그러나 온 반죽을 부풀릴 수 있는 누룩 한 줌이 있다면, 겨자씨만 한 믿음이 있다면, 그것은 더 이상 넘을 수 없는 산으로 남지 않을 것이다. 그래서 이제 우리는 묻고자 한다. 우리의 형제인 '21세기 한국가톨릭교회'에게 복음을 전할 새로운 마리아 막달레나가 되는 길은 무엇인가? 절망한 제자들에게 돌아가 "제가 주님을 뵈었습니다"(요한 20,18)하고 외치는 '사도들의 사도'가 되는 길은 어디에 있는가?

우리의 형제들에게 선포할 복음의 내용에 관해서는 이 책에 먼저 소개된 글, "교부들의 문헌에 나타난 마리아 막달레나와 그에 대한 고찰"의 'IV. 마리아 막달레나가 전한 복음(요한 20,17)에 대한 새로운 조명'에서 이미 다루었다. 여기에서 우리는 요한 20,17ㄴ의 말씀이 오늘날 우리 삶의 맥락에서 어떻게 기쁜 소식이 되는지를 조명해 보았다.

예수 그리스도께서 마리아 막달레나에게 위탁하신 요한 20,17ㄴ

의 말씀은 21세기 교회가 살고 선포해야 할 종말론적인 비전을 제시하며, 우리가 맺는 다양한 관계의 위계질서가 어떠해야 하는지를 알려준다. 동시에 이 말씀은 교회 안에서 이루어지는 권위의 행사, 리더십의 형태를 점검하고 바로잡는 기준이 된다. 또한 부활하신 예수 그리스도는 복음의 핵심적인 메시지를 마리아 막달레나에게 맡기심으로써 '여성을 통한 말하기'를 복음 선포의 중요한 한 방법으로 선택하셨음을 알게 되었다.

그렇다면 21세기 한국 가톨릭교회의 여성들은 어떻게 마리아 막달레나가 전한 복음을 살고 전할 수 있을까? 마리아 막달레나를 계승하는 여성 사도가 되는 길은 어디에 있는가? 이에 대한 몇 가지 현실적인 제언을 하면서 이 글을 끝맺고자 한다.

III. 마리아 막달레나의 계승자인 여성 사도들

마리아 막달레나가 부활하신 주님으로부터 파견받은 여성 사도라는 사실이 21세기의 한국 가톨릭교회 여성에게 의미하는 것은 무엇일까? 우리가 기억해야 하는 것은 마리아 막달레나의 사도성은 그가 예수님의 공생활 기간 동안 주님과 함께하며 그분의 가르침을 받았고, 예수님의 행적을 목격하였으며, 그분의 고난과 영광의 현장에 있었다는 것에서 나온다는 점이다. 그러므로 단지 여성이라는 사실 하나로 자동으로 마리아 막달레나의 계승자가 될 수 있는 것은 아니다. 부활하신 예수 그리스도로부터 사도들에게 파견되기 이전의 마리아 막달레나의 모습에 우리는 좀 더 주목할 필요가 있다.

사도로 파견되기 이전에 마리아 막달레나에게는 예수 그리스도와 함께 살고, 나누고, 고통을 겪고, 기다리는 긴 시간이 있었다. 그러므로 우리는 여성의 사도성을 주장하기 이전에 사도가 되기 위하여 무엇을 어떻게 준비해야 하는지, 어떻게 해야 참 사도가 될 수 있는지 먼저 물어야 한다. 마리아 막달레나의 사도성을 이어받으려면 마리아처럼 복음을 만나고, 익히고, 복음에 투신해 본 삶의 경험이 있어야 한다. 그렇게 함으로써 복음의 핵심 메시지를 삶으로 구현해 낼 수 있는 준비를 갖추어야만 할 것이다.

최혜영 수녀는 진정한 제자가 되는 조건을 "지도자가 제시한 비전의 소중함을 바로 파악해서 거기에 헌신하는 능력"이라고 말한다.[56] 그러므로 21세기의 한국 가톨릭교회의 여성들이 마리아 막달레나의 뒤를 잇는 사도가 되려면 요한 20,17에 제시된 부활하신 예수의 비전을 이해하고 그것에 헌신할 수 있는 능력을 갖추어야만 한다. 그러므로 지금 우리에게 중요한 것은 교회의 여성들이 마리아 막달레나가 가졌던 사도성을 이어받을 수 있도록 그들에게 적절한 양성과 훈련을 제공하는 것이다. 이런 양성은 지적인 교육만으로는 이루어 낼 수 없다. 가장 중요한 것은 복음에 대한 투신의 체험이며, 그 체험을 통하여 복음의 가치를 내면화하는 성장의 과정이다.

이런 양성을 가장 효과적으로 행하는 방법은 도제 교육이다. 이미 이런 과정을 거친 여성 지도자들과 함께 시간을 보내면서 그들의

---

56 최혜영, "성서의 여성 리더십: 나자렛의 마리아를 중심으로," 「인간연구」 6 (2004): 174-228, 특히 188.

모범을 따르고 모방하는 가운데 복음적 가치의 내면화는 점차적으로 이루어지게 된다.[57] 그렇다면 이런 도제 교육을 현실화하는 방안이 있을까? 필자는 한국 가톨릭교회 여성 지도자들의 총회를 제안하고 싶다. 이 총회에서 다룰 주제는 21세기 한국 가톨릭교회의 도전과 과제 및 이에 대한 여성들의 기여가 될 것이다. 우선 여성 지도자들은 그들의 눈으로 바라본 교회의 도전과 과제들을 토론하고 주요 주제별로 분류한다. 그다음에는 여성 지도자들이 지닌 고유한 카리스마와 전문성이 무엇인지에 대해 서로 나눈다. 그리고 각자의 은사에 따라 기여할 수 있는 분야와 문제들을 선정한다. 분야와 주제가 선정되면 같은 분야와 주제를 선택한 지도자들끼리 모여서 좀 더 세부적인 사안들을 토의하고 그 안에서 다시 각 지도자가 더 잘할 수 있는 분야를 선정한다. 이렇게 하여 자신의 전문 분야를 선정한 여성 지도자들은 자신의 지역과 터전에서 그 분야의 현안을 신앙적으로 해결하기 위한 다양한 시도를 실행에 옮겨나간다. 이 지도자들 각각은 자기 일에 함께할 사람들을 직접 선택하여 도제 교육을 통해 그들을 신앙 안에서 양성하고, 그들이 일정한 기간의 훈련 과정을 거치고 나면 새로운 지도자가 되어 그의 고유한 소그룹을 형성할 수 있게 지원한다. 다양한 지역의 여성 지도자들의 계속적인 교육과 정보 교환은 사이버 공간의 네트워크를 통하여 가능하며, 정기적인 모임도 이 공간을 통하여

---

57 최혜영 수녀는 이런 여성 지도자들은 경청하는 능력, 민감하게 다른 사람의 필요를 감지할 수 있는 감정 이입의 능력, 불의에 저항하고 평화를 갈망하며 사람들의 성장에 투신하는 능력, 하느님과 인간의 선함에 대한 절대적인 믿음, 예수의 삶을 지켜보고 각성해 가는 성숙함, 일생을 통해 헌신할 수 있는 투지력, 설득하고 맡길 수 있는 신뢰심, 하느님의 뜻이 꼭 이루어지리라고 예견하고 확신함, 공동체 구축 등과 같은 특성을 지녀야 한다고 말한다. 최혜영, "성서의 여성 리더십: 나자렛의 마리아를 중심으로," 188.

해나갈 수 있을 것이다. 이렇게 된다면 복음의 가치를 내면화한 여성 지도자들이 사회의 변화를 일으키는 주역이 될 수 있을 것이다.

골리앗을 무너뜨린 것은 다윗의 손에 들린 작은 돌멩이였다. 우리를 둘러싸고 있는 문제들이 제아무리 심각하고 다양하다고 하더라도 "칼이나 창 따위로 구원하시지 않는 주님"을 신뢰하는 이들의 작지만 꾸준한 시도들은 복음이 확산될 길을 만들어 갈 것이다(1사무 17,47). 마리아 막달레나는 교회의 전면에 뚜렷한 초상을 남기지 못했어도 그가 전한 복음은 지금까지 전해지고 있다.

나가며

때마침 가톨릭교회는 시도달리타스의 정신을 살기 위한 다양한 시도들을 하고 있고, 그 어느 때보다 마리아 막달레나의 계승자들을 필요로 하고 있다. 이들은 골리앗과의 전쟁을 앞두고 다만 매끄러운 돌멩이 다섯 개를 골라 가방 주머니에 간직할 것이다. 이 시대의 돌멩이 다섯은 경청과 설득력, 깊은 신앙 체험에서 우러나온 확신, 어떤 상황에서도 뒤로 물러나지 않는 끈기와 인내, 하느님을 향한 희망이지 않겠는가.

규정되는 '여성 패러다임'과
그 해체에 관한 이야기*

김정은

(한국교회사연구소 선임연구원)

들어가며

프란치스코 교황은 마리아 막달레나 성인이 부활하신 그리스도의 첫 증인이자 나머지 사도들처럼 주님 부활의 메시지를 선포하였으므로, 로마 보편 전례력에서 사도들의 경축에 해당하는 것과 같은 축일 등급을 지니는 것이 마땅하다고 밝히면서, 2016년 6월 3일에 마리아 막달레나 기념일을 축일로 승격시켰다(Prot.N.257/16).[1] 그리고 교황은 축일 승격 교령을 통해 마리아 막달레나 성인을 '하느님 자비의 증인', '주님 부활의 증인', '복음 선포자의 모범', '사도들의 사도'라고

---

* 이 글은 2019년 심포지엄에서 김정은 박사가 발표한 글을 편집자와 다른 필자들이 각주를 다는 등 보완한 것임을 밝힙니다. _ 편집자 주

1 경신성사성 교령 해설 「사도들을 위한 사도」(Apostolorum Apostola), http://www. cbck.or.kr/bbs/bbs_read. asp?board_id=k1200&bid=13012154 (검색일 2019. 5. 12).

칭했다. 이에 한국가톨릭여성신학회는 2017년부터 마리아 막달레나 성인의 축일을 축하하고 기념하는 자리를 마련하여 올해로 3회째를 맞이한다.[2]

마리아 막달레나 성인은 인물의 중요성에 비추어 보았을 때 성경과 성전을 통해 그녀의 생애와 주님 부활 이후의 행적에 대하여 놀라울 만큼 거의 아무것도 전해주지 않는다. 다만 성경에서 언급하는 몇 구절을 통해 마리아 막달레나 성인에 대하여 다음의 몇 가지 사실을 확인할 수 있다.

첫째, (이스라엘 북부 '믹달'로 추정되는) 막달라 지역 출신의 여성이다.

둘째, 악령과 병에 시달리다 낫게 되었으며 일곱 마귀가 떨어져 나갔다(루카 8,2; 마르 16,9).

셋째, 예수와 제자들이 마을을 다니며 복음을 선포할 때 함께 다녔다(루카 8,1).

넷째, 예수와 제자들이 복음을 선포할 때 자신의 재산으로 예수와 제자들의 시중을 들었다(루카 8,3).

다섯째, 예수 그리스도의 십자가 죽음에서부터 무덤에 묻히기까지 전 과정을 눈물로 지켜본 증인이다(마태 27,56.61; 마르 15:40.47; 요한 19,25).

여섯째, 예수 그리스도가 부활하여 처음으로 모습을 드러낸 여성이다(마태 28,9; 마르 16,9; 요한 20,11-18).

---

2 마리아 막달레나가 십자가와 부활의 첫 증인으로 그의 사도성을 재조명하고 축일을 승격한 것을 축하하는 미사와 공개 강연이 2017~2019년 마리아 막달레나 축일에 열렸다.

일곱째, 부활하신 예수 그리스도가 제자들에게 메시지를 전하라고 맡긴 여성이다(마태 28,10; 요한 20,17-18).

여덟째, 부활하신 예수 그리스도의 메시지를 처음으로 전한 여성이다(요한 20,18).

따라서 마리아 막달레나 성인은 예수의 발에 입을 맞추고 향유를 부어 바른 용서받은 죄 많은 여인(루카 7,36-50)이 아니며, 베타니아의 마리아(마태 26,6-13; 마르 14,3-9; 요한 12,1-8)가 아니다. 마리아 막달레나 성인은 예수 그리스도의 부활을 목격하고 증언한 사도들 중의 사도이다.3

이러한 사실들이 앞선 2회의 공개 강연에서 고찰해 본 내용이다. 그렇다면 질문을 던져본다. 왜 우리, 가톨릭여성신학회는 마리아 막달레나 성인에 관한 이야기를 시작했는가? 왜 우리는 지금, 여기에서, 빈 무덤 앞에서 울고 있는 여인에게 "왜 우느냐? 누구를 찾느냐?"라고 물은 예수 그리스도의 말씀을 성찰하고 있는가?

가톨릭여성신학회가 2017년에 마리아 막달레나 성인에 관한 이야기를 시작한 것은 축일 승격을 계기로 마리아 막달레나 성인에게 씌워 있던 '창녀', '죄 많은 여인'이라는 오래된 오해와 편견을 없애기 위함이었다. 더불어 한국 사회와 교회 안의 여성에 관한 이야기를 나누기 위함이었다. 최근 버닝썬으로 드러난 성폭력 사건, 김학의

---

3 '사도들 중의 사도'는 토마스 아퀴나스 성인이 쓴 표현이다. https://press.vatican. va/content/salastampa/it/bollettino/pubblico/2016/06/10/0422/00974.html; http://www.vatican.va/roman_curia/congregations/ccdds/docu-ments/sanctae-m-magdalenae-decretum_en.pdf.

동영상, 낙태를 둘러싼 갈등, 일본군 위안부 여성의 고통을 바라보면서 가톨릭여성신학회는 한국 사회에서 고통받는 여성들의 이야기를 다시 꺼낼 수밖에 없었다. 오늘날 여성들이 겪는 고통에 관한 이야기 이전에 한국 사회에서 함께 살고 있는 앞선 두 세대의 특징을 먼저 이야기하고자 한다.

현재 50대 이상의 세대가 경험한 시대는 '공동체 시대'로, 이 시대를 경험한 세대는 자신이 속한 공동체를 바로 자기 자신으로 인식하는 경향을 지닌다. 이 세대는 어떤 조부모와 부모 아래에서 몇 남매의 몇째이며, 어떤 동네의 어떤 학교 출신으로 어떤 조직에서 살아온 사람이라는 공동체 기반의 정체성이 뚜렷하다. 그렇기에 공동체를 계승하는 결혼은 일반적인 삶의 과정으로 받아들여져서, 여성들의 경우 결혼을 통해 누군가의 아내이자 엄마로의 역할의 전환이 비교적 쉽게 이루어졌다. 하지만 이 세대는 공동체 정체성이 뚜렷한 만큼 자아정체성은 강하게 요구되지 않았으므로 공동체 정체성이 옅어지는 때, 즉 부모와 집안의 어르신들이 세상을 떠나고, 남편은 가정보다는 회사에 헌신하며, 자식은 장성하여 독립하게 되면 비로소 여성은 "나는 누구인가"라는 물음에 마주하게 된다.

'개인의 시대'에 태어나 성장한 20~40대는 '공동체 시대'의 세대가 가졌던 공동체 내 역할이나 연대적 정체성을 형성시켜 줄 대가족, 마을이나 동네 등의 공동체를 거의 경험해 보지 못했다. 따라서 이 세대는 '공동체 시대'의 세대처럼 가족, 지역, 학교, 회사에 대한 소속감이나 역할 안에서 자신의 정체성을 찾기보다 자신의 환경, 능력, 욕구 안에서 자신을 인식한다. 그리고 이 세대는 자신만의 삶의 무대를 갖고 있다. 이 무대는 1인 가구라는 현실 플랫폼과 블로그, SNS 등의 미디어 플랫폼이 결합한 형태이다. 현실 플랫폼은 저마다 다른 폐쇄적인 공간이라면, 미디어 플랫폼은 모두에게 동일하게 생긴 공개된 무대이다. 이 두 가지 무대 위에 서 있는 '개인 시대'의 개인은 무대 위의 주인공처럼 자신만의 개성과 특성을 창의적으로 표현하는 특성을 지니지만 동시에 자기 과잉과 자기도취, 폐쇄적인 공간에 갇힌 우울함과 외로움에 부대끼기도 한다.

이렇게 다른 두 세대의 서로 다른 정체성은 두 세대 사이의 단절을 가속화한다. 각기 다른 시대적 정체성에서 태어나고 자란 두 세대는 서로에게 가치관의 충돌을 일으키거나 익숙한 문화가 거부되었을 때 집단적, 개인적 갈등을 겪기도 한다.4 한 예로 점점 낮아지는 결혼과 출산율을 두고 기성세대는 젊은 시대가 이기적이고 책임감이 없다고 생각하는 반면, 젊은 세대는 사회 제도와 구조의 문제, 여성 인권의 문제에서 기인한 것으로 평가한다.5

여성의 고통에 관한 이야기에 앞서 두 세대의 서로 다름에 관한 이야기를 한 이유는, 이 글을 읽는 여성 모두가 자신이 어떤 시대의 정체성에 기반하고 있는지 둘러보고 거기에서부터 이야기의 맥락을 따라갈 수 있기를 바라기 때문이다. 오늘날 여성들의 아픔과 고통은 내가 겪은 일이거나 내 어머니, 딸의 경험이다. 혹은 내가 인식하지

---

4 20대 중 "한국 사회가 여성들에게 불평등하다"고 생각하는 비율이 여성 73%, 남성 29%로 성별에 따라 큰 차이를 보이는 것으로 나타났다. https://www.yna.co.kr/view/AKR 20220419047400530.

5 이 글을 출판하기 위해서 살펴본 자료에 따르면, 한국 사회의 20~40대 MZ 세대의 구성원들은 각기 다른 이유로 여성과 남성이 불평등을 겪고 있다고 평가한다. https://www.hani.co.kr/arti/society/women/986295.html.

못했거나 인식했더라도 나와는 관계없는 일로 밀쳐놓고 외면했던 고통이다. 그렇기에 우리가 오늘 나눌 이야기는 사회적 담론, 여성 신학의 전망, 교의신학적 고찰이 아닌 자기 자신의 삶의 자리에서 시작되기를 바란다.

따라서 이 글은 한국 사회에서 여성들이 겪는 차별과 폭력의 원인을 '규정되는 여성 패러다임'(I)으로 보고 그 해결의 방안을 인식의 전환과 구체적인 방안을 통한 '패러다임의 해체'(II)로 제안한다. '규정되는 여성 패러다임'에서는 한국 사회와 교회 안에서 여성들이 수단과 제한적 역할로 규정되는 모습들을 고찰하며, 이러한 '패러다임의 해체'를 위한 방안은 가톨릭교회로 그 범위를 축소하여 제안하였다. 범위를 교회로 축소한 이유는 사회적 방안을 제시하는 것은 필자의 역량을 넘어서는 일이기도 하며, 교회 내의 개선 방안 제시를 통해 본당에서 여성을 위한 구체적인 사목 방향의 변화가 있기를 기대하기 때문이다.

I. 규정되는 여성 패러다임

2018년 2월 22일, 제네바 유엔 본부에서 열린 여성차별철폐위원회(CEDAW) 제8차 국가보고서 심의에 참석한 정현백 전(前) 여성가족부 장관에게 회원들의 비판이 쏟아졌다. 한국의 기술, 경제의 진보와 견주어 여성의 권리가 낙후되어 있고 전반적인 여성 정책이 뒤따라가지 못하다는 지적에서부터, 2012~2016년 고용노동부에 보고된

2,109건의 성희롱 사건 가운데 기소된 사건이 단 9건이라는 점, 그 연장선에서 '미투 운동'이 가해자의 처벌 없이 단순한 폭로로 그치고 있는 현실, 성폭력 피해자들이 무고죄와 명예훼손 소송 등으로 2차 피해를 겪고 있는 상황 등 한국 사회의 구체적인 사건과 상황들에 대한 비판이 이어졌다.[6]

　한국 사회에서 여성으로 산다는 것은 어떤 것일까? 한국 사회에서 여성이라는 이유로 정치, 경제, 종교, 교육, 고용, 보건, 지역, 혼인과 가족 관계의 영역 안에서 차별과 폭력을 겪지 않은 여성이 우리나라에 얼마나 있을까. 성별 임금 격차는 OECD 국가 중 부동의 1위이고, 여성들은 불안한 유리 천장 아래에서 살고 있다. 여전히 여성에게는 제한적이고 열등한 역할이 부여되며, 딸에서 딸로 이어지는 가정에서의 무상 노동은 그 고리가 끊어질 기미를 보이지 않는다. 2018년 여성인권상담 1위는 성폭력이었다. 성폭력의 뒤를 이어 가정 폭력이 많았고 이외에도 데이트 폭력, 스토킹이 높게 나타났다. 한국 여성의 93%는 한국은 성평등 국가가 아니라고 생각하며, 10%만이 사회가 안전하다고 느끼고 있다. 실제로 '묻지마 범죄' 대상의 90%가 여성이며, 가정 폭력 대상의 80% 역시 여성이다. 이마저도 여성이 남편의 폭력에 맞대응하거나 반격하는 빈도가 올라가면서 나타난 수치이다.[7]

---

6 이재호, "유엔서 혼쭐난 한국 여성정책… 여성권리 낙후돼 있다," 「한겨레신문」 (2018. 3. 1), http://www.hani.co.kr/arti/PRINT/834234.html (검색일 2019. 5. 12).

7 "친밀관계 여성 살해 하루 1명 꼴," https://www.yonhapnewstv.co.kr/news/MYH 20230311001500641.

남녀평등이라는 사회적 분위기와 가정 내에서 남녀 차별 없이 교육받고 자라난 20~40대 여성들은 그러한 사회, 가정 문화 안에서 학력과 경력을 쌓았지만, 여전한 유리 천장을 경험하며 사회생활을 하고, 결혼과 출산 후에는 무한 가사 노동과 경력 단절이라는 이중의 벽에 둘러싸여 있다. 아이 엄마들과 카페에 앉아 대화를 시작하면 '맘충'이 되어 버린다. 위로는 오빠, 아래로는 남동생에 우선순위를 뺏기며 성장한 50대 여성들은 결혼해서 남편과 자식 뒷바라지하며 정신없이 살다 보니 어느새 텅 비어 버린 자신의 삶을 마주하게 된다. 그렇지만 '나만 참으면 가정이 편하다'를 주문처럼 외우며 '이만하면 됐다'라고 위안 삼는다. 사회생활을 하는 친구나 주위 돈 버는 엄마들을 바라보면서 '이제라도 사회생활을 할까' 생각해 보지만, 한국 사회에서 자녀를 키우며 나이 들어버린 중년 여성에게 주어지는 일은 적은 돈을 받으며 과한 노동을 제공하는 일뿐이다. 그리고 손자가 생기면 기쁘지만 괴로운 무상 육아 노동이 시작된다.

'여자가 아들을 낳지 못하면 죄인'인 시절에나 겪었을 법한 일들이 여전히 반복되고 있는 한국의 현실을 김지영이라는 주인공을 통해 3인칭으로 서술한 소설 〈82년생 김지영〉이[8] 출간 2년여 만에 100만 부 이상 팔렸고 지금도 베스트셀러로 팔리는 현실, 2019년 5월에 가스 점검을 위해 가정을 방문하는 직원들이 무방비로 겪어야 하는 성희롱과 성폭력에 대한 눈물의 기자회견을 보면서, 왜 한국은 사회가 진보되고 기술이 발전하며 삶의 질이 높아졌음에도 여성을 둘러싼 불평등과 폭력이 사라지지 않은 채 일상에서 반복되고 있는지 묻고

---

8 조남주, 『82년생 김지영』 (민음사, 2017).

또 묻고 싶다. "그래도 여자는 몸을 팔아서라도 먹고 살 수 있다", "여자는 반찬값만 벌어도 되지", "남자가 벌어다 주는 돈으로 먹고사니 여자는 얼마나 편해"라는 말이 통용되는 이상하고도 잔인한 울타리가 왜 여전히 거둬지지 않은 채 있는 것일까?

필자는 그 이유의 근본적인 원인을 사회가 진보하고 발전하며 삶의 질이 향상됐음에도 불구하고 한국 사회에서 여성을 둘러싼 패러다임이 바뀌지 않았기 때문임을 지적하고자 한다. 토머스 쿤이 제시한 패러다임 자체는 단순한 개념이다. 쉽게 설명하면, 패러다임은 'Y=X'라는 수식과 같다. 혹은 "우주는 끊임없이 팽창하고 있다"라고 누구나 사실로 받아들이는 하나의 가설이자 전제이다. 하지만 Y=X로 설명되지 않는 데이터가 조금씩 축적되면 Y=X가 아닐지도 모른다는 인식이 퍼져 나가고, 급기야 Y=2X라는 새로운 공식을 증명하는 데이터들이 많아져 누구나 이 공식이 맞다고 받아들이게 되면, 이전의 공식은 완전히 폐기되고 새로운 공식이 그 자리를 대신하게 된다. 이것이 바로 '패러다임의 전환'(Paradigm Shift)이다.[9]

본고에서는 한국 사회의 여성이 고통을 겪는 원인이 여성이 주체적인 존재로 스스로 규정할 수 없는 패러다임에 있다고 보고, 이를 '규정되는 여성 패러다임'이라고 하였다. '규정'이라는 것은 내용이나 성격, 의미 등을 정하여 놓은 것을 말한다. 어떤 범위를 제한하여 정하기도 하며, 조직, 공동체 안에서 구성원들이 공동으로 지켜야 할 행동의 규칙 등을 뜻하기도 한다. 그래서 규정을 통한 규제, 규정을

---

9 "여성살해 500건, 아무도 그 죽음을 막지 않았다," https://www.yonhapnewstv.co.kr/news/MYH20230311001500641.

통한 역할의 분배 등이 이루어진다. 여권 사진 찍을 때를 생각해 보면 '규정되는 여성'의 패러다임을 쉽게 이해할 수 있다. 외교부는 여권 사진 촬영 시 지켜야 할 사항에 대하여 다음과 같이 '규정'한다. "… 입은 다물어야 하며 웃거나 찡그리지 않은 자연스러운 표정(무표정)이어야 합니다. … 얼굴을 머리카락이나 장신구 등으로 가리면 안 되고 얼굴 전체가 나와야 합니다. 종교적 의상은 일상생활 시 항상 착용하는 경우에 한해 허용되며, 얼굴 전체(이마부터 턱까지)가 나와야 합니다."[10]

여권 사진 규정 안내 사진

필자도 여권 사진을 찍을 때 웃으면 안 된다는 주의를 몇 차례 들은 뒤에 굉장히 부자연스러운 무표정으로 합격하고 사진관을 나왔던 기억이 있다. 다시금 여권 사진 규정을 읽어보니 당시의 답답한

---

10 외교부, http://www.passport.go.kr/new/issue/photo.php (검색일 2019. 5. 25).

기분이 떠오르면서 동시에 어린 시절부터 어른들과 부모님을 통해 드라마 주인공의 대사나 회사 남자 임원들에게 들었던 말들이 자연스럽게 떠올랐다. "여자가 너무 드세면 안 된다. 얌전하게 걸어야 한다. 친절하고 상냥해야 한다. 큰 소리를 내면 안 된다. 크게 웃어도 안 된다. 항상 몸가짐, 마음가짐을 바르게 하고, 어른들을 뵐 때나 중요한 자리에 갈 땐 화장을 곱게 하고 치마 정장을 입어야 한다. 음식을 잘해야 하고, 살림을 꼼꼼히 해야 한다" 등등의 말이 대표적이다. 그리고 "집안에 여자가 잘 들어와야 한다"라는 말에서부터 "여자가 감히", "어떻게 여자가", "여자라면 당연히", "엄마니까", "딸이니까"로 시작되는 차별과 폭력의 언어를 어른들이나 TV를 통해 보았고 들어왔다.

이러한 배경에서 한국 사회의 여성들이 경험하는 차별과 폭력의 근본 원인을 '규정되는 여성 패러다임'에서 찾아보았다. 그리고 규정되는 구체적인 모습으로 첫째, 수단으로 규정되는 여성, 둘째 제한된 역할로 규정되는 여성에 대하여 살펴보고자 한다.

1. 수단으로 규정되는 여성

1) 성적 수단, 왜곡된 성 의식

최근 성폭력과 성매매 사건이 벌어진 클럽 버닝썬 직원들의 단체 채팅 대화가 공개됐다. 클럽 손님으로 온 여성을 방 번호로 부르면서 여성의 상태에 따라 등급을 나누어 은어로 부르고 있었고, 이 등급에 따라 직원들은 이 여자들을 어떤 남자들에게 적절히 '공급'하고 있었다. 이 사건으로 공개된 가수 승리의 단체 채팅 대화 역시 이러한 수준에서 이루어지고 있었고 강간으로 의심되는 일조차 이들에게는 하룻밤 놀이일 뿐이었다. 더욱 놀라운 것은 이 채팅방에 있었던 남자 연예인이 동영상 촬영 및 유포로 구속되었다는 기사에 남성으로 추정되는 이들이 남긴 폭로와 반성의 댓글이었다. 이 댓글들을 요약하면 "동영상 유포로 구속되면 우리나라에 안 잡혀갈 남자가 어디 있느냐", "이제 남자들이 정신 차리고 이런 짓 하지 말아야 한다" 정도였다. 우리나라에서 이른바 '야동'은 남자들에게는 자연스러운 문화이자 일상에 가깝다. '야동'은 여성을 성교를 위한 물건 이상으로 취급하지 않으며 상당수 성폭력과 유사한 장면으로 편집된다. 어쩌면 어린 시절부터 이러한 영상에 노출된 한국 남성이 여성과 올바른 인격적인 관계를 형성하며 여성을 동등한 존재로 인식하기를 바라는 것 자체가 무리일지 모른다. 그렇다고 모든 한국 남성을 잠재적 범죄자, 몰상식하고 왜곡된 성 의식을 지닌 것으로 몰아가는 것은 그 자체로 또 다른 차별과 폭력일 것이나, '야동'에 익숙해지고 무감각해진 한국 남성들의 성 문화 저변에 깔린 남성들의 성적 본능 표출의 정당성과 여성들에 대한 성적 착취에 대한 미묘한 정당성은 올바로 비판되어야 한다.

한국 사회에서 여성들의 성적 자기 결정권은 이전에 비하여 자유로워졌다. 하지만 여성들의 성행위는 여전히 규정하는 남성들에 의해 윤리, 도덕적으로 판단된다. 일례로 한국 사회에서 성폭력 사건이 발생했을 경우, 성폭력을 가한 행위자에 대한 판단에 앞서, 그 여성이 성폭력을 당할 수밖에 없던 상황을 스스로 만들지 않았는지에 대한 철저한 마녀사냥이 시작된다. 그 여성의 배경과 신분, 과거 이력까지도 상세히 조사해 가며 '그럼에도 불구하고' 당한 것인지, '그러니까' 당한 것인지를 구분하며 비난과 공격을 쏟아낸다. 남성들의 성행위는 ─때때로 성폭력까지도─ 정당한 권리이나, 여성들의 성행위는 그것을 규정하는 남성들에 의해 윤리, 도덕적으로 판단되는 것이다.

이러한 왜곡된 성 의식에 따른 집단적 무관심과 폭력의 대표적인 예는 일본군 위안부일 것이다. 일본군 위안부로 끌려 나갔다 가까스로 살아 돌아온 여성들은 가정에 돌아가지 못했거나 돌아갔더라도 가족과 지인들의 따가운 눈초리로 서러운 세월을 보냈다. 1990년 7월이 되어서야 민간 중심의 정신대연구반이 만들어졌고, 정부 차원에서는 1992년 2월 피해자신고센터가 운영되었다. 그 이후로 27년이 흘렀지만 일본군 위안부 피해 여성들은 일본 정부의 진정한 사과와 명예 회복을 위한 법적 배상이 이루어지지 않은 것은 물론, 한국의 남성들이 '평화의 소녀상'을 모욕하고 일본이 일본군 위안부들의 인권을 잘 지켜준 것이라는 망언으로 이중, 삼중의 고통을 받고 있다. 일본군 위안부 피해자들의 계속되는 고통은 오늘날에도 성희롱과 성폭력으로 고통받는 여성들을 위한 제대로 된 조치를 취하지 않고 있는 한국 사회 현실에 경종을 울리는 표징일 것이다.

2) 무상 노동자

한국 사회에서 여성은 결혼과 동시에 새로운 계층의 무상 노동자가 된다. 한국 사회에서 대부분의 사람들은 엄마가 해주는 밥을 먹고,

엄마가 빨래한 옷을 입고, 엄마가 청소한 집에서, 엄마가 시댁 어른을 모시거나 양가 대소사를 챙기는 가정에서 성장한다. 이렇게 성장한 누군가의 아들과 누군가의 딸이 결혼하여 가정을 이루면 아들에게는 엄마로부터 아내로 노동 수여의 주체가 바뀌고, 딸은 엄마로부터 노동 증여자의 역할을 물려받는다. 물론 어떤 남편은 아내와 공동으로 가사 노동과 육아 활동에 참여하고, 어떤 남편은 여전히 엄마에게서 받은 무상 노동을 아내에게 요구한다. 어떤 아내는 엄마와 달리 남편과 역할을 분담하여 새로운 가정 공동체를 형성하고, 어떤 아내는 자의나 타의에 의해 엄마가 겪었던 무상 노동의 쳇바퀴에 올라간다.

3) 무상 생산자

한국 사회에서 여성은 결혼과 동시에 출산의 의무를 성실히 이행해야 하는 무상 생산자가 된다. 생명의 잉태와 출산은 여성들만이 경험할 수 있는 소중한 선물이지만, 임신과 출산을 둘러싸고 여성에게 '규정되는' 내용과 시선은 결코 아름답지 않다. 낮은 출산율에 대한 우려의 목소리가 높아지면서 출산을 거부하는 여성 개인에게 쏟아지는 화살은 실로 가혹하다. 출산이 곧 애국이라는 프레임까지 씌워져 출산하지 않는 여성, 둘째를 낳지 않는 여성은 국가에 해를 끼치는 범죄자와도 같이 취급된다. 임신해서 혹은 아이를 데리고 지하철을 타거나 공공장소에 가게 되면 엄마들이 겪어야 하는 통과의례가 있다. "아이가 첫째냐", "둘째는 있냐"로 시작하는 질문은 결국 "왜 아이를 낳지 않느냐" 혹은 "왜 더 낳지 않느냐"로 이어지고 "요즘 젊은 애들이 정말 문제가 많다. 애는 낳기만 하면 자기가 먹을 거 자기가 갖고 태어나는데 왜 애를 낳지 않는 거냐. 내가 젊을 때는…" 하는 질책으로 이어져 아이 엄마는 결국 죄인이 되어 그 자리를 떠난다. 사실 이러한 풍경은 성당에 가도 반복된다. 결혼하지 않은 여성에게는 "왜 결혼하지 않느냐", 결혼한 여성에게는 "애가 몇이냐"로 질문이 시작된다. 어른들도, 수녀님들도 예외가 없다. 필자가 결혼한 뒤에 성당에서 어른들과 본당 수녀님에게서 들은 이야기의 9할은 일상도, 삶도, 신앙도 아닌 "둘째를 낳아야지"였다.

　여성이 '수단으로 규정'됨으로써 드러난 최근의 갈등은 낙태죄 폐지를 둘러싼 논쟁이다. 2019년 4월 11일 헌법재판소는 한국의 낙태죄가 헌법에 합치하지 않는다는 판결을 내렸다. 한국 천주교회는 이러한 판결에 우려하는 성명서를 즉각 발표하였고, 신자들은 헌법재판소 앞에서 낙태죄 폐지 반대 시위를 펼치고 있다. 반대로 헌법재판소의 판결에 찬성하는 여성 단체들은 즉각 환영의 뜻을 나타냈다. 낙태죄 폐지를 둘러싼 쟁점은 생명권과 여성의 자기 결정권의 우위성 그리고 낙태가 가능한 임신 22주에 대한 논쟁이 이어지고 있지만, 찬반 여부와 관계없이 모두가 공감하는 사항은 바로 '여성'에게만 부과되는 낙태를 둘러싼 책임과 처벌이라는 점이다. 합헌 의견을 낸 헌법재판소 재판관들도 '임신중단 비 범죄화' 이후 고민해야 하는 사항을 결정문에 넣었다. "아이를 양육할 의무나 생물학적 아버지로서의 책임으로부터 자유로워지고자 하는 남성, 사회적 편견이나 경제적 어려움 등을 염려하는 임신한 여성의 가족, 친구의 낙태 권유나 교사(敎唆)는 현재 드러내놓고 하기 어려운 요구 또는 범죄인데, 낙태가 선택의 문제가 된다면 그러한 요구나 압박은 보다 거리낌 없이 행해질 것이고, 그로 인한 불이익을 감내해야 하는 사람은 모두 임신한 여성"이라는 것이다.

필자는 낙태죄 폐지를 둘러싼 논쟁은 결국 임신과 출산, 육아에 있어서 여성이 인격체로서 존중받기보다 여성이 임신과 출산, 육아를 수행하는 수단으로 여겨지는 문화에 근본 원인이 있다고 생각한다. 그렇기에 사회 안에서 여성에게 씌워진 수단으로 규정되는 패러다임에 대한 비판과 성찰이 더 적극적으로 이루어져야 하며, 한국교회 역시 '여성의 존엄', '생명권', '가정의 존엄'을 주장하고 보호하기 위해서라도 교회의 제도와 문화에 있어서 여성을 수단화하지 않았는지 성찰과 반성, 그에 따른 대안 마련이 뒷받침되어야 할 것이다. 이러한 의지와 노력이 뒤따를 때 비로소 여성, 생명, 가정, 낙태에 대한 교회 가르침이 신자는 물론 한국 사회의 모든 사람에게 설득력 있게 다가갈 것이다.

2. 제한적 역할로 규정되는 여성

여성이 경험하는 차별과 폭력은 '직장 내 성희롱', '가정 내 폭력', '결혼 이주 여성이 겪는 차별' 등 특정 대상이나 연령에 다른 조사와 연구를 토대로 다루어진다. 이전에는 여성이라는 이유만으로 가정과 회사, 단체 안에서 부당한 대우를 받거나 성희롱, 성폭력 같은 '명백한 경험'들에 대한 연구와 담론이 주를 이루었다면, 최근에는 '미세한 성 공격'(gender microaggression)에 대한 연구가 활발히 이루어지고 있다. '마이크로 어그레션'은 '미세 공격'이란 뜻으로 '먼지 공격'으로 불리기도 한다. 미국에서 사용된 이 용어는 예컨대 흑인 학생이 자리에 앉으면 백인 학생이 일부러 흑인 학생과 멀리 떨어진 자리로 옮기는 행동 등을 일컫는 일상생활에서 이뤄지는 미묘한 차별을 의미한다.[11] '미세한 성 공격'은 일상에서 공공연하게 일어나는 언어적, 행동적, 환경적인 성차별, 여성에 대한 공격적이고 모욕적인 의미를 전달하는 것, 미묘하고 보이지 않는 형태의 성차별 등을 의미한다.

한국의 직장 여성들은 유리 천장 지수와 여전한 남녀 임금 격차의 어려움과 불합리함을 주장하지만, 동시에 양성평등을 위해 실시하는 여성 고용 할당제나 복지, 주거, 의료 등에 대한 여성 우선 정책 등으로 인해 남성들이 역차별받는다는 주장도 상당히 제기되고 있다. 강남역 여성 살인 사건으로 점화된 20~30대 젊은 층의 페미니즘과 반페미니즘의 갈등은 워마드-일베 등의 극단적이고 집단적인 혐오 현상을 넘어, '자신을 약자로 인식하는 반페미니즘적 성향을 지닌 20대 남자 현상'과 같이 세대 정체성의 하나로 자리 잡기에 이르렀다. 언론사의 조사 결과에 따르면 20대 남성의 25.9%는 '남성 마이너리티 정체성 집단'으로, 이들은 페미니즘이 남성을 약자로 만든 주적이라고 인식한다. 이들은 사회의 불공정, 기회의 축소 요인이 여성에게 있다고 생각한다. 나아가 가족을 꾸리는 것이 여성에게 더 유리하며(65.2%), 여성의 소득이 낮은 이유는 여성의 노력이 남성보다 약하기(78.3%) 때문이라고 생각한다. 이러한 '반페미니즘 신념형 20대 남성'이 왜

---

11 "마이크로어그레션", 「시사상식사전」 https://terms.naver.com/entry.nhn?docId= 33 77251&cid=43667&categoryId=43667 (검색일 2019. 5. 25).

등장했을까? 이 현상을 두고 조사를 실시한 언론사는 '세대 계약의 붕괴'를 주요한 하나의 원인으로 제시하였다. 다시 말해 20대 남성들은 부모 세대에서 여성 차별이 심각했다는 데 이견이 없지만 동시에 이들은 기존 남성들이 누렸던 권리는 줄고, 의무는 늘었으며, 고도성장 세대의 기득권도 모두 박탈당한 세대라고 생각한다는 것이다.[12]

하지만 실제는 어떠한가? 경력 단절 여성은 사회 복귀가 어렵고, 대기업 여성의 임원 비율은 고작 3%, 공기업도 10%이다. 이사회의 여성 임원 비율도 2.4%로 아·태 지역 20개국 중에서 최하위이다. 10대 건설사 여성 임원은 통틀어 3명으로 여성들에게는 '유리 천장'을 뛰어넘는 '콘크리트 천장'으로 불린다. 아이를 맡길 곳이 없어 죄책감으로 일하는 워킹맘이 78%이고, 육아 휴직을 사용하는 여성 직원이 있는 기업은 48.9%로 아직 절반도 되지 않는다. 회사의 낮은 여성 임원 비율과 같이 여성에 대해 명백히 드러나는 차별이 있는가 하면, 업무와 역할 배분에 있어서 제한적인 역할을 부여하는 미묘한 차별도 존재한다. 한 연구에 따르면 미묘한 성차별은 두드러진 성차별보다 여성에게 더 큰 스트레스를 주는 것으로 조사되었다. 이는 성차별 가해자가 보내는 명시적 메시지와 암묵적 메시지가 다를 경우, 명시적으로 드러내는 온건한 태도와 자신이 경험하는 불쾌한 현실 사이에서

---

12 이 설문조사는 「시사IN」 606호에서 608호까지 3차례에 걸쳐 '20대 남자 현상'이 왜 생겼으며, 이들이 어떤 생각을 갖고 있고, 그 생각의 원인은 무엇인지 분석하고 있다(천관율, "20대 남자 현상 반페미니즘 전사들의 탄생," 「시사IN」 (2019. 4. 22), https://www.sisain.co.kr/?mod=news&act=articleView&idxno=34379 (검색일 2019. 6. 10); 천관율, "20대 남자 현상은 왜 생겼나," 「시사IN」 (2019. 4. 29), https://www.sisain.co.kr/?mod=news&act=articleView&idxno=34429 (검색일 2019. 6. 10) ; 정한울, "20대 남자 현상 이렇게 조사했다," 「시사IN」 (2019. 5. 8.), https://www.sisain.co.kr/?mod=news&act=articleView&idxno=34613 (검색일 2019. 6. 10).

혼란을 느끼기 때문이다. 이러한 혼란으로 인하여 언제, 어디서, 어떻게 성차별에 대항할지 혹은 그대로 받아들여야 하는지가 불확실하기 때문에 더 큰 스트레스를 받는다는 것이다.[13]

본당에서 여성의 역할은 어떠한가? 전례 거행을 제외한 본당 내의 큰 행사 준비에서부터 세세한 일까지 여성 평신도 손을 거친다고 해도 과언이 아니다. 제대를 준비하는 일, 성모회, 자모회를 통한 성당 살림, 반 모임과 구역 모임, 레지오 마리애 등 각종 신심 단체 활동이 여성을 중심으로 이루어진다. 결혼한 여성이 본당 반 모임을 나가거나 신심 단체 활동을 시작하게 되면 뒤따르는 것이 본당 행사에 노동력을 제공하는 일이다. 청소하고, 몇백에서 많게는 1,000여 명이 먹을 국수를 삶고 음식을 준비한다. 이러한 노동력을 제공해야 하는 행사가 거의 매달 있다. 한 여성 작가가 본당에서 봉사를 시작하자고 결심했다가 음식에는 관심도 소질도 없는 자신이 끊임없이 국수를 삶고 설거지하고 청소하는 일에 지쳐 본당에서 할 수 있는 봉사가 이것뿐이라면 그만두겠다고 선언하고 그만두었다는 글도 기억난다. 필자가 본당 반장을 하던 때에 세례성사를 받고 냉담을 시작하여 오랫동안 성사 생활을 하지 않은 자매님이 다시 신앙생활을 시작한 사례가 있었다. 이 자매님은 신앙생활을 어떻게 다시 시작해야 하는지, 판공성사는 어떻게 해야 하며(그때가 주님 성탄 대축일을 앞둔 대림 시기였다) 기도는 어떻게 해야 하는지, 구역장에 가져다 놓은 대림환은 도대체 무엇이고 어떻게 기도해야 하는지 궁금한 것이 많았다. 이에

---

13 Sue et al., "Racial Microaggressions and Difficult Dialogues on Race in the Classroom," *Cultural Diversity and Ethnic Minority Psychology* 15(2): 183-190.

대한 답변을 해주었고 자매님은 다시 신앙생활을 시작했다. 하지만 미사 참례를 하고 본당에서 만난 신자들(활동을 열심히 하는 '형님들')에게서 들은 이야기는 "성물방에 사람이 부족하니 나와서 성물을 팔아라", "청소할 인원이 부족하니 나와서 청소하라"라는 '노동력'에 대한 것뿐이었다.

본당의 모든 평신도는 신자로서 가장 기본이자 의무인 전례 참여를 통한 성사 생활을 하고, 공동체와 이웃을 위한 봉사 활동, 각종 신심 단체 등에 참여하며, 성직자들의 사목 교역[14]에 협력하기도 한다. 하지만 이 사목 교역에 협력하는 사람은 대부분 남성으로 이루어

---

14 '직무'라는 표현을 주로 사용해 왔으나, '평신도의 사제 교역 협력 문제에 관한 훈령'에서 'ministerium' 용어에 대하여 다음과 같이 정리하고 있다. "얼마 전부터 직무(교역, ministerium)라는 말을 사목자가 성품성사에 힘입어 수행하는 직무(officium)와 임무(munus)뿐만 아니라, 비수품 신자가 세례 사제직에 힘입어 수행하는 직무와 임무의 뜻으로도 사용하는 것이 관례가 되어 왔다. … 세례 사제직과 성품 사제직 사이에 '정도의 차이만이 아닌 본질적인' 차이가 어떤 식으로든 불분명해질 때마다 그러한 어휘 사용이 모호해지고, 따라서 신앙의 교리를 표현하는 데에 도움이 되지 않고 혼동만을 준다는 사실을 인정해야 한다. 어떤 경우엔 '직무'(ministerium)라는 용어가 평신도에게 속하는 '임무'로 확대되는 것이 허용되어 왔는데, 그것은 평신도가 그들 나름대로 그리스도의 유일한 사제직에 참여한다는 사실 때문이다. 그러나 그들에게 일시적으로 맡겨진 직무(officium)는 오로지 교회가 위임한 결과일 뿐이다. … 곧, 그 용어가 성품 교역(ministerium ordinatum)을 부당하게 열망하거나 그러한 교역의 특수한 본질을 점차 손상시키는 것으로 인식되고 사용되는 일이 없어야 할 것이다. 이러한 본래의 의미에서, 교역(ministerium, 봉사)이라는 용어는 교회 구성원이 교회와 전 세계에서 그리스도의 사명과 봉사 직무를 계속해 나가는 일만을 표현한다. 그러나 그 용어를 다양한 임무나 직무와 구별하고 비교할 때, 그 일은 오로지 성품에 힘입어 전통이 부여해 온 온전하고 단일한 의미를 얻는다는 것을 명확히 해 두어야 한다"(요한 바오로 2세, '평신도의 사제 교역 협력'에 관한 토론회에서 한 연설(1994. 4. 22), 3항; 교황청 성직자성·평신도평의회·신앙교리성·경신성사성·주교성·인류복음화성·수도회성·교회법해석평의회, '평신도의 사제 교역 협력 문제에 관한 훈령(INSTRUCTIO DE QUIBUSDAM QUAESTIONIBUS CIRCA FIDELIUM LAICORUM COOPERATIONEM SACERDOTUM MINISTERIUM SPECTANTEM, 1997. 8. 15) 실천규정 제1절 2-3항, 한국천주교중앙협의회, 1997.

져 있다. '평신도의 사제 교역 협력 문제에 관한 훈령'(1997. 8. 15)에 따르면 비수품 신자들이 할 수 있는 사목 교역 협력 중 본당에서 이루어지는 협력은 강론과 성체 분배이다. 한국교회에서 평신도가 강론하는 경우는 거의 평신도 주일에 한정되며, 남성이 주로 맡는 사목회장이 한다. 그리고 어느 본당이든 성체 분배자 역시 평신도 남성이 맡는다.[15]

강론은 크게는 하느님 말씀의 교역에 속한다.[16] 그중에서도 하느님 말씀에 대한 설교 형식으로, 성찬례 전례 거행 중에 이루어지는 것의 중요도에 따라 설교 형식 중에서도 탁월한 자리를 차지한다. 그리고 강론은 가르치고 성화하는 사제 임무와 밀접하게 연관되어 있어 어떠한 주교도 교회법 규범으로 정하고 있는 반면 권한을 가질 수 없다.[17] 그렇기에 비수품 신자의 강론을 허용하는 이전의 모든 규범은 교회법 제767조 1항의 규정으로 폐기되었다.[18] 교회법 제766조에 따르면 제767조 1항[19]의 규정을 보존하는 조건에서 특정한 상황이나 필요에 따라 주교회의의 규정에 의거하여 평신도가 성당이나 경당에서 설교하는 것을 허용하고 있다. 하지만 한국천주교주교회의에서 정한 평신도 강론에 별도 규정은 없으며, 주교회의 사무처에서 발표한 '훈령 해설'이 그 자리를 대신하고 있다. 강론에 대한 훈령

---

15 평신도주일의 강론자, 미사 중 성체분배자의 비율 등에 관해서는 집계된 기록이 없을 만큼 그 참여자의 수는 미미하다.

16 '하느님 말씀의 교역'은 '하느님 말씀의 설교'와 '교리교육'으로 나뉜다.

17 교회법 제767조 1항.

18 '평신도의 사제 교역 협력 문제에 관한 훈령'의 실천규정 제3절 강론 제1항.

19 "… 전례 주기를 따라 강론 중에 신앙의 신비와 그리스도교인 생활의 규범이 성경 구절로 해설되어야 한다."

해설은 다음과 같다.

> … 주례 사제의 요청에 따라 정규 강론을 보완해 주는 증언이나 강의 또는
> 대화는 비수품 신자들에게도 권장되고 있습니다. 특별히 전교주일, 성소주
> 일, 평신도주일 등 특별한 때에 하는 평신도들의 그러한 증언은 매우 바람직
> 합니다. 또한 성찬례를 거행하지 않는 경우에는 관할 사목자의 요청으로
> 비수품 신자들도 교회법과 전례 규범에 따라 강론을 할 수 있습니다.

교회법 규정과 주교회의 사무처의 훈령 해설을 근거로 대부분의 본당에서는 평신도주일 교중 미사 때 평신도가 강론할 수 있으며, 사목회장이 강론한다.

비수품 신자들의 사제 교역 협력 중에서 가장 빈번하게 이루어지는 것은 성체 분배이다. 교회법 제910조 1항에 "영성체 정규 집전자는 주교와 탁덕과 부제"라고 규정하고 있다. 같은 곳 2항에서 "비정규 집전자는 시종자와 제230조 제3항의 규범에 따라 위탁된 다른 그리스도교 신자"라고 정하였다. 교회법 제230조는 평신도의 의무와 권리에 관한 것으로 내용을 보면 다음과 같다.

1) 주교회의의 교령으로 정하여진 연령과 자질을 갖춘 남자 평신도들은 규정된 전례 예식을 통하여 독서자와 시종자의 교역에 고정적으로 기용될 수 있다. 그러나 교역의 수여는 그들에게 생활비나 보수를 교회로부터 제공받을 권리를 주지는 아니한다.
2) 평신도들은 임시적 위임으로 전례 행사에서 독서자의 임무를 수행할

수 있다. 또 모든 평신도는 해설자나 선창자나 그 밖의 임무를 법규범에 따라 수행할 수 있다.

3) 교역자들이 부족하여 교회의 필요로 부득이한 곳에서는 평신도들이 독서자나 시종자가 아니라도 그들의 직무의 일부를 보충하여 법 규정에 따라 말씀의 교역을 집행하고 전례 기도를 주재하며 세례를 수여하고 성체를 분배할 수 있다.

그리고 '평신도의 사제 교역 협력 문제에 관한 훈령' 제8절 '성체 분배자'에서 비수품 신자의 성체 분배는 교구장 주교에게 사안별로나 기간별로 또는 항구적으로 위임받을 수 있으며, 예외의 경우 사제가 '예식'을 통해 허가할 수 있도록 하였다. 그리고 교구장 주교는 비정규 성체 분배자들에 대한 특별 규범을 발표하여 지켜야 할 법규와 봉사의 의미, 영성체 허용 규율에 대한 가르침 등을 제시하도록 하고 있다.

주교회의는 1998년 춘계 정기총회(3.16~19)에서 '성체 분배자에 관한 규정'을 제정하였다. 총 6장으로 구성된 이 규정은 1~2장에서는 비정규 성체 분배권에 대해 교회법과 훈령의 내용을 그대로 따라가고 있으며, 3~6항에 한국교회 상황에 맞게 정해진 구체적인 내용을 담고 있다. 여기에서 성체 분배권의 평신도 순위를 다음과 같이 정하고 있다. 가) 시종직, 독서직을 받은 자, 나) 수사, 수녀, 다) 40세 이상의 남녀 평신도 순서이다.

성체 분배자에 관한 규정

3항. 분배권 수여

1) 교구장은 참으로 필요한 경우 적절한 교육과 축복 예식을 통하여 사안별로나 기간별로 평신도에게 성체 분배권을 수여할 수 있다(평신도의 사제 직무 협력 문제에 관한 훈령, 제8조 1항 참조).

2) 교구장은 성체 분배권 수여의 권한을 보좌 주교, 교구장 대리, 총대리에게 위임할 수 있다.

3) 사제들은 그가 집전하는 미사 중에, 전혀 예기치 못한 상황에서, 평신도에게 성체 분배를 허가할 수 있다(평신도의 사제 직무 협력 문제에 관한 훈령, 제8조 1항 참조).

4) 성체 분배권을 받을 수 있는 평신도의 순위는 다음과 같다.

　　가) 시종직, 독서직을 받은 자

　　나) 수사, 수녀

　　다) 40세 이상의 남녀 평신도 순서이다.

4항. 비정규 성체 분배자가 미사 거행 중에 성체를 분배할 수 있는 경우는 다음과 같다.

1) 미사를 집전하는 사제 외에 성직자, 곧 사제와 부제가 없는 경우.

2) 성직자들이 있어도 허약한 체질이나 고령 때문에 실제로 성체를 분배하지 못하는 경우.

3) 영성체자들이 너무 많거나 정규 성체 분배자들이 부족해서 영성체 시간이 너무 오래 걸릴 경우.

5항. 비정규 성체 분배자의 권한 범위

1) 비정규 성체 분배자는 미사 중에만 사제를 도와 성체를 분배할 수 있다.

2) 미사 밖(예, 공소, 병원 등)에 성체를 분배할 필요가 있는 곳에서는 따로 교구 직권자로부터 명시적 허가를 받아야 한다.

3) 말씀 전례를 집전하는 성체 분배자는 말씀 전례 중에 성체를 분배할 수 있다(교회법 제230조 3항).

4) 성체 분배자가 성체를 현시하거나 다시 감실에 모시려면 교구 직권자로부터 따로 권한을 받아야 한다(교회법 제943조).

5) 성체 분배자가 소속 교구를 벗어났을 때는 해당 주교로부터 다시 권한을 받아야 한다.

6) 성체 분배자가 품위에 어긋나는 경우 사목자는 성체 분배를 금지시킬 수 있다.

6항. 성체 분배자의 복장과 태도

1) 성체 분배자가 사제나 부제가 아닐 경우에는 교구장이 인정한 의복을 입는다.

2) 비정규 성체 분배자는 미사 공동 집전자가 하듯이 스스로 성체를 모실 수 없다.

3) 성체 분배자가 특별 권한을 받아 성체를 분배할 때는 성체포를 깔고 촛불을 켠다. 성체를 분배하고 난 뒤에는 남아있을지도 모르는 성체 조각을 정성되이 모아서 성합에 담아 두거나 물이 담긴 그릇에 털어 마신다.

주교회의 1998년 춘계 정기총회 승인

교회법과 훈령, 규정에서는 사제 교역 협력에 있어서 '여성' 평신도를 배제하는 항목이 없음에도 여성 평신도가 강론과 성체 분배 협력에서 배제되는 이유가 뭘까? 원로 사제인 호인수 신부님은 이에 관해 구체적으로 비판한다.

본당에서 미사에 참례하는 남녀 신자의 비율은 보통으로 3대7 정도인데 가장 중추적 역할을 하는 사목협의회의 회장은 다 남성이다. 여성은 항상 부(副) 자가 붙은 보조자에 불과하다. 남녀 혼성으로 구성된(혹은 여성이 대부분인) 제 단체들도 사정은 마찬가지다. 왜 그럴까? 여성은 선천적으로 능력 부족, 자격 미달의 존재인가?

어느 본당이든 성체 분배자는 주로 남성, 그것도 나이가 지긋한 노인들이다. 동작이 민첩하고 씩씩한 젊은이는 찾아볼 수 없다. 식사 때 식구들 가운데 제일 어른인 할아버지나 아버지가 밥을 퍼 주는 가정을 나는 본 적이 없다. 그런데 왜 유독 성당에서 성체를 나눠 주는 일은 남성 '어르신'이 해야 할까? 왜 여성은 터부시될까? 여성은 불결하다는 터무니없는 선입견은 도대체 어디서 비롯됐나? 여성도 같은 여성 분배자 앞에는 줄을 안 선다고 말하는 사람은 누구인가? 그런데 수녀는 괜찮단다. 뒤죽박죽, 뭐가 뭔지 도무지 알 수가 없다.

말 나온 김에 하나만 더 하자. 교회의 각종 행사장에 한복 부대(?) 여성들이 무더기로 동원되는 관례는 언제까지 지속될까? 한복을 차려입은 채 땡볕에 땀 흘리고 찬바람에 얼굴이 새파란 여성들의 모습은 안쓰럽다. 여성 신자들의 자발적 봉사 활동이라는 설명에서 오히려 일찍부터 가부장적인 성직자 중심주의에 길들어 있는 한국 천주교회의 민낯을 보는 것 같다. 한국인 고유의 정서와 전통을 핑계로 낡고 보수적인 사고의 틀을 유지하고 싶은가?[20]

이 사제는 본당 여성 평신도들에게 적용되는 차별의 원인을 가부장적인 성직자 중심주의에 길들여 있음에서 시작된 있다고 지적하고 있다. 사실 이러한 지적은 꾸준히 교회 내부에서 거론되어 온 사항이다. 1996년 3월 6일 한국여자수도회 장상연합회는 '여성 강좌'를 개설하여 수도자와 각 본당 여성위원, 여성 단체장 등과 함께 위의 두 가지 사례, 사목위원회의 여성 참여 저조, 성체 분배에 있어서 여성들의 참여가 봉쇄되는 교회 내 성차별의 문제를 다루었다. 이러한 문제에 극복하기 위하여 여성 강좌를 통해 본당 내 남녀평등을 위한 교육을 실시하고 연대 활동을 하는 등의 대책이 뒤따르기도 하였다.[21]

또한 주교회의 평신도사도직위원회 여성소위원회[22]는 2003년 12월 워크숍에서 여성들의 본당 내 역할과 여성의 자기 정체성에 대하여 나누었고, 2003년부터 여성소위원회의 지원으로 여성 신자

---

20 호인수, "교회에서 여성은 도우미일 뿐인가," 「가톨릭뉴스 지금여기」 (2018. 5. 23), http://www.catholicnews.co.kr/news/articleView.html?idxno=20031 (검색일 2019. 6. 11).

21 http://m.chosun.com/svc/article.html?sname=news&contid=1996010370205#Redyho.

22 1993년 FABC에서 각국 주교회의에 여성위원회의 설치가 권고되었고, 1995년 북경에서 열린 제4차 세계여성대회, 한국천주교 여자수도회 장상연합회와 새 세상을 여는 천주교 여성공동체의 의견 등을 토대로 한국천주교주교회의에 여성위원회의 설치가 건의되었으며, 2000년 9월 주교회의 추계 정기총회 결정에 따라 설립되었다. 설립 목적으로는 "한국 여자수도회 장상연합회에서 교회 안팎의 여성 문제를 연구하고 여성 신자들의 능동적인 교회 활동을 증진하고자 주교회의 평신도사도직위원회 산하에 여성소위원회를 두기로 한다"라고 밝혔다. 여성소위 초대 위원장은 김옥균 주교, 운영위원회는 이영자 수녀 그리고 여성 평신도와 수녀, 사제로 구성되었다. 한국천주교주교회의, 『한국천주교회 총람 1995~2003년』 (한국천주교중앙협의회, 2004), 1445.

들을 대상으로 하는 특강과 리더십 교육 등이 이루어졌다. 그리고 2005년에는 여성 사목 방향 정립을 위한 심포지엄을 개최하여 본당에서 남성과 여성의 동등한 참여와 역할, 협력에 대한 방안들이 논의되었고, 구체적인 제안으로 사목회의 여성 비율이 최소 30%가 되도록 해달라는 건의문을 2009년 주교회의에 제출하였다. 하지만 사목회의 여성 할당제 결정은 지역 교회 주교들의 권한이라는 답변을 받았고, 여성소위는 각 교구장 주교들에게 여성 할당제에 관한 건의문을 발송하였다.[23]

요한 바오로 2세 교황은 여성 부제서품에 관해 2001년 9월 17일에 발표된 '여성 부제서품에 관한 공지'에서 여성 부제서품은 그 가능성이 없다는 강경한 입장을 보였다.[24]

교황청 신앙교리성과 경신성사서, 성직자성은 몇몇 나라에서 직접 또는 간접으로 여성 부제 서품을 목적으로 한 교육 과정을 논의하고 계획하려는 움직임이 있다는 사실에 주목하여 왔다. 이러한 움직임은 견실한 교리적 토대가 없는 기대를 갖게 하여 사목적 혼란을 일으킨다.

교회의 규율에는 여성 부제 서품 가능성이 없으므로, 어느 모로든 부제 성품을 위하여 여성 후보자를 준비시키는 교육 계획의 착수는 합법적이지 못하다.

교회 안에서 여성의 참된 진보와 관련해서는, 변함없는 교회의 교도권에 따라, 특히 교황 요한 바오로 2세 성하의 가르침을 준거로 삼아, 다른 광범위

---

23 주교회의 여성소위원회, 여성소위 설립 10주년 기념 자료.

24 교황청 신앙교리성 · 경신성사성 · 성직자성, "여성 부제 서품에 관한 공지" (2001. 9. 17), 한국천주교중앙협의회, http://www.cbck.or.kr/Documents/K5160/401424?gb=title&search=%EC%97%AC%EC%84%B1 (검색일 2019. 7. 1).

한 봉사와 협력의 가능성이 열려 있다.

그러므로 아래에 서명한 부서들은, 그 고유한 권한의 범위 안에서, 모든 직권자가 위 3항에서 언급한 지침을 신자들에게 적용하고 설명하여 주도록 권고한다.

교황 성하께서는 2001년 9월 14일에 이 공지를 승인하셨다.

신앙교리성 장관 요제프 라칭거 추기경

경신성사성 장관 호르게 아르투로 메디나 에스테베스 추기경

성직자성 장관 다리오 카스트리욘 오요스 추기경

이야기의 범위를 조금 더 확대해 보자. 프란치스코 교황이 보편교회의 수장이 되면서 교회는 조금씩 여성을 둘러싼 교회 내 문제들을 외면하지 않고 정면으로 마주하고 있다. 교황은 미성년 성 학대, 여성에 대한 성추행과 성폭력을 행한 사제들의 사제직을 박탈하고, 공개적으로 교황이 피해자들에게 사과하는 등 강력한 조치를 취하고 있다. 또한 전통적으로 남성들만 참여했었던 주님 만찬 성 목요일 미사의 발 씻김 예식에 여성은 물론 타 종교인들도 초대하여 성별은 물론 인종, 종교의 차별이 없도록 하였다.

프란치스코 교황은 여성 부제에 대해서도 여성 부제에 대한 연구가 필요하다는 입장을 보임으로써 기존 교회의 입장에서 한 발 나아간 모습을 보였다. 2016년 8월 2일 교황청은 "프란치스코 교황이 치열한 기도와 숙고 끝에 12명으로 된 여성 부제 검토 위원회를 설치하기로

결정했다"고 밝히며, 신앙교리성 차관 루이스 프란치스코 페레르 대주교를 위원장으로 하여 사제, 수녀, 평신도 등 남성 6명, 여성 6명으로 위원회를 구성하였다.25 앞으로 교회 안에서 여성들의 역할과 지위의 향상, 여성 부제에 대한 위원회의 연구와 교황청의 변화를 지켜보면서 한국교회 안에서도 다양한 신학 분야에서 이 주제에 대한 논의가 더욱 활발히 이루어지기를 바란다.

지금까지 한국 사회와 교회 안에서 여성들의 역할을 제한적으로 규정하는 패러다임에 대해 이야기 형식으로 풀어보았다. 그렇다면 여성들을 규정하는 이러한 패러다임을 해체하기 위해서는 사회와 국가, 교회가 어떤 노력을 기울여야 할까? 이 방대한 이야기를 풀기에는 필자의 역량을 넘어서는 일이기에, 패러다임의 해체에 관한 방안은 한국 천주교회로 범위를 한정하여 제안하고자 한다.

---

25 남성 6명, 여성 6명으로 구성된 위원회 12명 명단은 다음과 같다. 밑줄 친 부분이 여성위원 이다.
  1) 누리아 칼두크 베나게스 수녀(교황청 성서위원회)
  2) 프란체스카 코키니(로마 라 사피엔자 대학 및 로마 아우구스티노 대학교 교수)
  3) 피에로 코다 몬시뇰(로피아노 소피아 대학 학장, 세계 신학위원회 위원)
  4) 로베트 도다로 신부(로마 아우구스티노 대학교 학장, 교부학 교수)
  5) 산티아고 마드리갈 테라자스 신부(교황청립 마드리드 코미야스 대학 교회학 교수)
  6) 메리 멜론 수녀(교황청립 안토니오 대학교 총장)
  7) 칼 하인즈 멘케 신부(본 대한 교의신학 은퇴 교수, 세계 신학위원회 위원)
  8) 아이마블 무소니 신부(교황청립 살레시오 대학교 교회학 교수)
  9) 베르나르드 포티에르 신부(브루셀 신학 대학 교수, 국제 신학위원회 위원)
  10) 마리안 숄서 교수(비엔나 대학 영성신학 교수, 세계 신학위원회 위원)
  11) 미켈리나 테나체 교수(교황청립 로마 그레고리오 대학 기초신학 교수)
  12) 필리스 자가노 교수(뉴욕 헴스테드 호프스트라 대학 교수)
  주교회의 페이스북, https://www.facebook.com/cbck219/posts/640520919449369 (검색일 2019. 6. 11).

II. 패러다임의 해체

'규정되는 여성 패러다임'의 해체는 과학적 패러다임이 해체되는 과정과 동일하게 진행될 수 있다. 다시 말해 하나의 패러다임을 지속 가능하게 만드는 공식이나 가설이 들어맞지 않는 결과가 조금씩 쌓이기 시작하면, 결국 패러다임 자체의 오류를 의심하기 시작한다. 그때 새로운 공식이나 가설이 제시되고 많은 과학적 실험과 사람들의 인식을 통해 그것이 맞는 패러다임이라고 인식되면, 그때 기존 패러다임은 해체되고 새로운 패러다임이 자리한다. 이 장에서 다룰 이야기들이 한국 사회에서 여성을 둘러싼 새로운 패러다임, 여성들이 스스로 만드는 패러다임을 위한 한 걸음의 도움이 되기를 바라며 다음의 두 가지를 제안하고자 한다. 하나는 인식의 전환이고, 또 다른 하나는 본당에서 실행할 수 있는 구체적인 제안이다.

1. 인식의 전환

1) 여성의 본질과 존엄에 대한 인식의 전환

교회에서 여성의 지위와 여성들이 지니는 특별한 중요성에 대해서 문헌을 통해 공식적으로 발표한 것은 성 요한 바오로 2세 교황이 1987년 6월 7일 성령강림 대축일부터 한 해를 '마리아의 해'로 선포하면서 발표한 「구세주의 어머니」(Redemptoris Mater, 1987. 3. 25)를 통해서다. 새천년을 앞두고 새로운 시대에 대한 기대와 희망, 우려와 근심이 뒤섞여 있었을 때 성 요한 바오로 2세는 교회가 그 방향을 잘 잡아갈 수 있게 하는 이정표로 '성모 마리아'를 선택하였다. 그리고 '구세주의 어머니'를 통해 성모 마리아의 본질을 다음의 세 가지로 설명하였다. 우선 그리스도의 신비 안에 있는 동정녀이자 어머니인 마리아, 두 번째로 하느님의 구원 계획과 그 여정에 결합되어 있는 교회의 전형이자 하느님의 어머니, 마지막으로 그리스도 안에서 이루어지는 모성적 중재자이다.

마지막, '모성적 중재자'에 관한 부분에서 '여성'인 마리아를 통해 확인되는 '여성'의 지위와 중요성이 언급되었다. 여성은 자유롭고 능동적인 봉사에 자신을 맡기고, 여성으로서 품위 있게 살아가고 참된 자기 발전을 이룩하는 여성 자체로서의 의미를 지니며, 자신을 온전히 바치는 사랑, 지극히 큰 슬픔도 참을 수 있는 힘, 일에 대한 무한한 충실과 지칠 줄 모르는 헌신, 예리한 직관으로 지지와 격려의 말을 해줄 수 있는 능력을 지녔다는 것이다.26 이렇게 언급된 '여성'에 대한 교회의 더욱 깊이 있는 성찰은 「구세주의 어머니」가 발표된 다음 해인 1988년 8월 15일에 「여성의 존엄」(Mulieris Dignitatem)이라는 교황 교서로 선포되었다.

이 교서에서 여성은 하느님의 모상과 닮게 창조되었으므로 남성과 본질적으로 동등하다는 점을 전제하면서, '하느님의 어머니'이자 '여인'인 성모 마리아를 통해 여성의 특성이 온전히 완성되는 여성만의 예외적 존엄성이 강조되었다.27 성모 마리아가 하느님의 구원 계획에

---

26 「구세주의 어머니」, 46항.
27 「여성의 존엄」, 5항.

"예"(fiat)라는 온전한 자기 의지로 대답한 순간, 구원자 예수 그리스도 가 동정 성모 마리아의 몸에서 태어남으로써 모든 이에게 구원의 길이 열렸듯이, 여성은 자신을 온전히 내어줌으로써 온전한 자기실현 을 성취하는 본질적 특성, 예외적 존엄성을 지닌다. 즉, 주님의 종으로 서 자신을 낮추어 섬기는 여성의 인격적 특성은 곧 하느님의 어머니로 서 다스리는 이의 존엄성을 지닌다. 그리고 이 인격적 존엄성으로부터 여성은 모성과 동정이라는 예외적인 두 가지 차원의 소명을 지닌다.

모성과 동정은 다른 것이지만 '완전한 자기 증여'라는 점에서 깊이 연관돼 있다.[28] 모성과 동정은 성모 마리아가 보여주었듯, 여성이 지닌 '완전한 자기 증여'와 이를 통한 '완전한 자기실현'을 성취하는 여성의 존엄을 바탕으로 하는 예외적인 소명이다. '완전한 자기 증여' 는 무엇인가? '완전한 자기 증여'는 세상 창조 때부터 있었던 하느님 계획의 신비, 그리스도 강생의 신비, 구원에 이르는 열쇠, 하느님 나라의 신비를 함축하는 말이다. '완전한 자기 증여'는 그리스도 그 자체이자 하느님의 것이며, 온전한 자유와 정의 안에서 사랑을 정점으 로 하는 봉사(섬김)의 그 자체이다. 따라서 '완전한 자기 증여'는 세상 창조의 신비, 자기 자신의 생명에 대한 근원적 이해, 죽음의 신비, 순례하는 지상 교회의 신비를 깨닫는 '완전한 자기실현'을 성취한다. 그렇기에 여성의 본질과 존엄은 폭력과 전쟁, 물질과 이기심이 팽배한 현대 사회에서 강력한 표징이자 이정표가 되는 것이며, 순례하는 지상 교회의 궁극적인 모습, '사랑의 문명'을 이루는 데 여성, 여성성, 여성 내면에 자리한 사회질서의 가치들이 반드시 필요한 것이다.

---

28 「여성의 존엄」, 17-22항.

2) 섬김(봉사)에 대한 인식의 전환

섬김과 봉사는 신약성경(로마 12,7; 마태 20,28; 마르 10,45) 원문에서 '디아코니아'(*diakonia*)라는 같은 단어로 쓰여 있다. 물론 한국어 성경에는 이 용어가 직무나 직책을 의미할 때는 '봉사'(로마 12,7)로, 순종이나 그 자세 등을 의미할 때는 '섬김'(마태 20,28, 1베드 4,10)으로 구별하였다. 교회에서 섬김(봉사)은 피조물의 연대성으로부터 나온다. 동일한 창조주 하느님으로부터 창조된 모든 피조물이 그분의 영광을 위해 창조되었고, 불충분한 존재인 인간은 연대하여 서로 봉사하며 살아가야 하는 것이다.[29] 이러한 연대성에서 나오는 봉사는 특히 가난한 이들을 향할 때 전 인격을 그들에게 나누어주는 자기 증여의 봉사가 된다. 하느님의 아들로서, 특히 가난한 이들에게 복음을 선포하기 위해 파견된 예수 그리스도가 걸어간 길은, 그렇기에 인류의 구원을 위한 봉사의 길이며 온전히 자신을 내어주는 길이었다.[30] 따라서 섬김(봉사)은 연대성을 기반으로 한 상호 인격적인 행위이다. 섬김(봉사)의 행위는 낮은 지위나 신분에서 발생하는 '공여자'와 '수여자'의 관계성 안에서 이루어지는 것이 아니라 서로를 낮추는 사람과 마주한 사람 안에 깃든 위대한 사랑과 자비의 정신, 서로를 바라보며 불러일으켜지는 '섬김'과 '다스림'의 역동성과 상호작용으로 움직이는 것이다.

섬김(봉사)과 다스림의 동질적 의미는 하느님의 아들 예수 그리스도가 스스로 자신을 낮추어 모든 사람의 종이 되었다는 사실에 근거한

---

29 『가톨릭교회교리서』, 340, 344항.
30 김정은, "마더 데레사를 통해 살펴본 자비의 카리스마," 「신학전망」 194 (2016): 189-190.

다. "섬김을 받으러 오신 것이 아니라, 섬기러 오셨고 많은 사람을 위하여 목숨을 바쳐 몸값을 치르러 오신 것이다"(마태 20,28 참조). 그렇기에 교회는 섬김(봉사)의 소명을 실천하는 삶은 왕의 품위를 실현한다고 해석한다.[31]

하지만 사회와 가정, 교회 안에서 섬김(봉사)에 대한 인식은 어떠한가? 지위의 높고 낮음으로 섬김(봉사)을 받는 사람과 주는 사람으로 나뉘어 있고, 본당에서 여성들은 각종 허드렛일을 '봉사'라는 명목으로 쉼 없이 하고 있다. 그렇다 보니 섬김(봉사)에 대한 풍부한 의미는 사라지고 혹은 접해볼 기회조차 없이 교회 안에서 섬김(봉사)의 의미는 왜곡되거나 아예 존재하지 않는 듯 보인다. 섬김(봉사)에 담긴 본래의 의미를 회복하는 일이 제도와 사목 방침, 규정 등의 변화와 더불어 시급히 필요한 이유이다.

3) 여성을 바라보는 모성-동정의 이분법적 시선의 전환

교회가 바라보는 여성의 인격을 완성하는 두 가지 독특한 차원은 모성과 동정이다. 모성과 동정의 본질적 특성은 앞서 이미 살펴보았다. 여기에서 지적하고 싶은 점은 모성과 동정에 대한 풍부한 접근이 아닌, 교회 안에서 여성을 '모성'과 '동정'이라는 이분법적인 시선으로 바라보고, 여성을 그 역할에만 가두어 놓는 제한적 인식이다.

임신한 여성은 배 속의 아이와 더불어 생리적, 심리학적 변화를 겪는다. 그리고 아이를 출산한 뒤에는 아이를 위해 젖을 물리고, 엄마

---

31 『가톨릭교회교리서』, 786항.

냄새를 찾는 아이들 곁에 있어 주고, 아이의 생리적인 욕구를 해결해 주기 위해 일상의 삶의 방식을 오로지 아이에게 맞춘다. 새 생명에 대하여 여성이 지닌 본질적 자기 증여성은 여성들만 예민하게 지니고 있는 것이지, 그렇기에 그 모든 역할을 '모성'이라는 이름으로 여성이 감당해야 함을 의미하지 않는다. 오히려 남성이 여성으로부터 그러한 '모성'이 지닌 자기 증여성의 감각과 포용성을 배워 아이의 양육과 가정교육이 전체적인 면에서 부모 양쪽의 노력과 공헌으로 이루어져야 하는 것이다.

또한 '모성'과 '동정'이라는 이분법적인 시선은 모든 여성이 반드시 아내와 어머니가 되어야 하며 자녀를 낳아 어머니가 됨으로써 모성이라는 특별한 차원을 획득하지 않으면 온전한 여성의 소명을 실현하지 못하는 것처럼 인식되곤 한다. 여성을 바라보는 교회의 시선이 어머니로서의 여성과 하느님을 위해 독신 생활을 하는 여성 수도자에게만 향하고 있는 듯한 오해를 낳는다. 사실 교회에서 발표되는 문헌에 등장하는 여성, 교구 차원에서 이루어지는 교육과 사목적 배려들이 결혼한 아내이자 어머니로서의 여성, 봉헌 생활을 하는 여성 수도자들에게 집중된 것도 사실이다. 따라서 여성을 바라보는 모성과 동정이라는 이분법적인 시선의 전환이 요구된다.

2. 실천을 위한 제안

1) 한국천주교주교회전국위원회 개편

프란치스코 교황은 2016년 8월 17일에 '온전한 인간 발전 촉진을 위한 부서'를 설립했다. 이 부서는 가난한 이들과 아픈 이들, 소외되고 고통 사람들과 관련된 문제들을 다룬다.[32] 정의와 평화, 민족들의 발전, 인간 존엄과 인권 보호에 대한 정보와 연구 결과들을 취합하고, 특히 아동 노동, 이주민 착취, 인신매매와 노예살이, 구금과 고문, 무력 분쟁을 더욱 면밀히 바라보면서 인간과 자연환경에 미치는 영향을 연구하고 지원하는 등의 활동이 포함된다.[33]

프란치스코 교황은 1988년 교황청법에 의해 설립된 국무원과 9개 성으로 구성된 심의회, 3개의 법원(내사원, 대심원, 로마공소원) 그리고 3개의 사무처와 궁내원과 전례원, 12개의 평의회로 구성된 교황청 조직을 현대 사회의 요구에 맞게 개편하고 있다. '온전한 인간 발전 촉진을 위한 부서'도 시대적 요청에 부응하기 위한 움직임의 하나로 해석된다. 여성을 다루는 교황청 부서가 이전에는 수도회성, 평신도 평의회, 가정평의회 중심이었다면, '온전한 인간 발전 촉진을 위한 부서' 설립 이후에는 종교와 문화, 새로운 경제와 정치 상황에 의해

---

32 프란치스코, 자의 교서, 「온전한 인간 발전 촉진을 위한 교황청 부서 정관(2016. 8. 17)」, http://www.cbck.or.kr/Notice/13012398?page=2&search=%EC%9D%B8%EA%B0%84%20%EB%B0%9C%EC%A0%84%20%EC%B4%89%EC%A7%84 (검색일 2019. 7. 10) 제1조.

33 위의 교서, 제3조.

고통당하는 전 세계 여성들의 문제를 다양한 방법으로 접근하고 도움을 줄 수 있다는 점에서 여성뿐만 아니라 가난하고 소외된 현대 사회의 모든 이들을 위한 제도적이고 사목적인 변화이자 교회가 관심을 기울여야 하는 문제에 대한 보다 보편적이고 통합적인 변화라고 할 수 있다.

한국 천주교교회는 여성에 관한 주제를 주교회의의 '가정과 생명 위원회', '평신도 사도직 위원회' 산하의 '여성소위원회'에서 다루고 있다. 주교회의는 하나의 협의체이기 때문에 실질적인 지원과 제도 마련은 각 교구의 산하 위원회를 중심으로 이루어지고 있다. 한국교회 내에서도 교황청의 조직 개편과 흐름을 같이하여, 여성을 평신도 사도직 위원회 산하 여성소위원회라는 제한된 영역에서 다루는 것이 아닌 인간 발전과 연대, 공동선이라는 큰 주제 안에서 폭넓게 조사·연구되고 그에 따른 통합적이고 구체적인 지원이 이루어질 수 있도록 전국위원회 개편이 심도 있게 논의되어야 할 필요가 있다. 그러한 과정과 결과를 통해 여성들, 특히 고통당하는 여성들을 위한 교회의 노력이 한국교회의 전체 공동체, 나아가 한국 사회의 모든 구성원에게 빛이 되고 복음의 희망을 심어줄 수 있을 것이다. 한국천주교주교회의 전국위원회는 1999년 추계 정기총회(10. 11~14) 승인으로 주교회의 사무처 안에 통합 사무실로 운영되고 있다. 따라서 전국위원회의 통합적 개편이 이루어졌을 때 발생하는 업무적 혼란을 최소한으로 할 수 있으며, 각 위원회의 연구와 교육, 행사와 지원 등의 통합적 활동이 더욱 원활히 이루어질 수 있다.

2) 본당 사목회 여성 비율 30% 보장

공무원을 채용할 때 한쪽 성별의 합격자가 30% 미만이면 남녀를 막론하고 해당 성별 응시자를 추가 합격시키는 제도가 시행되고 있다. 이는 2006년 발표된 '공무원임용시험령'에 의거한 것이다. 양성평등을 위한 최소한의 비율이 30%라는 사회적 합의를 교회 안에도 적용하여 본당 사목회의 여성 비율을 최소 30% 보장하는 방안을 두 번째로 제안한다. 사실 이 제안은 앞에 언급했던 바와 같이 주교회의 여성소위원회에서 2009년에 주교회의에 제출한 건의문에 포함되었던 사항이다. 10년이 지난 2019년의 본당 상황이 크게 달라지지 않은 현실에서, 본당 사목회의 여성 비율 30% 보장을 다시 제안하고자 한다. 이를 통해 본당 안에서 남녀 신자들의 이분법적 역할 구분이 사라져 여성 신자들이 제한적, 보조적 역할에만 머무는 것이 아닌 책임 있는 자리에서 주도적인 역할을 할 수 있기를 기대한다. 또한 여성 신자들의 무상 노동, 무한 노동으로 본당 행사가 유지되는 본당 사목 현장의 악순환이 개선되기를 진심으로 희망한다.

3) 본당 성체 분배자의 동등한 성 비율

본당 비정규 성체 분배는 사목자들의 교역에 협력하는 것일 뿐, 그것이 평신도의 지위나 역할의 높고 낮음을 드러내는 일이 아님은 분명하다. 그럼에도 불구하고 본당의 비정규 성체 분배자는 대부분 나이 지긋한 남성들이 맡고 있다. 필자는 여성 수도자를 제외하고 본당이나 기타 행사에서 여성 성체 분배자를 보았거나 들었던 적이 단 한 번도 없다. 본당 내에서 남녀 평신도의 평등한 역할 분배를 가시적으로 보여줄 수 있는 것의 하나가 비정규 성체 분배자의 동등한 성 비율이라고 생각하므로, 이것을 마지막 구체적인 대안으로 제시하고자 한다.

나가며

여인아, 왜 우느냐? 누구를 찾느냐?

부활한 예수 그리스도가 무덤 앞에서 울고 있는 마리아 막달레나에게 건넨 한마디 물음으로부터 여러 이야기를 펼쳐보았다. 한국 사회에서 고통당하는 여성들과 여성이라면 예외 없이 겪었을 차별과 폭력의 원인을 한국 사회의 '규정되는 여성 패러다임'으로 바라보면서 수단으로 규정되는 여성, 제한적 역할로 규정되는 여성으로 나누어 살펴보았다. 그리고 그 패러다임을 해체하기 위해 교회 안에서 실천할 수 있는 인식의 전환과 구체적인 방안을 그 대안으로 제시하였다.

이러한 논의들을 통해 교회가 성모 마리아를 새천년의 교회 이정표로 세운 의미와 여성이 지닌 '온전한 자기 증여'로부터 나오는 포용성과 연대, 사랑과 평화의 감각이 오늘날 교회에 진정 필요한 것이라는 교회의 선포가 실천을 동반한 진정한 울림이 되어 우리 모두의 삶에 채워지기를 바란다.

교회 안에서 여성의 '표징'은 교회를 풍요롭게 하며, 그리스도의 신부인 교회를 교회답게 한다. 이는 교회가 하느님에게서 받고 신앙으로 받아들인 교회 본연의 정체성에서 오는 것이다. 교회 안에서 남자와 여자가 맡은 각자의 역할을 생각할 때 명심해야 할 것은 이러한 깊고 본질적인 '신비로운' 정체성이다.[34]

그런데 우리를 구성하고 있는 이 신비로운 정체성은 여전히 가능성으로 남아있다. 이제 우리의 가능성을 어떻게 교회의 일상 안에서 기쁨으로 실현시킬 수 있을까. 아주 구체적으로, 여성들이 바느질을 하듯이 한 땀, 한 땀….

---

34 교황청 신앙교리성, 「교회와 세상 안에서 남녀의 협력에 관하여 가톨릭 교회의 주교들에게 보내는 서한」 (2004. 5. 31), "가톨릭교회의 가르침" 30 (한국천주교중앙협의회, 2004), 15항.

마리아 막달레나의 사도성에 비추어 본
한국가톨릭 여성들의 희망

최혜영

(가톨릭대학교 종교학과 명예교수)

들어가며

성녀 마리아 막달레나 기념일에서 축일로 승격 경축된 지 어느새 삼 년이 되었다. 축일 승격은 마리아 막달레나 성녀를 새로운 복음화의 참된 모범으로 제시하고자 하는 프란치스코 교종의 염원을 담고 있다.[1] 이 결정은 "현대 교회의 상황에서 여성의 존엄과 새로운 복음화와 하느님 자비의 위대한 신비를 더욱 깊이 성찰해 보도록" 요청하며, 그 시작에 자리하는 마리아 막달레나의 특별한 역할, 곧 "부활하신 예수님을 만난 첫 증인이고 주님의 부활을 사도들에게 알린 첫 전달자"(「여성의 존엄」, 16항)로서 여성의 역할을 강조하는 것이다. 마리아

---

[1] 프란치스코 교종의 뜻에 따라 교황청 경신성사성이 2016년 6월 3일 예수 성심 대축일에 새로운 교령 「사도들의 사도」(de apostolorum apostola)를 발표하였다.

막달레나 성녀는 예수 그리스도의 부활을 복음으로 선포한 진정한 일꾼, 곧 삶의 의미를 잃어버린 모든 이에게 예수가 죽음을 이겨냈음을, 부활의 기쁜 소식을 선포한 모범인 것이다.[2]

오늘날을 위하여 이 성녀가 지니는 중요성은 "그녀는 주님 부활의 첫 증인이라는 영광을 누립니다. 빈 무덤을 본 첫 번째 사람이고 주님 부활에 대한 진리를 들은 첫 번째 사람이 되는 영광을 얻은 것입니다. … '겸손의 눈물'로 당신을 찾음으로써, 당신을 향한 그녀의 사랑을 보여준 이 여인에게 특별한 관심과 자비를 베풀어 주셨습니다.

… 다른 한편으로, 마리아 막달레나는 부활하신 그리스도를 목격한 증인이었기에 그녀는 사도들 앞에서 그분을 증언하는 첫 번째 사람도 되었습니다. … 마리아 막달레나는 제자들에게 가서 '나는 주님을 뵈었습니다.' 하면서, 예수님께서 자기에게 하신 이 말씀을 전하였다(요한 20,17-18). 이렇게 하여, 마리아 막달레나는 '복음 선포자', 곧 주님 부활의 기쁜 소식을 선포하는 전달자가 됩니다. … (또한) '사도들의 사도'가 됩니다. 사도들이 장차 온 세상에 선포할 것을 사도들에게 선포하기 때문입니다."[3]

성경이 증언하는 복음 선포자인 마리아 막달레나를 교회가 오랜 세월 잘못 이해한 것은 일반 신자들이 성경에 쉽게 접근하기 어려운 이유도 있겠고 또한 한번 잘못 인식된 사실을 바르게 수정하기가 쉽지 않다는 것을 시사해 준다. 마리아 막달레나를 복음 선포자로

---

2 7월 22일 축일 본기도와 새 감사송을 참조한 경신성사성의 해설.

3 경신성사성 차관 아서 로시 대주교의 해설, 「사도들의 사도」(Apostolorum Apostola) 인용.

세상에 선포하는 것이 마땅한 일이면서도, 2016년에 이르러서야 교도권에 의한 수정이 이루어졌다는 것은 새로운 복음화를 실천하기 위한 프란치스코 교종의 의지와 용기 있는 결단으로 교회가 더욱 성숙하는 계기를 마련하였다고 할 수 있겠다.

이를 경축하면서 가톨릭여성신학회는 2017년부터 마리아 막달레나 축일과 가장 가까운 토요일에 축일 기념 미사와 공개 강연을 열어 왔다. 그동안 많은 분이 관심을 가지고 참석했으며, 올해로 세 번째 모임을 갖게 되었다.

그러나 우리 교회의 현실은 어떠한가? 여전히 마리아 막달레나에 대한 정확한 이해 없이 과거 여러 여인이 합성된 이야기가 강론에 나오고, 교회 안에서 여성의 존엄성에 대한 감수성도 그다지 달라지지 않은 것 같다.

본고에서는 오늘날 우리의 일상 삶 안에서 실천할 수 있는 마리아 막달레나의 사도적 영성을 돌아보고(I), "지금 여기"에서 마리아 막달레나를 기억하는 것의 의미는 무엇인지 살펴보고(II), 마리아 막달레나와 함께 한국가톨릭 여성으로서 일구어 낼 수 있는 희망은 무엇인지 살펴보면서 여성들이 나아갈 방향과 지평을 성찰하고 공유하는 자리를 마련하고자 한다(III).

I. 마리아 막달레나에게서 배우는 사도적 영성

성경 속의 여인들은 대체로 누구의 어머니이거나 누구의 부인으로 나타나는 데 비해, 마리아 막달레나의 경우는 특이하게도 '막달라'라는 지명만 언급된다. 마리아 막달레나가 구체적으로 어떠한 인물인지 알 수는 없으나 아무런 조건 없이 예수님의 제자로 소개되는 것은 매우 놀라운 일이며 한 개인으로서 독자성이 부각된다. 예수님의 제자됨에 어떤 조건이 따르지 않는다는 것을 상기할 필요가 있다. 오늘날 예수님의 제자로서 어떻게 살아야 할지 성경 속에 나타난 마리아 막달레나의 모습을 따라 살펴보도록 하자.

1. 선교 여행의 동행자

> 여자들도 멀리서 바라보고 있었는데, 그들 중에는 막달라 (여자) 마리아, 작은 야고보와 요세의 어머니 마리아, 그리고 살로메가 있었다. 그들은 예수께서 갈릴래아에 계셨을 때에 그분을 따르면서 시중을 들었었다. 또한 그분과 함께 예루살렘에 올라온 다른 여자들도 많이 있었다(마르 15,40-41; 마태 27,55-56; 루카 23,49).

마리아 막달레나는 갈릴래아에서 예루살렘까지, 곧 예수님의 공생활이 시작되는 무렵에서 십자가 처형과 무덤에 이르기까지 예수님을 충실하게 따르던 여인들 가운데 하나였다. 마리아 막달레나를 비롯한 여인들은 예수님을 따르는 사람들, 넓은 의미의 제자들이었다. 막달레나의 이름이 첫 번째로 이름이 나오는 것으로 보아 대표적인 여성 제자였다고 생각된다.

'따르다'(ακολουθέω)와 '시중들다'(διακονέω)는 신약에서 예수님의 제자직을 가리키는 전문 용어로 마리아 막달레나에게도 사용한다.

그분은 열둘을 선정하시고 [사도라고 이름지으셨다]. 이것은 그들을 당신과 함께 있게 하고, 또한 그들을 파견하여 복음을 선포하게 하며, 귀신들을 쫓아내는 권능을 갖게 하시려는 것이었다(마르 3,14-15; 병행 마태 10,1-4; 루카 6,12-16).

예수님의 제자 직분에서 그분과 '함께 있다'는 것은 가장 중요한 요소 중의 하나다. 여자들이 열두 사도와 마찬가지로 예수님과 '함께' 있었다는 것은 제자직을 이해하는 열쇠다. 당시 여자들이 예수님 일행과 선교 여행을 함께 했다는 것은 매우 파격적이면서도 핵심적인 요소이다. 오늘날에도 예수를 따르는 그리스도인으로서 일상생활에서 제자직을 수행하는 것은 매우 중요한 일이라고 할 수 있다. 예수님의 말씀을 듣고 말씀대로 살고자 하는 실천을 향한 노력은 현대의 우리가 따라야 할 덕목이 될 것이다.

그 후에 예수님께서는 고을과 촌락을 옮겨 다니시며, 하느님의 나라를 선포하시고 그 복음을 전하셨다. 열두 (제자)도 함께 다녔다. 그리고 악령에서 벗어나고 질병에서 낫게 된 여자들도 더러 있었는데, 곧 귀신 일곱이 떨어져 나간 적이 있는 막달라 여자라고 하는 마리아 ·· 그들은 자기네 재물로 들의 재산으로 예수 일행의 시중을 들고 있었다(루카 8,1-3; 참고 마르 16,9b).

'일곱 마귀'가 구체적으로 어떤 병이었는지를 알 수 없으나, 마리아 막달레나는 예수님에 의해 치유됨으로써 죄인들, 약하고 상처 입은 사람들을 해방시키는 하느님의 무한한 자비를 체험[4]하였음에 틀림 없다.

또한 루카 8,3에서만 마리아 막달레나와 다른 여자들이 '자기네 재물로' 예수님의 일행에게 시중을 들었다고 전하는데, 여자들의 자발적인 선택과 행동이 돋보인다. 여인들의 환대와 자선은 예수님의 선교 활동을 돕는 중요한 요소가 되었다.[5] 초대교회부터 여성들은 교회 안에서 핵심적인 역할을 해 왔다고 할 수 있다.

2. 십자가의 증인

막달라 (여자) 마리아와 요세의 (어머니) 마리아는 그분이 어디에 안장되는지 바라보고 있었다(마르 15,47; 병행 마태 27,61; 루카 23,55-56).

누군가의 고통과 죽음을 대면하는 일은 쉬운 일이 아니다. 십자가 아래에서 돌아가시는 예수님을 바라보고 있었고, 예수님의 무덤 곁에 있었으며, 빈 무덤을 보았다. 고통의 현장에 막달레나와 다른 여인들이 있었다는 것은 그들이 예수님과 얼마나 친밀한 관계 안에 있었는가를 알려준다. 한 사람의 마지막 순간은 그의 사람됨을 응축하여 보여주는 마지막 가르침이기도 하다. 예수님의 임종 순간을 함께 했다는 것은 제자로서 중요한 가르침을 받은 것이라고 할 수 있겠다.

마태 27,61에는 "그런데 막달라 (여자) 마리아와 다른 마리아는

---

4 임숙희, "성경에서 만나는 마리아 막달레나의 참모습," 「말하라 마리아여, 무엇을 보았는가」, 가톨릭여성신학회 20주년 공개강연 자료집, 6.

5 최혜영, "초기 그리스도교의 가정 교회 연구: 여성들의 직무와 지도력을 중심으로," 「신학전망」 136 (2002. 3): 67-81.

거기 묘소 맞은쪽에 앉아 있었다"고 하는데, '앉아 있다'는 것은 애곡의 자세로, 죽은 이를 위한 애도의 외적인 표현6이라고 한다. 마리아 막달레나가 제자직의 가장 힘든 순간에, 사도들이 두려움과 공포로 예수님을 버리고 사라졌을 때조차도 예수님 곁에 끝까지 머물면서 그분을 지킨 것은 그리스도의 제자로서 반드시 본받아야 하는 기본 요소가 될 것이다.

3. 부활의 증인

마리아 막달레나를 비롯한 여인들이 빈 무덤에 대하여 보인 반응은 복음서에 따라 차이가 난다. 마르코 복음에서는 여인들이 두려워서 아무것도 전하지 않는다(마르 16,8). 마태오 복음에서는 여인들이 두렵지만 기쁨에 넘쳐서 제자들에게 소식을 전하러 달려가다가 부활하신 예수님의 발현을 목격한다(마태 28,8-9). 여인들은 이 소식을 제자들에게 전하였고, 제자들은 갈릴래아로 부활하신 예수를 만나러 떠난다(마태 28,16). 루카 복음에서는 여인들이 제자들에게 소식을 전하지만 제자들은 그 여인들의 증언을 무시하고 오직 베드로만 빈 무덤을 확인한다(루카 24,20-12).7

공관 복음서와 달리 요한 복음서는 부활의 증인으로서 마리아

---

6 임숙희, 위의 논문, 8.

7 김영선, "마리아 막달레나에 대한 교부들의 주석," 『말하라 마리아여, 무엇을 보았는가』, 16. "발현의 첫 목격자인 마리아 막달레나에 관한 증언은 루카-바오로 전통과 마태오-요한 전통으로 나누어진다. 전자가 발현을 목격한 이들의 명단에서 마리아 막달레나를 제거한다면, 후자는 그녀를 첫 증인으로 보고한다"(같은 논문, 17).

막달레나에 대한 기사를 상세히 보도한다(요한 20,1-18).[8] 그녀는 주간 첫날 이른 아침, 무덤에 가서 무덤을 막았던 돌이 치워져 있음을 발견하고 시몬 베드로와 예수님께서 사랑하신 다른 제자를 불러 무덤으로 간다(요한 20,1-2).

> (사람들이) 무덤에서 주님을 빼돌렸습니다. 그분을 어디에다 (옮겨) 놓았는지 모르겠습니다(20,2.13).

예수님의 부재를 느끼며 절망하는 현실을 반영하는 이 말은 처음에는 두 제자에게(2절), 다음에는 천사들에게 반복되어 발설되며(13절에서는 '저의 주님'으로 바뀜), 빈 무덤에 대한 확실한 증언으로 자리매김한다.

> 부인, 왜 울고 있습니까? 누구를 찾고 있습니까?(요한 20,15)

마리아는 그분을 정원지기로 생각하고 그분을 어디에 모셨는지 알려주면 자기가 모셔 가겠다고 말하는데(15절), 이로써 축일 독서에서 읽게 되는 아가서의 임을 향한 끝없는 갈망(아가 3,1-4)과 연결된다.

> 마리아야!(요한 20,16).

---

8 많은 학자가 마리아 막달레나 이야기(요한 20,1-2.11-18)를 두 제자의 이야기(3-10절)와 관련이 없는 것으로 여기지만, 두 대목을 단일한 본문으로 읽을 때 '사도들을 위한 사도'라는 마리아 막달레나의 역할을 문맥 안에서 더욱 명확하게 파악할 수 있다(임숙희, 위의 논문, 8).

익명의 일반 명사 '여인아'에서 '마리아'라는 고유명사로 불릴 때,9 자신을 부르는 이가 누구인가를 인식하고 "랍부니!"(스승님!)라고 응답할 수 있다. 마리아와 스승 예수의 친밀한 관계는 이 단 두 마디 안에 녹아 있다. 선생님이라고 호칭하는 가운데 제자로서 자신의 역할을 확인한다. 요한 복음서 사가는 마리아 막달레나가 예수님께서 자신의 이름을 부르시는 것을 듣고 그분이 누구신지 바로 알아보게 되었다고 전하는데, 이는 앞서 "문지기는 그에게 문을 열어 주고, 양들은 그의 목소리를 듣습니다. 그리고 목자는 자기 양들의 이름을 하나하나 불러서 데리고 나갑니다"(10,3)는 말씀을 상기시킨다.

4. 복음을 선포하는 사도

나를 만지지 마시오. 내가 아직 아버지께로 올라가지 않았기 때문입니다. 내 형제들에게 가서 말하시오. '나는 나의 아버지이시며 여러분의 아버지, 나의 하느님이시며 여러분의 하느님(이신 그분)께로 올라간다'고(요한 20,17).

이 본문을 토대로 마리아 막달레나에게 '사도들의 사도'(*Apostolorum Apostola*)라는 칭호가 붙게 되었는데, 이 칭호는 "사도들을 위한 사도, 온 세상에 예수님 부활의 기쁜 소식을 가져가도록 파견된 사람들에게 파견된 사람"이다.10

---

9 성경 속에는 '마리아'라는 이름이 많이 나오는데, 그만큼 흔한 이름이며 평범한 여자들을 대표한다고 할 수 있다.
10 임숙희, 위의 논문, 4.

성녀 마리아 막달레나 기념일에서 축일로 승격되면서 축일 성경 본문과 전례문이 특별히 강조하는 것은 마리아 막달레나가 주님 부활의 첫 증인이라는 영광('최초로 뵙는', 성무일도 아침 기도 찬미가), 곧 빈 무덤을 본 첫 번째 사람이고, 주님 부활 선포를 들은 첫 번째 사람이 되는 영광을 얻은 것과 다른 한편으로는 마리아 막달레나가 부활하신 그리스도를 목격한 증인이었기에 그녀는 사도들 앞에서 그분을 증언하는 첫 번째 사람도 되었다는 것을 의미한다.11

축일 미사의 새 감사송은 그리스도께서 마리아에게 "사도들 앞에서 사도 직무의 영예를 주셨다"는 것을 강조하고 있다.

> … 살아 계신 주님을 사랑하였고, 십자가에서 돌아가시는 주님을 뵈었으며 무덤에 묻히신 주님을 찾던 마리아 막달레나는 죽은 이들 가운데에서 부활하신 주님을 처음으로 경배하였나이다. 주님께서는 동산에서 마리아 막달레나에게 나타나시어 사도들 앞에서 사도 직무의 영예를 주시고 새로운 삶의 기쁜 소식을 세상 끝까지 전하게 하셨나이다 ….12

"나를 만지지 마시오"(요한 20,17)라는 말씀은 하느님 신비에 대한 물질주의적인 추정과 인간적 이해를 뛰어넘는 신앙 체험으로 들어가라는 초대입니다. 이 신비는 단지 마리아만이 아니라 온 교회에 전달되는 것입니다. 이는 교회적 사건인 것입니다! 이는 예수 그리스도의 모든 제자가 인간적인 안위나 이 세상의 헛된 영광을 좇지 말고, 부활하시어 살아계신 그리스도를 믿음

---

11 경신성사성 차관 아서 로시 대주교, 「사도들의 사도」(Apostolorum Apostola) 해설에서.
12 경신성사성 해설, 「사도들의 사도」에서.

으로 추구하라는 중요한 교훈입니다.[13]

이 명령은 부활하신 예수님께서 온전히 새롭게 현존하신다는 것을 의미한다. 부활한 그리스도는 이 새로운 정체성으로 아버지와 함께 살 것이며, 제자들은 예수님을 통하여 하느님과 새로운 관계를 맺게 된다.

제가 주님을 뵈었습니다(요한 20,18).

마리아 막달레나가 제자들에게 전한 이 말 속에는 참으로 많은 의미가 담겨 있다. 십자가와 부활의 첫 증인으로서 예수님의 참된 정체를 선포하는 것이다.

이 역할을 여성 제자인 마리아 막달레나에게 맡기셨다는 것은 초대교회 때부터 논쟁거리가 되었던 것 같다. 2세기 초반 이집트에서 쓰였을 것으로 추정되는 마리아 복음서 안에 잘 드러난다.

"그분께서 정말로 우리 모르게 일개 여자와 몰래 말씀을 나누셨을까요? 정말로 우리가 (그녀에게) 가서 모두 그녀의 말을 들어야 한단 말이오? 그분께서 정말로 우리보다 그녀를 더 아끼셨다는 말이오?"[14]

---

13 경신성사성 해설, 「사도들의 사도」에서.
14 송혜경, 『영지주의자들의 성서』(한님성서연구소, 2014), 334.

II. "지금 여기"에서 마리아 막달레나를 기억하는 것의 의미

1. 지금도 울고 있는 마리아

부인, 왜 울고 있습니까? 누구를 찾고 있습니까?(요한 20,15).

마리아 막달레나에 대한 공개강좌 3년 차에 울고 있는 여성의 문제를 대면하게 될 줄은 미처 생각하지 못했다. 그러나 구세주의 부재를 심각하게 고민하며 당면하게 되는 여성의 문제는 결코 사라지지 않고 있다.

근래에 일어났던 베트남 여성에게 가해졌던 가정 폭력 사건은 운 좋게 세상에 알려져 공분을 샀지만, 가정 폭력, 성폭력의 피해자들이 끊임없이 나오고 있다. 가정 폭력, 성폭력의 문제는 '인권'과 연결하여 생각하지 않을 수 없다. 과거에 비해 여성의 인권이 많이 나아졌다고 하고, '미투' 운동을 통해 여성들이 당한 폭력의 피해를 드러내도록 격려를 받고 있지만, 실제 많은 여성이 이중, 삼중의 피해로 고통받고 있다. 아직 가야 할 길이 멀다.

추상적인 여인이 아니라 개개인의 마리아를 드러내고, 목소리 없는 사람의 목소리를 듣는 것이 중요하다. 교회가 마리아를 사도로 재조명하는 것은 목소리 없는 사람의 소리를 듣겠다는 결단이다. "변방으로 나아가라"는 프란치스코 교종의 말씀과 맞닿아 있다. "(하느님)께서는 변방을 두려워하지 않으시고 몸소 변방이 되셨습니다. 그래서 우리가 용기를 내어 변방으로 간다면, 우리는 그곳에서 하느님을 찾게 될 것입니다"(「기뻐하고 즐거워하라」, 135항).

2. 마리아 막달레나에 대한 왜곡의 역사를 바로잡는 일

성경 안에 기록된 마리아 막달레나에 대한 보고와 상관없이 교회의 전통 안에서 마리아에 대한 상상은 수많은 예술 작품과 소설의 소재가 되어 왔다.

교부들이 마리아 막달레나와 다른 여인들과 구별 혹은 동일시하던 경우를 거쳐[15] 서방 교회 전통에서는, 특히 6세기 대 그레고리우스 교황(540~640)이 복음서의 여러 인물을 혼합하여 네 복음서에 등장하는 마리아를 모두 동일시하는 주석을 발표한 이후로 마리아 막달레나는 죄 많은 여인이었다가 예수를 만나 참회한 인물로 알려지게 되었다. 따라서 마리아가 일곱 마귀에서 풀려났다는 루카 8,2의 언급 역시 정신적 혹은 육체적 질병이 아니라 도덕적, 특히 성적 문란의 죄로 해석되기에 이르렀다[16]

이러한 해석은 서방 교회 저술가들이나 그리스도교 예술, 이 성녀와 관련된 전례문에 계속 영향을 주어 왔다. 이러한 현상은 오늘날까지 이어져 문학 작품, 영화, 성가에 이르기까지 계속되고 있다.[17]

---

15 마리아 막달레나와 베다니아에서 나병환자 시몬의 집에서 예수님의 머리에 향유를 부은 여인(마르 14,3-9; 마태 26,6-13; 비교 요한 12,1-8), 바리사이의 집에 들어가 예수의 발을 눈물로 닦아 드리고 발에 입 맞추며 향유를 발라 드린 여인(예수님의 용서를 받은 참회하는 여인, 루카 7,36-50), 마르타와 라자로의 동생인 베타니아의 마리아(요한 12,1-8)는 엄연히 다른 인물임에도 불구하고 가공의 인물로 만들었다.
16 김영선, "마리아 막달레나에 대한 교부들의 주석," 『말하라 마리아여, 무엇을 보았는가』, 18.

사실 용산에서 시작되었던 매매춘 여성들의 자활 단체 이름이 '막달레나의 집'인데, 당연하게 사용되던 이 이름도 막달레나에 대한 고정관념을 지속시키는 데 일조를 하게 된다. 우리가 기념 미사 중에 불렀던 〈내게 있는 향유 옥합〉이나 〈막달라 마리아의 노래〉 등도 막달레나를 향유 부은 여인과 동일 인물로 상정하여 만들어졌다. '향유'라는 소재가 자주 사용되어 아마도 막달레나의 사도로서의 임무를 의식적으로 강조하지 않는 한, 막달레나에 대한 오해는 계속될 것으로 보인다.

그러면 어떻게 할 것인가? 교회의 전통 안에서 만들어졌던 역사를 지울 수는 없을 것이고, 새로운 해석을 첨부하여 이해의 폭을 넓혀가야 하지 않을까 생각된다. 성경학자들의 노력으로 각각 다른 인물이라는 것이 밝혀진 다음에도 관습처럼 한 인물 안에 여러 특성을 혼동하여 쓰는 것은 잘못된 일이다.

또한 작가들은 새로이 밝혀진 학자들의 연구를 바탕으로 창조적인 상상력으로 사도로서의 마리아 막달레나를 드러내는 작업이 필요할 것이다. 여성을 피해자로만 부각할 것이 아니라 주체적인 한 개인으로 자신의 인생을 적극적으로 살아낸 개성 있는 인물로 그려낼 수 있을 것이다. 예를 들어 아니타 다이아만트의 소설 『레드 텐트』는 레아의 딸 디나 이야기(창세 30,21; 34장)를 스켐에게 겁탈당하여 집안 간에 분쟁을 일으키는 비운의 여성이 아니라 네 어머니에게서 많은 것을 배우고 산파로서 이모인 라헬을 따라 이웃 마을에 갔다가 스켐을 만나 사랑을 나누며 새로운 것을 경험하는 호기심 많은 여성으로

---

17 조수정, "그리스도교 미술과 마리아 막달레나: 비판과 재해석," 『말하라 마리아여, 무엇을 보았는가』, 27-34.

그려냈다.[18] 작년에 개봉된 영화 〈막달라 마리아〉(Mary Magdalene, 가스 데이비스 감독, 2018)는 막달레나가 남편을 만나 평범한 가정을 꾸리는 것보다 무엇인가 큰 가치를 좇는 여성이며, 영적 감수성이 예민하여 특별한 영적 체험을 하는 주체성 있는 여성으로 재해석하였다.[19]

마리아 막달레나에 대한 해석의 역사는 가톨릭교회가 오랜 기간 그 근거를 알지 못하는 다수에 의해 왜곡이 점철된 경우라고 할 수 있다. 그렇게 긴 왜곡의 역사를 지나서 프란치스코 교종이 마리아 막달레나의 축일을 모두가 기억할 역사로 회복한 것은 매우 기쁘고 중요한 결정을 한 것이며, 더 나은 세상으로 나아가고자 하는 그 노력은 복음적이라고 할 수 있겠다. 구원의 역사는 이미 완성된 것이 아니라 미래를 향하여 나아가는 것이기에, 이렇듯 여성에 대한 인식을 복음적으로 바꿔 가는 것 또한 교회가 이루어야 할 큰 사명이라고 할 것이다.

3. 여성에 대한 새로운 이해

21세기에 양성평등은 인류의 과제이다. 인권에 대한 감수성이 높아지면서 어떤 종류의 차별에 대해서도 질문을 제기하게 되었다. 과거 여성들의 일상이었던 가사노동은 돌봄과 배려의 새로운 가치로 존중받게 되었다. 생명을 낳아 기르는 일, 병자와 노인을 돌보는 일 등이 아직도 제대로 존중받지 못하고 직업으로 충분한 가치를 인정받

---

18 애니타 다이아먼트/이은선 옮김, 『빛의 한가운데』(The red tent) (홍익출판사, 1998).
19 박태식, "사람 낚는 마리아—막달라 마리아—," 「영성생활」 제57호 (2019 봄): 89-95.

지 못하지만, 미래 AI(인공지능)도 대신할 수 없는 인간 고유의 활동으로 인정되었다.

프란치스코 교종은 여성의 가정에서의 역할을 강조한다. "특별히 가정에서 어떤 것과도 바꿀 수 없는 귀중한 여성의 역할을 잊어서는 안 될 것입니다. 이는 가정에서 평안함과 조화를 이끌어 내는 여성의 본성적인 능력을 드러낼 뿐만 아니라, 그것들이 없다면 인간의 소명이 실현될 수 없다는 현실도 명확하게 보여줍니다."[20] 교종께서 전통적인 여성관을 답습하고 있다고 비판할 수도 있겠지만, 가정이 해체되고 생명이 경시되는 오늘날 여성들의 생명을 살리는 보살핌의 가치를 재조명하지 않을 수 없다. 살림의 지혜를 회복할 때에 이르렀다고 하겠다.

III. 마리아 막달레나와 함께 일구는 한국가톨릭 여성들의 희망

1. 교회 공동체의 젠더 감수성 높이기

2015년 2월 교황청 문화평의회 주관으로 "여성문화 — 평등과 차이"란 주제로 총회를 열고, 총회에서 논의되었던 내용이 『여성문화: 평등과 차이』라는 단행본으로 출간되었다.

---

20 프란치스코 교황, "교황께서 문화평의회 총회 참석자들에게 한 담화," 바티칸 시국 교황청 문화평의회, 『여성문화: 평등과 차이』(한국천주교주교회의 생명운동본부, 2016), 16-17.

문화평의회의 토론은 "교회와 세상 안에서 여성의 지위를 끌어올리기 위해 적어도 먼저 교회 안에서 구현 가능한 방안과 조치를 강구하여 더 많은 배려와 보살핌이 담긴 삶의 방식을 찾는" 데 관심을 모았고, 이를 실현하기 위한 두 개의 기본 방향, 곧 첫째로 교회에서의 의사결정 과정에 여성의 참여가 강화될 수 있는 새로운 구조와 방법이 시행되어야 하고, 둘째로 여성이 이미 세상에서 지닌 전통적인 역할과 구조, 곧 양육하는 사랑과 사회적 안정에 헌신하는 여성 특유의 선물을 보호, 유지, 성장시켜야 할 필요성이 있다는 것[21]에 동의하였다. 교황청 문화평의회 총회를 계기로 한국교회 안에서도 수원가톨릭대학교 이성과신앙연구소 주관하에 "현대의 복음 선교와 여성문화"라는 심포지엄을 열어 교회 내부의 여성 문제를 새롭게 인식하는 계기를 마련하였다.[22]

위 심포지엄에서 필자는 가부장적 교회 구조 개선을 위해 교회가 노력할 점으로 첫째, 여성 사목의 필요성 인식과 여성 사목 전담 기구 설치, 둘째, 교회 내 의사 결정 과정에 여성들의 참여 확대, 셋째, 사제 양성의 중요성과 사제 양성에 참여할 여성 교수직의 확보 등을 제안한 바 있다.[23]

'여성을 위한 사목적 배려'가 필요한가? 여성 사목이 활성화되면 교회 전체의 분위기에도 많은 영향을 줄 것이고, 다양한 분야의 사목

---

21 케빈 피츠제랄드, "신앙을 행동으로 옮기는 일," 『여성문화: 평등과 차이』, 33.

22 이 심포지엄에서 "한국 가톨릭교회 안의 여성 문화: 교회 내 여성의 현존"(최혜영), "제네라티비티(Generativity), 여성 그리고 생명윤리"(최진일)등 두 논문이 발표되었고, 「이성과 신앙」 제61호 (2016. 12)에 논평문과 함께 실렸다.

23 최혜영, "한국 가톨릭교회 안의 여성문화: 교회 내 여성의 현존," 「이성과 신앙」 제61호 (2016. 12): 28-34.

에 여성의 참여가 활성화되면 양성 평등적인 교회 분위기 쇄신에 큰 영향을 줄 것은 당연하다. 따라서 장기적인 안목에서 여성 평신도에게 신학 공부를 적극적으로 개방하고 권장해야 한다.[24]

교회 내 의사 결정 과정에 여성들의 참여 확대를 위해 그동안 가톨릭 여성 단체에서는 본당 사목 위원의 30% 정도를 여성에게 할당하라고 건의해 왔다. 이 건의에 대해 주교회의나 교구 책임자들이 적극 수용하여 구체적인 조치를 취한 것은 없다. 여성들이 교회 활동에 30% 이상도 참여할 수 있는데 굳이 그러한 조건을 명시할 필요가 없다는 것이다. 그러나 여성의 소리가 전달될 필요를 인식한다면, 적극적으로 그 방법을 찾을 필요가 있으며, 그에 따른 교구와 본당의 적당한 조직이 필요하다. 또한 주교회의 산하 모든 위원회에 여성 위원들의 숫자를 늘려 여성들의 참여를 높이고 자연스럽게 여성 인재 양성에 힘써야 할 것이다. 여성 할당제 도입은 최소한의 인원을 확보함으로써 양성평등을 유지하자는 취지로 교회가 의식적인 노력을 할 의지가 있는가 하는 문제와 관련되기 때문이다.[25]

2. 교회를 섬기는 여성 사도직의 전망

프란치스코 교종의 촉구로 2016년 8월 여성 부제직을 연구하는 연구위원회가 결성된 후, 여성 부제와 관련한 여러 연구자의 논문을 편집해 『부제직: 어떤 교회를 위한 사목인가?』라는 책을 펴냈는데,

---

24 최혜영, 위의 글, 29-30.
25 최혜영, 위의 글, 31-33.

이탈리아 밀라노교구 종교 교사로 활동하는 장수희 님이 「가톨릭 평론」에 "여성 부제직 연구 전망: 전통과 예언자의 시선"이란 제목으로 최근 여성 부제직 연구와 관련한 동향을 소개한 바 있다.

연구자들은 최근 10여 년간 교회 내 사목 활동에서 여성의 역할이 결정적으로 중요한 의미를 보여준 것, 무엇보다도 유럽과 북미 지역에서 미래 교회를 위한 '여성'의 역할과 중요성에 관한 인식을 강하게 표명해 왔다는 사실에 주목하고 있다.[26] 연구자들은 오늘날 여성 부제 문제는 그리스도교 전통의 빛을 물려받은 제2차 바티칸공의회 정신 안에서, 특히 '사제 직분에 대한 해석' 안에서 풀어가야 하며 '개혁하는 교회'를 위한 비판적 목소리를 연구하는 태도가 필요하다고 주장한다. 또한 "어떤 교회를 위한 무슨 직분인가?", 즉 어떤 교회적 모습이 여성 부제를 원하며 꼭 여성이어야 하는가에 관한 이유를 밝혀야 한다.[27]

> 여성 부제에 관한 연구의 출발은 사제직에 관한 신학(성품성사)과 전통 안에서 모든 성숙한 사고가 녹아 있는 제2차 바티칸공의회로부터 출발해야 한다. 무엇보다 연구에 대한 '새로움'으로써 촉구되는 것은 여성의 조건에 관한 스스로의 자기 이해다. 여성의 현실은 그 어느 때보다 많이 변화되었기에 이에 대한 연구가 시급하다. … 공의회 이후 여성의 지위에 엄청난 변화가 있었음을 주목한다.[28]

---

26 장수희, "여성 부제직 연구 전망: 전통과 예언자의 시선", 「가톨릭 평론」 제12호 (2017. 11-12), 197.

27 장수희, 위의 글, 199.

28 위의 글, 200-201.

오늘날 교회에는 주체로서의 여성에 대한 의미심장한 질문이 제기되었다. 프란치스코 교종은 「복음의 기쁨」 103항에서 이 모든 질문에 대해 연구할 것을 촉구하며, 언어적이며 구조적인 모든 문제에 대해서도 여성에 관해 다시 고려할 것을 당부하며 더 깊은 관심을 촉구했다. 이에 여성 신학자들은 여성 부제직이 교회 권력이나 남성 부제직을 향한 도전이 아니며, 교회의 한 주체인 여성이 말씀과 봉사를 통하여 올바른 위치를 찾아가는 종합적 성찰을 요구한다고 말한다.[29]

한국 천주교회 안에서 여성들은 부제나 사제직과 관련하여 여성 신학적인 관점에서 아직 정확한 입장을 말하지 못하고 있다. 이는 깊은 신학적 성찰이 필요한 작업이며 섬세한 접근이 요청되는 주제이다. 그러나 이는 여성 신자들만의 문제가 아니라 교회의 미래를 예측하고 준비하는 차원에서 신학자는 물론 교도권에서 적극적으로 열어야 할 새로운 지평이라고 할 수 있다.

여성들의 관계 중심적 활동은 새로운 시대의 패러다임으로 받아들여지고 있다.[30] 가정과 교회에서 오랫동안 이어져 온 여성의 역할과 여성의 살림에서 비롯된 지혜의 소중함을 인식할 때 교회 안에서도 여성의 활동과 그 가치를 다르게 평가하고 새롭게 자리매김할 수 있다.

---

29 위의 글, 202.

30 프란치스코 교종의 자문기구인 추기경위원회가 새 교황령 초안을 마무리하면서 교황청의 여성 관리직을 다음 주제로 채택하고 교황청의 여성 리더십을 논의하면서 여성의 의견을 구할 것이라고 말했다(「가톨릭신문」, 2019. 4. 21).

3. 사회적 영성으로 이루는 화해와 평화의 사도가 되기

정의·평화·창조계의 보전(Justice·Peace·and Integrity of Creation, 약자로 JPIC)은 현대 이후인 21세기의 화두이자 복음 정신의 요약이라고 할 수 있다. 여성은 인류와 전 지구 공동체의 고통에 울부짖는 존재이며, 그 울부짖음을 경청하고 연민의 마음으로 연대한다.

그리스도 예수의 제자로서 한민족의 화해와 상생, 동북아시아의 평화가 절실한 이 시대에 교회 여성들이 화해와 평화의 사도로서 앞장서는 것은 바로 고통의 상황에서 울부짖는 여성들에게 복음의 기쁨을 성취하라는 요청이며 선포이다. 생명을 낳고 기르는 힘, 돌봄과 배려의 정신, 살림의 능력을 내 가정에만 국한할 것이 아니라 세상의 변화를 위해 여성의 고유한 힘을 사용해야 한다. 정치, 경제, 사회, 문화, 예술 등 여러 방면에서 여성의 감수성과 지혜가 요청되는 시대가 시작되었기 때문이다.

2019년 7월 6일, 가톨릭동북아평화연구소 샬롬회(미래세대연구자 모임)는 메리놀 외방전교회 한국지부에서 "동북아에서 새로운 평화를 꿈꾸다 — 가톨릭 여성이 여성을 바라보다, 마주하다, 생각하다"라는 참신한 제목으로 심포지엄을 개최하였다. 두 명의 발제자와 두 명의 논평자 모두 20~30대 젊은 가톨릭 여성으로 동북아 평화를 지향하며 학제 간 연구를 하고 발표하는 모습이 미래지향적이었다.[31]

---

31 제1 발제자는 장은희 아녜스로 "제주의 깊은 얼굴을 바라보다, 마주하다, 생각하다 — 4.3과 사회적 기억 공간 중심으로"라는 제목으로 발표하였고, 정다빈 멜라니아가 논평을 맡았다. 제2 발제는 김혜인 사삐엔시아가 "북한 여성, 바라보다, 마주하다, 생각하다 — 코스메틱을 통해 바라본 그들의 삶"이라는 주제로 발표하였고, 강석주 카타리나가

「가톨릭 뉴스 지금여기」나 「가톨릭 평론」에서 활동하는 젊고 유능한 가톨릭 여성 기자와 학자들이 있는데, 이들을 지원하고 격려하는 일 또한 필요하다. 한국 천주교회와 세상의 평화를 위해 일할 수 있는 젊은 일꾼을 적극적으로 키워내는 것은 매우 중요한 과제라고 할 수 있다.

나가며

프란치스코 교종께서 성녀 마리아 막달레나 기념일을 축일로 승격하면서 마리아 막달레나 성녀를 새로운 복음화의 참된 모범으로 제시한 것은, 교회 안에서 여성의 역할을 존중하고 확대하려는 의지를 드러낸 것이다. 이를 계기로 한국 가톨릭교회는 권위적이고 위계적이고 가부장적인 모습에서 벗어나, 초대교회가 간직했던 수평적이고 평등한 교회, 생명을 낳아 기르는 살림의 교회, 하느님의 여성성과 남성성이 그리스도 예수의 제자로 어우러진 온전한 교회로 거듭나기 위하여 진지하게 노력하여야 할 것이다.[32]

여성들은 스스로 마리아 막달레나의 사도적 영성을 닮아 매일의 삶 안에서 예수님을 따르고, 십자가와 부활의 증인으로서 복음을 선포하는 예수 제자로서 그 사명을 더욱 적극적으로 실천할 때를 맞이하였다. 고통받고 있는 여성들의 현실을 구체적으로 인식하고

논평을 맡았다.

32 최혜영, "21세기 열린 교회를 향하여," 『여성 천주교와 만나다』 (한국가톨릭여성연구원, 2008).

연대하여 여성에 대한 왜곡의 역사를 바로잡고 새로운 패러다임을 만들어 가는 일이 바로 여성 자신의 몫이다.

마리아 막달레나 성녀의 사도적 영성이 한국 가톨릭교회가 세상의 필요에 더욱 적절하게 응답하고 예언적 소명을 다하는 미래지향적 교회가 되는 데 기여할 수 있기를 희망하며, 이 소명을 실현하기 위하여 여성 신자와 수도자 간의 상호 이해와 연대, 남녀 교회 구성원 간의 연대와 협력을 촉구한다.

참고문헌

1부 _성경과 전통에서 만나는 마리아 막달레나

임숙희 | 성경에서 만나는 마리아 막달레나의 참모습

Aviam, M. "The Decorated Stone from the Synagogue at Migdal: A Holistic Interpretation and a Glimpse into the Life of Galilean Jews at the Time of Jesus." *Novum Testamentum* Vol. 55, Fasc. 3 (2013): 205-220.

Ben Witherington III. "On the Road with Mary Magdalene, Joanna, Susanna, and Other Diseiples Luke 8 1-3." *Zeitschrift für die neutestamentliche Wissenschaft und die Kunde der älteren Kirche* 70, no. 3-4 (1979): 243-248.

Cambe, M. "L'Influence du Cantique des cantiques sur le Nouveau Testament." *Revue Thomiste* 62 (1962): 5-26.

Christopher, J. T. *The Devil, Disease, and Deliverance: Origins of Illness in New Testament Thought.* Cleveland, TN: CPT Press, 2011.

Collins, R. "The Search for Jesus." in *These things Have Been Written. Studies on the Fourth Gospel.* Theological & Pastoral Monographs, Leuven: Peeters Publishers, 1990.

C. Setzer. "Excellent Women: Female Witnesses to the Resurrection." *Journal of Biblical Literature* 116 (1997): 259-272.

Danby, H. *The Mishnah, Translated from the Hebrew with Introduction and Brief Explanatory Notes.* Oxford: Oxford University Press, 1954.

Daube. *Witnesses in Bible and Talmud.* Oxford: Oxford Centre for Postgraduate Hebrew Studies, 1986.

De La Potterie, I. *The Hour of Jesus: The Passion and the Resurrection of Jesus*

According to John. New York: St Paul Publications, 1989.

Edward, A. *Disciples to Such a Lord; the Gospel According to St. Mark.* Melbourne, Victoria: Hassell Street Press, 2021.

Fabris, R. *Giovanni.* Roma: Borla, 1992.

Feuillet, A. "La Recherche du Christ dans la Nouvelle Alliance d'après la Christophanie de Jo.20,11-18: Comparaison avec Cant.3,1-4 et l'épisode des Pèlerinsd'Emmaus." in H. De Lubac (ed.). *L'homme devant Dieu. Exégèse et Patristique.* Paris: Aubier, 1963.

Gaiser, F. J. *Healing in the Bible: Theological Insight for Christian Ministry.* Baker Academic, 2010.

Gangemi, A. *Racconti Post-pasquali nel Vangelo di S. Giovanni, IV.* Catania: Catania: Studio Teologico S. Paolo, 2003.

Holzer, G. "Women's testimony in Jewish Law." *Sinai* 67 (1970): 94-112.

Hurtado, L. W. "Following Jesus in the Gospel of Mark — and Beyond." in Longenecker, N. Richard (ed.). *Patterns of Discipleship in the New Tew Testament.* Grand Rapids, MI: Wm. B. Eedermans, 1996.

Karris, R. J. "Women and Discipleship in Luke." *The Catholic Biblical Quarterly* 56(1) (1994): 1–20.

Kittel, G. "ακολουθώ." in *Theological Dictionary of the New Testament*, Vol. II. Grand Rapids, MI: Wm. B. Eedermans, 1964.

O'Collins, G. and Kendall, D. "Mary Magdalene as Major Witness to Jesus' Resurrection." *Theological Studies* 48 (1987): 631-646

Origen. *Contra Celsum* 2, 55. tr. engl. Chadwick, H. Cambridge University Press, 1953.

Panimolle S. A. (a cura di), *Dizionario di spiritualità biblico-patristica. Abbà, Padre,* Vol. 1, 1992.

Parambi, B. *The Discipleship of the Women in the Gospel according to Matthew. An Exegetical Theological Study of Matt 27: 51b-56, 57-61 and 28,1-10.* Roma: Gregoriana, 2003.

Reinhartz, A. "To Love the Lord: An Intertextual Reading of John 20." in F. C. BLACK, R. Boer, E. Runions (ed.). *The Labor of Reading: Desire, Alienation and Biblical Interpretation*, SBL.SP 36; Atlanta, 1999.

Ridderbos, H. N. *The Gospel according to John*. Grand Rapids, MI: Wm. B. Eedermans, 1997.

Ruschmann, S. *Maria von Magdala im Johannesevangelium: Jüngerin — Zeugin- Lebensbotin*, Neutestamentliche Abhandlungen, n.F., Bd. 40. Münster: Aschendorff, 2002.

R. W. Brown. *The Gospel according to John*, Anchor Bible 29. New York: Anchor Bible, 1966.

Schneiders, S. M. *The Johannine Resurrection Narrative: An Exegetical and Theological Study of John 20 as a Synthesis of Johannine Spirituality* [Diss. excerpt]. Gregorian University 1975.

_____. "John 21,1-14." *Interpretation* 43 (1989): 70-75.

Segalla, G. "Dio Padre di Gesù nel quarto vangelo." *La Scuola Cattolica* 117 (1989): 201-224.

Vanhoye, A. "Interrogation johannique et exégèse de Cana (Jn 2,4)." *Biblica* 55 (1974): 157-167.

Watterson, M. *Mary Magdalene Revealed: The First Apostle, Her Feminist Gospel & the Christianity We Haven't Tried Yet*. Carlsbad, California: Hay House Inc., 2021.

Winsor, A. Roberts. *A King is Bound in the Tresses: Allusions to the Song of Songs in the Fourth Gospel*, StBL 6. New York: Peter Lang Inc., 1999.

Zapata-Meza, M. A., Barriga, G. D., Sanz-Rincón, R., Avshalom-Gorni, D., Jackson-Tal, R. E., Gorin-Rosen, Y. & Syon, D. "The Magdala Archaeological Project (2010–2012): A Preliminary Report of the Excavations at Migda." *Atiqot /* עתיקות, vol. 90 (2018).

김영선 | 교부들의 문헌에 나타난 마리아 막달레나와 그에 대한 고찰

니사의 그레고리우스.『에우노미우스 반박』12,1. in Philip Schaff (ed.). *NPNF*
    II-5. Grand Rapids, MI: Wm. B. Eedermans, 1994.

대 레오.『설교집』. *The Nicene and Post-Nicene Fathers of the Christian Fathers*
    II-12. Grand Rapids, MI: Wm. B. Eedermans, 1983.

드롭너, H. R./하성수 역.『교부학』. 분도출판사, 2001.

엘로브스키, C. 조엘/최원오 옮김.『교부들의 성경주해 신약성경 III: 마르코 복
    음서』. 분도출판사, 2011.

_____/이형우·하성수 옮김.『교부들의 성경주해: 신약성경 VI. 요한 복음서
    11-21장』. 분도출판사, 2013.

한국가톨릭여성연구원.『상생과 희망의 영성: 여성 우리가 희망이다. 설립 20주
    년 기념 논문집』. 가톨릭대학교출판부, 2016.

Ambrose de Milan. *Traité sur L'Évangile de S. Luc II* (10,156-157). Dom Gabriel
    Tissot (éd). 2nd ed., Paris: Cerf, 1976.

Brown, E. Raymond. "Roles of Women in the Fourth Gospel." *Theological
    Studies* 36 (1975): 688-699.

Cranfield, C. E. B. *The Gospel According to Saint Mark.* Revised Ed.,
    Cambridge: Cambridge University Press, 2000.

D'Angelo, Mary Rose. "Reconstructing 'Real' Women from Gospel Literature:
    The Case of Mary Magdalene." in eds. Ross Shephard Kraemer and
    Mary Rose D'Angelo. *Women & Christian Origins.* New York;
    Oxford: Oxford University Press, 1999.

Evans, A. Craig. *Mark 8:27-16:20.* WBC 34B; Nashville: Thomas Nelson,
    2001.

Grégoir le Grand. "Homélie XXXIII." in éd. Raymond Étaix. *Grégoire le Grand,
    Homélies sur l'Évangile, livre II, homélies XXI-XL.* trad. Georges Blanc,
    notes Bruno Judic. Paris: Cerf, 2008.

Hippolytus. *Commentary on the Song of Songs.* 2,29; 24,2; 24,3; 25,1; 25,2.

Kienzle, Mayne & Walker, J. Pamela (eds.). *Women Preachers and Prophets through Two Millennia of Christianity*. Beverly Berkeley; Los Angeles; London, University of California Press, 1988.

Smith, Yancy Warren. *Hippolytus' Commentary on the Song of Songs in Social and Critical Context*. Ph.D. diss. Brite Divinity School, 2009.

Tertullian. *Against Marcion* IV, 19, 1. in Philip Schaff (ed.). *Ante-Nicene Fathers*, Vol. 3. Grand Rapids, MI: Christian Classics Ethereal Library, 1885.

최우혁 | 현대 가톨릭교회의 문헌에 담긴 여성의 사도성과 전망

송혜경. 「마리아 복음서」. 『영지주의자들의 성서』. 한님성서연구소, 2014.

에케하르트 슈테만·볼프강 슈테게만/손성현·김판임 옮김. 『초기 그리스도교의 사회사』. 동연, 2009.

최우혁. "사도 마리아 막달레나, 사도들의 교회전통을 새롭게 말하다." 「가톨릭 평론」 제5호 (2016): 9-10, 153-159.

_____. "여성의 존엄 (2)." 현대교회의 가르침 (19), 「가톨릭 신문」 2014. 6. 1 (제2897호, 8면).

_____. "여성의 존엄 (1)." 현대교회의 가르침 (18), 「가톨릭 신문」 2014. 5. 25 (제2896호, 8면).

_____. "구세주의 어머니 (2)." 현대교회의 가르침 (17), 「가톨릭 신문」 2014. 5. 18 (제2895호, 8면).

_____. "구세주의 어머니 (1)." 현대교회의 가르침 (16), 「가톨릭 신문」 2014. 5. 11 (제2894호, 8면).

프란치스코 교황. *Veritatis Gaudium* (「진리의 기쁨」). 2017. 12. 8.

2부 _ 21세기 교회가 만나는 여성

조수정 | 그림으로 읽는 성녀 마리아 막달레나 이야기

김영선. "마리아 막달레나에 대한 교부들의 주석과 그에 대한 반성적 고찰."『상생과 희망의 영성』. 가톨릭대학교출판부, 2016.

메리 T. 말로운/유정원·박경선 옮김.『여성과 그리스도교 1』. 바오로딸, 2008.

에치오 모로시/이재숙 옮김.『복음에 따른 여성신학, 그리스도와 여인들』. 성바오로출판사, 1993.

정양모. "막달라 여자 마리아."「생활성서」(2001/7): 6-9.

한영창.『성녀 막달라 마리아』. 성요셉출판사, 2005.

R. 모서 · H. 하아크/김재희 옮김.『행복하여라 다정한 사람들』. 분도출판사, 1986.

W. 라이어제더 외.『예수님 수난, 그 여정의 인물들』. 바오로딸, 1998.

김영선 | 마리아 막달레나, 21세기 한국 가톨릭교회에 말을 건네다

김상경. "21세기 정보화 사회의 인터넷 선교 전략." 목원대학교 석사학위논문, 2006.

김영선. "마리아 막달레나에 대한 교부들의 주석과 그에 대한 반성적 고찰." 한국가톨릭여성연구원.『상생과 희망의 영성』. 가톨릭대학교출판부, 2016.

김태현. "토착화를 중심으로 고찰한 21세기 해외 선교의 방향 모색." 인천가톨릭대학교 석사학위논문, 2013.

박문수. "한국 천주교회 통계분석 18년간 추이(2000~2017년)."「가톨릭뉴스 지금 여기」2018. 5. 9. http://www.catholicnews.co.kr/news/articleView.html?idxno=19978.

박보경. "한국여성신학에 대한 선교학적 평가."「장신논단」20 (2003).

박정우. "여성의 눈으로 교회와 사회 바라보기."「평화신문」866호. 2006. 9. 3.

_____. "2010년 11월 17일 한국 천주교 주교회의 여성소위원회 기조발언: 교회 안의 여성." 2010 주교회의 평신도사도직위원회 여성소위원회 토론회 자료집,「여성, 교회 및 사회에 무엇을 줄 수 있는가」. 8-12.

박지상. "한국 개신교와 가톨릭의 교회성장 비교연구: 21세기 개신교에 대한 교회성장학적 과제." 감리교신학대학교 석사학위논문, 2010.

박혁호. "21세기 한국 사회가 요청하는 사제의 역할에 대한 고찰." 부산가톨릭대학교 석사학위논문, 2002.

성염. "21세기 한국교회의 바람직한 모습: 한국사회를 위한 예언자인가, 제관인가?" 우리사상연구소편.『한국가톨릭 어디로 갈 것인가』. 서광사, 1997.

송태근. "21세기 목회와 여성."「기독신문」1717호. 2009. 3. 23. http://www.kidok.com/news/articleView.html?idxno=58782.

신옥수. "교회 여성의 눈으로 보는 교회."「한국기독공보」2013. 12. 30.

앨빈 토플러/김진욱 역.『제3의 물결』. 범우사, 1992.

이우진. "인터넷 사이버 공간에서의 사이버 공동체에 대한 교회론적 고찰." 부산가톨릭대학교 석사학위논문, 2002.

장하철. "교회: 미래 교회의 모형." 호남신학대학교 석사학위논문, 1999.

조민철. "민족의 화해와 일치를 향한 한국 천주교회의 역할과 전망: 민족 및 통일 지향적 시작에서." 광주가톨릭대학교 석사학위논문, 2004.

조성구. "21세기 한국 천주교회 청소년 사도직의 방향성과 역할에 대한 전망." 대전가톨릭대학교 석사학위논문, 2009.

최인식. "21세기 한국교회를 향한 예수의 생태학적 리더십: 땅, 몸, 여성의 관점에서."「신학과 선교」32 (2006): 325-357.

최혜영. "아시아 지역 안에서 한국교회의 내적인 전망과 역할: 아시아 가톨릭 평신도 대회를 마치면서." 2010년 주교회의 평신도사도직위원회 세미나 자료집,「한국 천주교 평신도사도직의 전망과 과제」. 한국 천주교 주교회의 평신도사도직위원회, 17-24.

_____. "성서의 여성 리더십: 나자렛의 마리아를 중심으로."「인간연구」6 (2004): 174-228.

크리스티안 A. 슈바르츠/윤수인 외 역.『자연적 교회성장』. 서울: 도서출판 NCI, 1999.

Brown, E. Raymond. "Roles of Women in the Fourth Gospel." *Theological Studies* 36 (1975): 688-699.

교황청 경신성사성 교령. https://press.vatican.va/content/salastampa/it/b olle ttino/pubblico/2016/ 06/10/0422/00974.html.

_____. http://www.vatican.va/roman_curia/congregations/ccdds/documents/ sanctae-m-magdalenae-decretum_en.pdf.

교황청 경신성사성 교령 해설, 「사도들을 위한 사도」(*Apostolorum Apostola*). http://www.cbck.or.kr/bbs/bbs_read.asp?board_id=k1200&bid= 13012154 (검색일 2019. 5. 12).

교황청 신앙교리성. 「교회와 세상 안에서 남녀의 협력에 관하여 가톨릭 교회의 주교들에게 보내는 서한」. 2004. 5. 31.

김정은. "마더 데레사를 통해 살펴본 자비의 카리스마." 「신학전망」 194 (2016): 179-206.

이재호. "유엔에서 혼쭐난 한국여성 정책." 「한겨레신문」 2018. 3. 1. http:// www.hani.co.kr/arti/PRINT/834234.html.

정한울. "20대 남자 현상 이렇게 조사했다." 「시사IN」 2019. 5. 8. https://www. sisain.co.kr/?mod=news&act=article View&idxno=34613 (검색일 2019. 6. 10).

조남주. 『82년생 김지영』. 민음사, 2017.

천관율. "20대 남자 현상 반페미니즘 전사들의 탄생." 「시사IN」 2019. 4. 22. https://www.sisain.co.kr/?mod=news&act=articleView&idxno=3 4379 (검색일 2019. 6. 10).

프란치스코 교황. 자의 교서, 「온전한 인간 발전 촉진을 위한 교황청 부서 정관 (2016. 8. 17)」. http://www.cbck.or.kr/Notice/13012398? page= 2&search=%EC%9D%B8%EA%B0%84%20%EB%B0%9C%EC%A0 %84%20%EC%B4%89%EC%A7%84 (검색일 2019. 7. 10).

호인수. "교회에서 여성은 도우미일 뿐인가." 「지금여기」 2018. 5. 23. http:// www.catholicnews.co.kr/news/articleView.html?idxno=20031.

Sue et al. "Racial Microaggressions and Difficult Dialogues on Race in the Classroom." *Cultural Diversity and Ethnic Minority Psychology* 15(2).

김영선. "마리아 막달레나에 대한 교부들의 주석." 가톨릭여성신학회 20주년 공개강연 자료집, 「말하라 마리아여, 무엇을 보았는가」. 2017.

바티칸 시국 교황청 문화평의회. 『여성문화: 평등과 차이』. 한국천주교주교회의생명운동본부, 2016.

박태식. "사람 낚는 마리아 — 막달라 마리아." 「영성생활」 제57호 (2019 봄): 89-95.

송혜경. 『영지주의자들의 성서』. 한님성서연구소, 2014.

임숙희. "성경에서 만나는 마리아 막달레나의 참모습." 가톨릭여성신학회 20주년 공개강연 자료집, 「말하라 마리아여, 무엇을 보았는가」. 2017.

장수희. "여성 부제직 연구 전망: 전통과 예언자의 시선." 「가톨릭 평론」 제12호 (2017. 11-12): 196-203.

조수정. "그리스도교 미술과 마리아 막달레나: 비판과 재해석." 가톨릭여성신학회 20주년 공개강연 자료집, 「말하라 마리아여, 무엇을 보았는가」. 2017.

최혜영. "초기 그리스도교의 가정 교회 연구: 여성들의 직무와 지도력을 중심으로." 「신학전망」 136 (2002. 3): 67-81.

_____. "한국 가톨릭교회 안의 여성 문화: 교회 내 여성의 현존." 「이성과 신앙」 제61호 (2016. 12): 28-34.

_____. "21세기 열린 교회를 향하여." 『여성 천주교와 만나다』. 한국가톨릭여성연구원, 2008.

함께 이야기합시다

가톨릭여성신학회는 2017~2019년에 이르는 3년의 심포지엄을 참석자들과 함께 나누는 토론회로 마무리했다. 이는 참석자들이 단지 청중으로 듣기만 하는 것이 아니라 그리스도교 신자로서 오늘날 교회의 모습을 진단하고 어려움을 함께 풀어나가며, 미래의 지평을 전망하고 공유하기 위한 자리였다.

가톨릭여성신학회에서 미리 마련한 4개의 주제를 중심으로 참석자들은 소그룹으로 나누어 진지한 토론을 하고, 그 내용을 발표하여 전체 참석자들이 공유하고 질문을 통해서 공감하고 결단하는 자리가 되었다. 질문들과 토론된 내용을 소개한다.

질문과 토론이 담고 있는 내용은 여성들이 지속적으로 겪고 있는 문제들과 그 해결책을 마련하는 데 여성의 목소리가 담겨야 하는 것을 구체적으로 보여준다.

1. 우리 주변의 고통받는 여성들은 누구이고, 어떤 도움을 줄 수 있을까요?

— 한 부모 가정의 자녀 양육으로 고통당하는 사람들이 있다.
— 차별로 고통당하는 사람들, 같은 여성들, 약자들에 공감한다.
— 미혼모에 대한 정부 지원 미흡, 교육 개선과 예방도 필요하다.
— 이주여성들은 인종 문제보다 경제적인 문제로 고통당하고 있다.
— 자녀 교육에 어려움을 겪는 여성들이 많다.
— 사회에서 어려움을 겪는 청년들이 교회 안에서도 소외된다.
— 고령화되는 신자들이 교회 안에서 사라지고 있다.

2. 가톨릭 여성 신자로서 교회 안에서 기여하고 싶은 역할은 무엇입니까?

— 본당의 의사 결정권: 여성 교육이 필요하고 의식변화를 위한
   공부도 필요하다.
— 여성의 의사를 펼칠 장이 필요하다. 여성들이 깨어나야 한다.
— 인권과 생명 교육이 필요하다.

3. 여성 신자로서 교회 안에서 겪는 어려움은 무엇입니까?

— 여성 신자들에게 모범이 되는 롤 모델이 없다.
— 양성평등에 둔감한 교회는 여성의 성체분배, 여성 신자의 모임
   에 관심이 없다.
— 교회 성폭력에 관한 사후 처방과 미투(Me too) 운동에 관한

지속적 관심이 없다.

— 봉사의 책임을 맡은 사람에게 가중되는 부담이 가정에 불충실
　하게 되는 이유가 된다.

4. 신부님, 주교님에게 요청하고 싶은 것은 무엇입니까?

— 남-녀를 분리해서 보지 말기를!
— 신자들의 이야기에 귀를 기울이는 자세를 요청합니다.
— 현장에 참여하여 들어야 합니다.
— 성평등에 관한 사제교육이 필요합니다.

2019. 7. 20. 명동 가톨릭회관 7층

지은이 알림

김정은 소화 데레사(†2019. 9. 1)

가톨릭대학교 종교학과에서 공부하고 "스마트 미디어 사목 활성화 방안 연구"를 주제로 박사학위(Ph.D)를 받았다. 천주교주교회의사목연구소 연구원, 교회사연구소 상임연구원을 역임하였으며, 가톨릭여성신학회 총무로 활동하였다.

김영선 루시아

마리아의전교자프란치스코회 소속 수도자이며, 미국의 보스턴 칼리지에서 구약성경을 공부하고 박사학위(Ph.D)를 받았다. 전 광주 가톨릭대학교 교수로 신학생들에게 구약성경을 강의했다. yesekim@gmail.com

임숙희 레지나

로마 교황청성서대학원에서 성서학, 로마교황청 그레고리오 대학교에서 바오로영성으로 박사학위(STD)를 받았다. 현재 엔아르케성경삶연구소 소장이며 가톨릭대학교와 가톨릭교리신학원, 가톨릭평생교육원에서 성경과 영성을 가르치고 있다. regina7113@daum.net

조수정 소피아

서강대학교 불어불문학과 졸업. 종교학을 부전공하고 프랑스 스트라스부르 제2대학 고고미술사학과 학사, 석사과정을 마쳤다. 프랑스 파리1대학 고고미술사학과에서 박사학위(Ph.D)를 받았다.
현재 대구가톨릭대학교 사범대학 역사교육과 교수, 대구가톨릭대학교 박물관장, 경상북도 문화재위원이다. majestas@cu.ac.kr

최우혁 미리암

서강대학교 종교학과에서 종교학과 성서신학을 공부하였다. 로마 교황청립 데레사 신학대학에서 영성신학을 공부하고, 교황청립 마리아신학대학에서 "에디트 슈타인의 삶과 사상 안에서 드러난 마리아론"으로 박사학위(STD)를 받았다. 가톨릭대학교 신학대학에서 가르치며, 서강대학교 종교연구소 책임연구원, 한국가톨릭수녀장상 연합회 산하 여성신학회에서 활동한다. miryamchoi@hanmail.net

최혜영 엘리사벳

성심수녀회 관구장, 가톨릭대학교 종교학과 명예교수, 전 한국가톨릭여성연구원 대표. 서강대학교 대학원 종교학과에서 신약성서 신학을 공부하고 "공관복음서에 나타난 예수의 기도"로 문학 박사학위(Ph.D)를 받았다.

저서로 『하느님 내 입시울을 열어주소서: 신약성서의 기도문 연구』(우리신학연구소, 1999), 『성서를 읽는 11가지 방법: 초보자를 위한 성서연구방법의 실제』(공저, 생활성서사, 2001), 『한국 여성 종교인의 현실과 젠더 문제』(공저, 동연, 2014), 『하느님 나라를 일구는 여인들: 한국 천주교 여자수도회 사도직 변천사』(공저, 분도출판사, 2021) 등이 있다. hychoi@catholic.ac.kr